教师发展力丛书

丛书总主编　武丽志　孟繁胜

立德树人

师德涵养之道

从春侠　庄建华　王成龙　王宁宁 等 / 著

中国人民大学出版社
· 北京 ·

图书在版编目（CIP）数据

立德树人：师德涵养之道 / 从春侠等著 . —北京：中国人民大学出版社，2020.11
(教师发展力丛书)
ISBN 978-7-300-28696-9

Ⅰ.①立… Ⅱ.①从… Ⅲ.①师德-研究 Ⅳ.①G451.6

中国版本图书馆 CIP 数据核字（2020）第 194102 号

教师发展力丛书
丛书总主编　武丽志　孟繁胜
立德树人：师德涵养之道
从春侠　庄建华　王成龙　王宁宁 等　著
Lide Shuren：Shide Hanyang zhi Dao

出版发行	中国人民大学出版社		
社　　址	北京中关村大街 31 号	**邮政编码**	100080
电　　话	010－62511242（总编室）		010－62511770（质管部）
	010－82501766（邮购部）		010－62514148（门市部）
	010－62515195（发行公司）		010－62515275（盗版举报）
网　　址	http://www.crup.com.cn		
经　　销	新华书店		
印　　刷	天津中印联印务有限公司		
规　　格	185 mm×260 mm　16 开本	**版　　次**	2020 年 11 月第 1 版
印　　张	11.75	**印　　次**	2024 年 9 月第 4 次印刷
字　　数	262 000	**定　　价**	36.00 元

卢子洲	华中师范大学
冯宇红	湛江市赤坎区教师发展中心
冯健文	韩山师范学院
任广卉	山东省邹城市第一实验小学教育集团
庄建华	山东省邹城市第一实验小学教育集团
刘　静	北京教育学院
刘海星	华南师范大学
齐小梅	北京教育学院
闫寒冰	华东师范大学
许　力	广东省教育技术中心
许　蔚	复旦大学
孙传远	上海开放大学
李文送	岭南师范学院附属中学
李立君	广东财经大学
李记旭	韩山师范学院
李爱铭	上海开放大学
李智平	湛江市赤坎区教师发展中心
杨　丽	四川仕途名师堂教育科技有限公司
杨　洪	四川民族学院
杨芳芳	上海市嘉定区南翔中学
杨晓丽	国家教育行政学院
邱晓婷	苏州大学
余致晓	深圳市罗湖教育科学研究院
宋海英	吉林省教育学院
张　瑾	上海开放大学
张　震	北京网梯科技发展有限公司
张二虎	北京市第二中学通州校区
张妙龄	岭南师范学院
张佳伟	苏州大学

张学波	华南师范大学
张铁斌	上海开放大学
张福生	北京教育学院
陈玉娟	湛江第二十七小学
陈圣德	岭南师范学院附属中学
欧阳慧玲	广东省教育技术中心
罗建新	首都师范大学
罗朝明	西南大学
孟　欣	北京教育学院
赵志峰	人民教育出版社
侯　荔	邹城市教体局
洪　越	苏州市相城区教育发展中心
洪彦龙	上海开放大学
贾汇亮	广东第二师范学院
夏金良	河北省廊坊市大厂第一回民中学
翁朱华	上海开放大学
梁　业	广东省惠州市龙门县教育局
梁富华	邹城市教体局
董丽敏	上海开放大学
蒋凤春	河北师范大学
蒋帮民	山东省邹城市第一实验小学教育集团
惠　兰	苏州市姑苏区教师发展中心
曾维义	重庆市江北区教师进修学院
缪世林	苏州大学
薛东前	陕西师范大学
魏　芸	山东省邹城市第一实验小学教育集团

丛书序言

Foreword

百年大计，教育为本；教育大计，教师为本！没有好的教师，就没有高质量的教育。教师作为教育发展的第一资源，是国家富强、民族振兴、人民幸福的重要基石，承担着传播知识、传播思想、传播真理的历史使命，肩负着塑造灵魂、塑造生命、塑造人的时代重任。中共中央、国务院高度重视教师队伍建设，2018年出台了新中国成立以来第一个专门面向教师队伍建设的里程碑式政策文件——《关于全面深化新时代教师队伍建设改革的意见》，确立了教师队伍建设的“极端重要性”战略地位。

“兴国必先强师”已然成为共识。那么，具体到教师个体及群体的专业发展实践，好教师是如何养成（炼成）的呢？名师的成长、成功又是否有“规律”可循，有“秘籍”可学呢？由华南师范大学武丽志博士和东北师范大学孟繁胜博士任丛书主编，国家教育行政学院、华南师范大学、苏州大学、首都师范大学、上海开放大学、岭南师范学院等高校以及奥鹏教育的9支教师培训专家团队共同撰写的“教师发展力丛书”较好地回答了这一问题，并给出了一系列切实可行的策略。

“教师发展力丛书”共九本，特色鲜明，是我们百校千课共享联盟推出的第一套非学历融媒体教材，开了一个好头，形成了很好的示范效应。本丛书创意非常好、内容非常实，既可用于教师以自我提升、自我发展为目的的自学，亦可用于教师培训组织（院校、机构）开展相关主题的教师培训。本丛书有利于教师培训工作的内涵建设与质量提升，有利于教师培训工作实施的标准化与科学化，也有利于教师培训的品牌建设与模式推广。具体来说，这套丛书的特色主要包括如下方面：

一、强调立德树人，弘扬传统文化。本丛书中，《立德树人：

师德涵养之道》和《中华传统文化核心经典选读：教师读本》围绕师德师风展开，具有十分重要的基础和核心地位。“德”是教师专业发展必须坚守的“根本”。作为新时代的一名合格教师，要真正做到“有理想信念、有道德情操、有扎实学识、有仁爱之心”，就必须厚植中华优秀传统文化底蕴，夯实高尚师德师风，坚持立德树人、育人为本，努力以德立身、以德立学、以德施教、以德育德。这是打造新时代中国高素质教师队伍的内在要求和重要保证。

二、构建完整体系，打造“六脉神剑”。本丛书中有六本名字非常相似，分别是《从优秀到卓越：教师创新力的12项修炼》《从优秀到卓越：教师信息力的12项修炼》《从优秀到卓越：教师学习力的12项修炼》《从优秀到卓越：教师领导力的12项修炼》《从优秀到卓越：教师研究力的12项修炼》《从优秀到卓越：教师文化力的12项修炼》。这是教师专业发展的六个关键维度，也是本丛书主编基于多年教师培训实践提出的“六脉神剑”，分别是：以教学改革为核心的创新力；“互联网＋”时代的信息力；面向终身学习、数字化学习的学习力；立足学生和课程，强化管理、引领价值的领导力；推动教学质量不断提升的研究力；成长为名师所必备的厚积薄发的文化力。这六个维度并行不悖，相互融合，共同支持并成就着教师个体及群体的专业发展。

三、关注青年教师，推进教师进阶。人的一生虽然漫长，但关键的只有那么几步。对于教师来说，走上讲台的头几年最为关键。如何有效推动新手教师尽快完成从学习者到传授者的转变，从追随者到引领者的转变，从职场外到职场内的转变呢？本丛书专门拿出一本《新教师的进阶之路》来讨论并回答这一问题，瞄准教师从教之初的痛点和难点，帮助新教师尽快“站稳讲台”并成为“教学能手”，规范“外在行为”并塑造“内在品德”，朝着“优秀教师”“卓越教师”甚至“未来教育家”的方向努力。

四、内容直击痛点，力求深入浅出。本丛书的主编及所有单本的作者均来自教师培训的第一线，很多作者既是教师培训的授课专家，又是管理者，因此了解教师专业发展的困境和问题，深谙教师专业发展的实际需求和痛点难点。每一本书的内容组织都是有的放矢，且不绕弯子，既做到了深入浅出，又结合了丰富的生动案例，整套书的可读性非常强。可以这么说，本丛书是作者们多年培训授课经验的总结积累、提炼升华，是培训师们在自己授课领域的智慧结晶，且经过了培训课堂的反复实践检验，因此内容非常实、干货非常多。

五、创新出版模式，扬融媒体特色。百校千课共享联盟一直在组织开发并极力推广的都是基于互联网的融媒体教材，本丛书也不例外。融媒体教材以知识点为中心，“学、测、评、导”一体化，每个知识点配有二维码，支持读者通过扫码随时随地学习，既助力了出版社教材建设的创新转型，又促进了基于融媒体的在线教学。具体到本丛书，每一本都通过封底“一书一码”的方式，链接到专家团队的完整在线课程。本丛书不仅仅是纸介的培训教材、教师读物，还是适用于在线培训的完整网络培训课程，其培训目标明确、内容体系完整、线上线下资源建设齐备，因此适用面极广，极具推广价值。与此同时，融媒体也赋予了本丛书不断更新、不断完善、不断发展的可能。

六、立足网络时代，提升信息素养。信息化、网络化、智能化是本丛书撰写的时代大背景，因此其中的每一本书都有“互联网+”的基因，都是在新技术环境下对教师专业发展的思考和探索。提升教师信息素养，推动教师在互联网生态中发展，是本丛书的设计理念之一。比如《从优秀到卓越：教师研究力的12项修炼》基于网络的文献检索、调查访谈、成果撰写与传播等，《从优秀到卓越：教师创新力的12项修炼》基于网络的直播课堂、翻转课堂、融合创新、智慧教育等，《从优秀到卓越：教师学习力的12项修炼》基于网络的信息获取、加工，以及数字化学习、终身学习，等等。

以上六个特色是本丛书价值的集中体现。教师专业发展的道路是漫长的，每一个教师从“新手”到“成熟”，从“骨干”到“名师”，从“优秀”到“卓越”，本无固定的章法和套路，但本丛书，特别是其中的“六脉神剑”，应当能够给老师们积极的启示和指引。希望大家都能喜欢，并从中受益！

百校千课共享联盟　理事长
全国高校现代远程教育协作组　秘书长　严继昌
2020年7月于北京清华园

前言

Preface

把立德树人作为教育的根本任务，是新时代国家与民族做出的重大选择，也成为教师的天职与使命。

如何做到立德树人？雅斯贝尔斯关于教育的本质揭示出：教育是一棵树摇动一棵树，一朵云推动一朵云，一个灵魂唤醒另一个灵魂。习近平主席多次强调，要坚持教育者先受教育，让有信仰的人讲信仰。一句话，教师要承担立德树人的根本任务，前提是必须先立自己的“德”，树起自己的“人”。

立德即树人。“大学之道，在明明德，在亲民，在止于至善”，“大学之道”即为成人的大学问，关键就在于让自己与生俱来的光明德行不断弘扬，越来越光明，温暖周围的人，照亮学生、照亮社会、照亮世界。自己活成一道光，立了自己的德，树起了自己的大人格，才具备了“师者”的资格和条件。“师者，人之模范也。”

韩愈云：“师者，所以传道受业解惑也。”师者第一要义是传道。学高为师，身正为范。老师的天职，就是通过自己的言行举止、教学行为、师生交往、待人处事，一点一滴把人生大道、宇宙大道、人类生生不息亘古不变的大道，传递给学生，不仅要入学生的大脑，更重要的是入学生的心灵，塑造学生的灵魂，塑造学生的生命，塑造人。

“人之初，性本善”，德性是人类的基因图谱，所以我们古人强调人人可以为尧舜，人人皆可为圣贤，正所谓“圣人之道，吾性自足”。但是德性的保存、涵养、弘扬却需要后天的努力，乃至于终身的修炼。因此，习近平主席指出：教师的道德情操是在长期的学习修炼中形成的。于漪老师积 68 年教学实践，总结出一句话，即“一辈子当老师，一辈子学当老师”。孔子曰“学而不厌，诲人不倦”，一辈子的“学”，是一辈子“教”的路径。这就是做老师的核心密码，也是成就幸福教育生活的不二法门。

为此，我们编著了这本《立德树人：师德涵养之路》，全书分为上篇和下篇。上篇主题为“循教育大道”，旨在“明道”，激发广大教师向上向善的内在动力。分为四周，每周一个主题，每个主题以案例分享、主题聚焦、教学情境、资料链接四个模块依次展开对教育之道、师道尊严、好老师以及终身学习四个主题的探讨，主要在理论层面帮助广大教师深化对师德认知、认同，进而能够达成共识，启发思维，明确方向、使命和目标；下篇主题为“走涵养之路”，旨在促使师德养成。分为六周，其中前五周通过案例学习、价值分享、知行合一、资料链接四个模块，围绕师德规范、立志、明德、爱生、日新等主题展开大量的案例学习，提供一系列路径、方法、策略和工具，希望提供一个众志成城的修炼场，一道清源活水，一条垂直攀登的大道，我们涵泳其中，自觉自愿涵养德行，走日新之路。最后一周以“遇见自己、遇见幸福”三部曲做结语。至此，整部书从“明道”到“养成”，从理念到实践，从规范底线到无限向上日新涵养，垂直攀登，最终实现最好的自己与最好的教育的圆满融合，教师通过自我修炼，自我教育，立自己德，树自己人，从而实现了在教育教学工作中立德树人。

我们希望与所有的老师一起走上这条大路。这条大路上有中华优秀传统文化的滋养，有中外教育家的人生教诲，有很多先辈老师的率先垂范，有思考，有感悟，有启迪，有智慧，有实践，有路径，有工具，更有无穷的正能量。让我们涵养其中，相携相伴，共同学习，共同成长，彼此激励，彼此成就，让自己的德性不断提升，不断沉淀，直至遇到最好的自己，遇到幸福。

来吧，老师们！为着老师的无上尊荣，我们一起相约，走上这条学习之路，修炼之路，涵养之路，光明之路，幸福之路。我们一起相约，我们会一直在路上，坚毅、笃定、勤奋，始终向上向善，践行我们的承诺，做出我们说的样子，幸福着自己，感染、影响着学生。

此谓立德树人。

目 录

Preface

上篇 循教育大道

上篇

循教育大道

重要的话：亲爱的老师，上篇旨在“明道”。习近平主席指出，传道者自己首先要明道、信道。否则，以其昏昏，使人昭昭，必将南辕北辙，适得其反，误人子弟。这是根本性问题，也是原则性问题。“君子务本，本立而道生”，通过本篇的学习，希望你能够对教师“传道”中的“道”产生亲近感、亲切感。明白“道不远人”，“道”就在我们的生命深处，老师的天职与使命始终与“道”在一起，离开了道，师德无从谈起，师道尊严不复存在，好老师也就没有了标准。

“人能弘道，非道弘人”，师德可学而至。自古以来，古今中外，一切伟大的品格都是后天终身学习的结果，概莫能外。本篇的探讨，旨在“明道”基础上使广大教师树立起“好老师可学而至”的信心，激发起心向圣贤的无限渴望，产生强烈的学习内生动力，为知行合一、躬行实践做好充分的思想准备。

让我们一起开启循道之旅吧！

第一周　走教育大道

天命之谓性，率性之谓道，修道之谓教。

——《中庸》

执笔人：从春侠（国家教育行政学院）

第一天 触摸“道”

唐代文学大家韩愈的《师说》，相信作为老师的你肯定耳熟能详。他明确指出，“道之所存，师之所存也”“师者，所以传道受业解惑也”。可见，作为老师，首要的职责是传道。而何谓“道”？“道”在哪里？老师到底要传递哪些“道”？这几个基本问题需要首先明确，否则就会不明就里，无法履行教师的基本职责。

可是，看似简单的几个问题可不是小问题，而是涉及宇宙本源、人生意义、生命价值的根本性哲学问题。老子曰：“道可道，非常道。”“道”作为最高的哲学范畴，是道家创始人老子在两千五百年前贡献给中华民族乃至世界最博大精深的智慧，他写的五千字《道德经》流传至今，成为世界上影响最为广泛的中华经典。《道德经》中的“大道”始终引领着我们这个古老而弥新的伟大民族孜孜不倦地求索，求索自然大道、求索人生大道、求索民族复兴大道、求索宇宙大道。如果我们把五千年的历史长河比作璀璨的星空，那分外夺目的，无一不是为“道”而上下求索的人，为“道”而生死相许的人，为“道”而拼搏奋战的人，如屈原、孔子、司马迁、文天祥、王阳明，以及无数为国、为民族解放事业捐躯的英雄豪杰。

案例分享

当今著名诗词大家叶嘉莹先生，曾经讲过一个故事。小时候，她家是旧式家庭，女孩子不让上学堂，只能在家里跟私塾老师学习。她开蒙读的第一本书就是《论语》，那时的教学方式是不用读懂，但是一定要会背诵。有一次她读到《论语》中孔子的一句话：朝闻道，夕死可矣。这句话给了当时才七八岁的叶嘉莹很深的震撼，也引起了她对“道”的强烈好奇。她不禁想，这个“道”到底是什么东西呢[①]？这种思考伴随了叶先生的一生，也成就了叶先生的一生，还让叶先生成为当今我国教育界最为优秀的老师。叶嘉莹先生先后获“影响世界华人大奖”终身成就奖，入选改革开放 40 周年最具影响力的外国专家名单，荣获 2018 年度“最美教师”称号。2018 年 6 月 3 日，叶嘉莹先生将自己的全部财产捐赠给南开大学教育基金会，用于设立“迦陵基金”，累计捐款达 3 568 万元。迄今，96 岁高龄的叶先生仍然“学而不厌，诲人不倦”，享受着人生的快乐和教育的幸福。

---

① 叶嘉莹.《论语》是我的启蒙书，也是让我受益最多的一本书［EB/OL］.（2019－05－15）［2019－09－13］. https：//mp. weixin. qq. com/s/3p-Vmj2FrHfbm77AbQVVuA2019-05-15.

主题聚焦

老子和孔子都在谈“道”，那么“道”究竟在哪里呢？“道”本意是道路，是指地上人行之道。但自从老子在《道德经》中把“道”作为最高哲学范畴进行系统阐述后，“道”就成为中国文化的核心密码，并且不断被赋予新的内涵，应用也极其广泛。

概括而言，抽象的“道”被看作是自然界和社会领域中最一般性法则，有“道生一”之“道”，作为最高哲学范畴，指的是宇宙的终极真理。黑格尔也认为，老子提到的“道”是指一切事物存在的理性基础。这种意义上的“道”接近老子哲学中“无”的概念，即《道德经》第四十章曰：“天下万物生于有，有生于无”。

借由“道”的本源性，先贤们又不断拓展了“道”的内涵，让深不可测、妙不可言的“道”与人们的生活息息相关，如认为天有天道、人有人道、地有地道。在这里，“道”开始演化为规律、本质、趋势。特别是孔子创立的儒家学说，继承和发扬了周朝“以人为本”的礼乐制度和文化，对鬼神以及六合之外，“存而不论”，致力于人道的挖掘和弘扬，提出了“仁”这个核心概念。“仁”即是人道的集中体现，是人道的本质、规律和趋势。所以，我们读《论语》，读儒家经典，会读到大量的“道”，如“朝闻道”“志于道”“本立而道生”“大学之道，在明明德”等，都反映了以孔子为代表的儒家对人道的追求、求索。

“道”还包含道义、道理、理想、信念、价值、意义等诸多含义。作为儒家经典著作的四书之一《中庸》，开篇写道：“天命之谓性，率性之谓道，修道之谓教。道也者，不可须臾离也；可离非道也。”这一句，把遥不可及的“道”一下子拉到了我们的身边，拉到每个人生命深处，拉进了百姓的日常生活。“道不远人，人之为道而远人，不可以为道”，“君子之道，造端乎夫妇，及其至也，察乎天地”，由此可见，“道”与我们的生活、生命关系如此密切，而且至关重要。“人能弘道，非道弘人”，孟子也明确指出：“道在迩而求诸远；事在易而求诸难；人人亲其亲，长其长，而天下平”。(《孟子·离娄上》)“道”实际上就在身边，就在日常，就在我们的举手投足，起心动念。正是由于对道的追求与坚守，人才得以站立，成为天地之心，万物之灵长。

教学情境

(1) 结合叶嘉莹先生的故事，大家想一想，还能够想起什么可以让我们加深对“道”的理解？哪些现象说明“道”就在我们身边，“不可须臾离也”？

(2) 老子《道德经》中根据人们对“道”的态度，把人分为：上士闻道，勤而行之；中士闻道，或存或疑；下士闻道，大笑之。想一想，你属于哪一种？而作为老师，你又应该怎样做？

(3) 文中提到的那些为“道”而求索拼搏的人，你熟悉吗？找个时间详细了解一下他们的生平和事迹，并思考为什么说他们是五千年历史长河中最为夺目的星辰。

资料链接

文中多处引用了我国哲学经典著作，包括《道德经》《论语》《大学》《中庸》《孟子》。经典之所以为经典，是因为承载着人类的至高智慧，而且一直指导着我们的人生。作为中国人，对这些经典应该始终心存敬意；而作为老师，也有必要经常捧读经典，涵养德性。如果有时间，不妨从阅读《论语》开始，亲近经典。《论语》共 20 篇，492 章（段），1 万多字。阅读《论语》，建议从头至尾，原汁原味阅读，自当体会深刻。如果选择从某一篇入手，建议首先阅读《论语·学而》，或者《论语·述而》，慢慢涵泳其中。

第二天 道与德

作为教师，对“道德”一词，肯定非常熟悉。人们希望教师“为人师表”，“师者，人之模范也”，就是对教师提出的道德要求。习近平主席在 2014 年教师节与北京师范大学师生座谈时，明确提出了“四有好老师”的要求，其中就要求老师“有高尚的道德情操”。但是，你知道吗？在古代，“道”与“德”是两个概念。前文我们探讨了“道”，接下来我们一起探讨“道”与“德”的关系，希望能够帮助老师们更好地认识道德的重要性，更深入地把握道德的本质。

提到“道德”，我们自然想到《道德经》，那是我们中国文化的瑰宝，是目前为止被翻译成外国文字最多的中华经典，在世界上的发行数量也是首屈一指。《道德经》，也称为《老子》《五千言》《老子五千文》等，全文上篇《道经》，阐述大道，下篇《德经》，阐述依道而行。其中《道德经》第五十一章曰：“道生之，德畜之，物形之，势成之。是以万物莫不尊道而贵德。”在这里，“道”与“德”开始走近。我们都知道，老子的“道”是“道可道，非常道”，其内涵非常宏大而深远，不可言说，却又是宇宙的起源，规定了万物的本质。而“德”者“得”也，万物遵道而生，遵道而行，在“德”的滋养中生长、形成、发展壮大，成为一定的形状、器物和规模。可见，老子的思想启发、帮助我们从宇宙的本体论上加深了对“道”与“德”关系的把握。

“道德”像我们现在这样两字连用，是从战国末期杰出的思想家荀况开始的。荀况在《劝学》中，谈到学习的起点与终点这个问题时，指出“故学至乎礼而止矣，夫是之谓道德之极”。这是“道德”一词在文献中首次亮相。在荀子这里，我们可以窥见“道德”的两个基本特征：一是止于礼，即道德最终要表现为行为，即符合礼的行为。而礼是人与人之间基本的行为规范；二是道德可学而至，道德是学习的结果。实际上，在我国传统文化中，特别是儒家文化传统中，道德也常常是学习的唯一目的。

案例分享

让我们再来读一段叶嘉莹先生的故事。在“七七事变”爆发后，她父亲随着国民政府到后方去了，没有音讯，她母亲也去世了。她作为大姐带着两个弟弟，大弟刚上初中，当时生活非常艰苦，她那时大学已经毕业，做了老师，去教书时都是骑脚踏车。那时中国妇女都是穿长袍，行动很不方便。她的袍裙被磨破了一块，她自己动手找相同颜色的布缝补好，继续穿着去给学生上课。她说：当时我没有觉得有什么不好意思，显得非常坦然，这是因为我小时读《论语》，里面有一句说：“士志于道，而耻恶衣恶食者，未足与议也”，意思是一个读书人，如果有志于求“道”，可是却以穿的衣服不好，以吃的食物不鲜美为羞耻，那就不值一提了。

主题聚焦

叶先生这个故事非常形象地告诉我们，如何在现实的人生、当下的生活中把握“道”与“德”的关系，做一个有道德的人。大道理我们每一个人都听过很多，懂很多。特别是作为老师，我们更是以“讲道理”为职业。然而，却并不是每一个老师都能够践行自己讲的“道理”。一个有道德的老师，不仅是知“道”、讲“道”，更是身体力行，知行合一，率先垂范。只有做到这点，才能够真正把握“道”与“德”的关系，让自己的道德水平不断提升，成为让学生真正尊重的老师。

网络上曾经有过一篇文章，标题很有冲击力——“懂得那么多道理，为什么还过不好这一生？”你是否也问过同样的问题？实际上这也涉及了“道”与“德”的关系。我们不妨再归纳一下，道德之“道”，体现在人生中，是指人生的很多大道理。儒家强调仁义礼智信，恭宽信敏惠，孔子一直教导他的弟子“己所不欲，勿施于人”“克己复礼，天下归仁”；明代著名的思想家王阳明提出“致良知”，指出良知人人具足，是为人做事的准则；明代另一位思想家袁了凡曾经在《了凡四训》中把为人处事的原则和方法归纳为十个方面，包括与人为善、爱敬存心、成人之美、劝人为善、救人危急、敬重尊长、爱惜物命、舍财作福、维护正义、兴建水利①。当然还有很多，如我们当代更加强调谦虚谨慎、诚实正直、进取奉献，等等。这些人生的大道理，来自人类共同的实践积累，也来自很多古今中外先贤圣哲的人生实践、智慧结晶。正因为有了这些人生道理，我们才能够成为大写的人。正因为人类对“道”有这样的认知，才与禽兽有了本质的区别，正如孟子曰：“人之所以异于禽兽者几希，庶民去之，君子存之。”（《孟子·离娄下》）这些道理我们耳熟能详，而作为老师，我们的使命就是把这些道理一代代传承下去，做到“立德树人”。因此，“道德”之“德”，是指人生大道理是否进入了我们的生命，成为生命自觉；是否进入我们的心灵深处，成为内心的一道光；是否转化为我们的行为，让我们举手投足之间成为影响学生、影响他人的一股向上向善的力量。

在深刻把握“道”与“德”关系基础上，再回到那个问题，相信你就豁然开朗，道理

---

① 袁了凡．了凡四训［M］．沈阳：北方联合出版传媒（集团）股份有限公司，2015：119.

不是教条，不是口耳之学，不是纸面文章，有道德的人绝不是懂得一些道理的人，而是明道之人，是悟道之人，更是志于“道”之人，行“道”之人。孔子曰：“志于道，据于德，依于仁，游于艺。”又曰：“人能弘道，非道弘人。”人对“道”的认识无止境，对“道”的弘扬也是无止境的。人在“大道”指引下不断提升自己的道德境界，也借由人不断提升的道德境界，才不断推动人类社会的发展，成就人类的美好、崇高与伟大。

教学情境

（1）司马迁曾经在《史记·孔子世家》最后一段表达对孔子的向往崇敬之情：“高山仰止，景行行之。虽不能至，然心向往之。”回忆一下你人生经历过程中接触的人，是否也有一些人让你感觉道德高尚，心生向往？

（2）你对当前社会道德水平有何评价？想一想，作为老师，我们是否可以做出努力，为社会道德水平的提升作一些贡献？

资料链接

《了凡四训》是明代著名思想家、文学家、军事家袁了凡的传世之作。书中作者以自己的身世和经历为依据，揭示了命运发展的规律以及心想事成的秘密。全书共四章，从立命、改过、积善、谦德四个方面进行了讲述，篇幅都不长，但语言平实，寓理于事，内涵深刻，发人深省。请重点阅读《了凡四训》第三章“积善之方”，并尝试在具体的教育生活中加以实践，涵养德性。

第二天 学校的样子

学校无疑是老师最熟悉的地方。今天，我们不妨再回眸学校，了解一下她在我们五千年历史中为何而生，承担了哪些任务，有何特征，又将走向哪里。对这些问题的思考和梳理，会帮助我们深化对学校的认知，也许因此会更眷恋这个地方。

案例分享

我记得第一次带学员参观北京市第二实验小学（简称实验二小），就被深深震撼了。那应该是2001年，实验二小在北京长安街边上，停车困难，我们把车停在离校园很远的地方，在一位老师的引领下，穿过一条胡同，走进了这所名校。说实在话，在我看来，那不是学校，更像是一个小花园，当时应该在十月份左右，校园里，花花草草却仍然很抢眼。同样抢眼的还有学生，当时正好赶上课间，小孩子散布在不大的校园里，像极了一个游乐园。但是玩归玩，见到我们一个大队伍走进来，孩子都非常热情而有礼貌地打招呼。实验二小的老师和孩子们也非常熟悉，在老师们带我们参观校园的过程中，不断有孩子跑过来，与老师打招呼，向我们问好。老师对跑过来的孩子基本上都能够叫得出名字，而且时不时师生之间有一些亲昵的动作，如老师摸摸孩子的头，或者简单问一下最近的学习情况，如同一家人。校园里和谐的师生关系让人动容。除此以外，还处处有惊喜，如在一个小花坛角落中，有两笼兔子，几只白兔和黑兔在那正吃得起劲；在另外一个角落的树枝上，挂着两三个鸟笼，几个鹦鹉和画眉在那叽叽喳喳叫得正欢。老师们解释说，虽然学校面积不大，但是也希望孩子能够在校园里接触到大自然，接触到更多的生灵。

看完校园，我们走进教学楼，穿过一间间教室，走向阶梯教室。教学楼的布置简洁朴素，不花哨，很多教室的窗台摆满了绿植。老师们告诉我们，那些都是学生和老师自己养的，师生课间休息时也常常会聊些花草的话题。此时已经上课，听到教室里老师授课的声音，孩子们互动的声音，以及一阵阵朗朗的读书声，那种感觉温馨而又踏实，让人充满了生长的力量。

在阶梯教室，李烈校长早早在那里等待。那天，她娓娓道来，向我们介绍学校的办学理念、管理实践。她告诉我们，学校是一个“以爱育爱”的地方，是一个师生主动发展、共同成长、彼此培育的地方，是一个不断向上、向善发展的地方。

主题聚焦

这是我时隔多年仍然记忆如新的学校。我想，实验二小之所以给我留下如此深刻的印象，是因为她呈现出学校不常有的样子，与我以前既有的学校观念发生了冲突。她是美的、她是好的、她是善的，她也是亲切的、平和的、松弛的、自然的、朴素的，她更是生长的、充满生机的、充满力量的、满溢温情的。在这样的学校中，孩子们健康茁壮成长是自然的事情，老师们“学而不厌，诲人不倦”是自然的事情，师生之间互相关切、彼此关爱是自然的事情，师生共乐、幸福的学习教育生活更是自然的事情。

一句话，这才是学校应该有的样子。因为学校，从萌芽之际，就是以立德树人为使命，她为此而生，为此发展，也为此一直矢志不渝。

为什么这么说呢？我们可以一起通过历史和现实两个维度来寻找答案。

1. 历史的回顾

首先，让我们一起回顾学校在我国的发展历程。在我国当前的教育制度设计中，无论大中小阶段的教育，作为正式的教育机构，统称为学校。你知道吗，这种规范的称呼开始于民国时期。大家都知道，尊师重教在我国有着悠久的历史，因此，在我国，很早就有从事教育活动的专门机构，只是在不同的时代有着不同的称呼。相传在尧舜时期，就有了类似学校的机构，称为“成均”。而在《孟子·滕文公上》记载“设为庠序学校以教之。庠者，养也；校者，教也；序者，射也。夏曰校，殷曰序，周曰庠。学则三代共之，皆所以明人伦也。人伦明于上，小民亲于下，有王者起，必来取法，是为王者师也”。孟子在这里非常明确介绍了夏、商、周三代乡校的不同称呼，而且指明了学校的功能定位在于“明人伦”。《学记》作为我国最早也是世界上最早的一部教育学经典，对学校的建立、教育目标和作用以及教学制度、原则和方法等多方面都有深刻的论述，明确记载了古代学校的几个层次和叫法：“古之教者，家有塾，党有庠，术有序，国有学。”

当然，在奴隶社会、封建社会，学校分了很多等级，称呼也多种多样。如西周时期天子读书的地方，称之为辟雍，诸侯弟子读书的地方称之为泮宫。西汉时期，学校分为中央和地方两种，中央设太学，是国家的最高学府，相当于今天的中央直属大学，地方上设置学官。隋代以后，中央始设国子监，内设太学，属于国家设立的最高学府和教育行政管理机构。唐代是我国古代办学最为鼎盛时期，学校的分类也更加细化，而明清时期的教育机构设置大多承袭隋唐建制。清末，开始兴办近代教育，光绪二十八年（1902 年）的《钦定学堂章程》称学校为学堂。到 1907 年，新式学堂遍设各地。辛亥革命以后，教育部公布新学制，“学堂”一律改称“学校”，并一直沿用至今。今天，我们去北京国子监，里边的主体建筑就叫辟雍殿，据说是按照周代“辟雍泮水”之制建筑而成的，由当时大学士兼国子监监事刘墉主持修建，是中国现存唯一的古代“学堂”。

讲了这么多，我们大体了解，在我国，学校很早就出现了。而且从丰富多样的称呼中，我们也大体了解到，在学校里，有养，“庠者养也”；有教，“校者教也”；有序，丰富的实践活动；有育，“养子使作善也”①；有学，“学而时习之，不亦说乎”。可见，从学校的起源以及在我国发展历程中，学校从来都不是单纯的知识学习和背诵场所，而是人成长的地方、成才的地方，是综合素质涵养提升的地方。这其中，以德为首，“所以明人伦也”。比如作为贵族子弟接受教育的太学、国子监，《周礼》就明确规定，“以三德教国子。一曰至德，以为道本。二曰敏德，以为行本。三曰孝德，以知逆恶。”这里的“国子”，指的就是公卿大夫之子弟，而以三德立教，道出了学校的根本目标是立德树人，“至德”是为人之本，“敏德”为处事待人之本，“孝德”为修身齐家之本。明代思想家王阳明先生曾经在《答顾东桥书》中对学校的定位有过一段系统而精辟的概括：“学校之中，惟以成德为事。有长于礼乐，长于政教，长于水土播植者，则就其成德而因使益精其能。”②

可见，学校的目的，就是立德树人，就是因材施教，就是把学生培养成为人才：以成德为事，因其潜能天赋，“益精其能”，成为社会上各种各样的人才。

2. 现实的审视

当然，学校从悠远的古代一路走来，几经变迁，又接受了近现代文明的洗礼，如今愈发多姿多彩，生机盎然。特别是改革开放四十多年来，随着教育辉煌成就的取得，学校也发生着日新月异的变化。现在，在我国乡村的大地上，最好的建筑是学校。一代代教育工作者，在校园内辛勤地耕耘，不断地探索，不断创造着理想的学校。理想的学校什么样？有人说，学校不应该千篇一律，要有特色，所以一大批特色学校开始创建。也有人说，现在人们已经不满足于有学上，而是上好学，接受优质教育。所以，名校集团化如雨后春笋般蓬勃发展。又有人说，学校不是单纯学知识的地方，不能够以考试成绩作为好学校的唯

---

① 许慎．说文解字．

② 王阳明．致良知是一种伟大的力量［M］．北京：东方出版社，2017：102.

一标准。学校首先应该是一个有道德的地方，课堂首先应该是道德课堂，所以，学校开始回归，回归她本初的样子，回归本质，回归教育。还有人说，学校本质上是一个学习共同体，是一个有机的生命体。在这里，应该更多看到师生生命的互动，彼此的成长，共享的教学生活，作为人努力向上成长的痕迹。由此，学校开始变得更加美好，开始让人心生向往，开始成为幸福的家园。

由此，你是否看到了理想的学校？你是否愿意投入这个美好的理想中，一生奉献，一生守护？

让我们再换一个角度看学校。学校到底是一个什么样的组织？随着组织行为学的兴起，有专家学者开始从组织学视角研究学校。研究发现，看似简简单单的一个小学校，却是一个既复杂又特殊的组织，主要表现在四方面：一是任务特殊，特殊表现在任务多元，而且很难界定；二是结构特殊，其他组织形态，如政府或者企业结构明确而单一，而学校却具有科层和专业双重组织特性；三是人员特殊，学校的工作人员是教师，教师的重要特点是不愿意被管，而喜欢自我管理；四是技术特殊，其他组织如企业，技术更新日新月异，而学校中的技术更新却是非常缓慢，如讲授式教学方式用了几千年，仍然在学校中占据非常重要的位置。面对如此特殊而复杂的组织，我们不禁要问：她何以如此特殊？这个问题，留待明天讨论。

教学情境

（1）在你心目中，理想学校是什么样的？请闭上眼回忆一下，校园里发生过什么情景，让你记忆深刻，或者心生温暖？

（2）“学校是一个学习共同体”“学校是一个有机生命体”，你是如何理解这些观点的？

（3）你是否认同组织学视角下“学校是一个复杂的特殊组织”的观点？这个观点给了你什么启发？

资料链接

请阅读明代伟大的哲学家、思想家、教育家王阳明先生的《教约》，篇幅只有700余字，却详细再现了阳明先生理想学校的样子。今天我们阅读这篇文章，仍然对当时的学校心存向往。

第四天　生与师

上文我们探讨了学校，也提到学校作为一种组织类型，是一种复杂而特殊的组织。学校的特殊性，归根结底是由于学校有两个群体太过于特殊了。是哪两个群体呢？一个是学生，另一个是老师。

在基础教育阶段，老师作为专业的群体，开展系列的教育教学活动，以培养和教育学生为己任。学生 6 岁入学，18 岁高中毕业。在长达 12 年的时光中，大部分时间在学校度过，进行社会化过程，学习系统的知识，增长本领，长大成人。在这里，学生与老师，构成了天然的一对关系。我们说，学生特殊，到底特殊在哪里？老师特殊，特殊在哪里？学生与老师之间，又有着什么样的特殊关系？

案例分享

今天我们来讲讲美国教师玛瓦·柯林斯的故事。

玛瓦·柯林斯是美国芝加哥市一名教师。当时，芝加哥市中心曾经是毒品和犯罪的温床。由于这种恶劣的社会环境，人们普遍担心，这里的儿童无法逃离世代以来的贫困和绝望。

1975 年，柯林斯在她居住的社区里创建了城西预备学校，她的学生大部分来自同一个社区，他们都是由于品行恶劣或者成绩不良而被学校开除的学生。所以，柯林斯办学校的主要目的，就是帮助他们能够重新回到正常学校。城西预备学校，实际上成为这些孩子流浪街头前最后的希望。

之后，这些曾经被认为无法教育的学生开始阅读莎士比亚、爱默生和欧里庇得斯的作品。那些被看成是无药可救的孩子后来几乎都考上了大学。柯林斯的学生们证实了她的信念——每个孩子都有潜力，在每一个学生的内心，都深藏着一颗闪闪发光的赤子之心（There is a brilliant child locked inside every student）。因此，她帮助孩子们树立信心，并且引领他们为美好的未来努力奋斗。

玛瓦·柯林斯成立学校时没有什么资金，开始时是用自己的家作为教室。在后来的 20 年里，她因为经济拮据而数次面临学校倒闭的危机。实际上，在创建城西预备学校之前，柯林斯在“一家资产数十亿，人人都可能获得巨额财富的集团”工作。是什么让她放弃优渥的生活，选择去当一名老师，而且历尽千辛万苦也要持之以恒？这是很多人提出的问题，柯林斯自己也不断问这个问题。而正是在与学生的互动过程中，她找到了答案：

“蒂法尼是我的一个学生，她是一个有自闭症、不爱说话的孩子，一个被专家认为无法被爱、被教育的孩子。然而，突然有一天，我长久以来的耐心、关爱和决心有了回报。蒂法尼对我说的第一句话是：‘我爱你，欧林斯（Ollins）。’她漏了我的姓氏 Collins 里的那个 C 字，但我当时唯一的感受是，光是那双小眼睛里的泪水就足以使我成为世界上最富有的人。现在，蒂法尼开始学习数字、单词，也开始与人交谈。最重要的是，她眼神里喜悦的神采，仿佛在说：我也是很特别的，我也可以学习。这对我来说，比什么都有价值。”

柯林斯还提到过另一个在城西预备学校改变命运的孩子。她写道：“看着他眼里那种可以在未来照亮世界的光芒，我忽然感觉，那些为了资金问题而失眠的日子都是值得的。”

这就是玛瓦·柯林斯的故事。因为她作为一个老师的坚持，创造了一个又一个生命的奇迹。她的学生由最初四个，变为成百上千，甚至在美国各州都开起了一所又一所分校。那些所谓的“问题孩子”毕业后成为律师、医生、公务员……当然，最多的还是教师。20 世纪 80 年代，里根和布什政府都曾经先后邀请柯林斯出任教育部部长，面对如此高的荣誉和声望，她拒绝了。因为她相信，只有课堂，才是她真正能够创造奇迹的地方①。

主题聚焦

学生特殊，特殊在哪里？柯林斯的故事告诉我们，面对学生，哪怕是一个自闭症的孩子，一个品行恶劣的孩子，他们都是无比珍贵的生命，他们的内心深处，都深藏着一颗闪闪发光的赤子之心，他们都有无限发展的潜能，他们都可能有无限光辉的未来。所以，当面对一个个鲜活的、生机盎然的、个性迥异的生命时，我们无法不敬畏，也无法不战战兢兢，如临深渊，如履薄冰。我们经常说，教育教学是一个良心活。一个厌恶的眼神会毁了一个脆弱孩子的一生，而一个善意慈爱的微笑，可以让一个孩子的生命焕然一新，这是我们教育的日常。

所以，在这样的日常中，教师的修为就显得无比重要。教师，也就成为一个非常特殊的群体。教师的特殊性表现在两方面：一方面，教师职业本身对承担这项工作的人提出了很高的要求，也可能是所有社会群体中最高的职业要求。它要求我们身为教师，学高为师，身正为范。每时每刻，或者说随时随地都要在言谈、行为、生活作风、思想意识等各个方面严格要求自己，不断主动修炼自己，要给学生乃至社会以积极向上的影响，做学生的楷模，人群中的君子。正如近代人民教育家陶行知主张教师“一言、一行、一举、一动，都要修养到不愧为人师表的地步”。另一方面，正由于教师身份的特殊性，古往今来，教师都享有很高的社会地位。特别是在我国传统的观念中，“道之所存，师之所存”，“尊师重教”一直是我国的优秀传统。孔子作为老师的代表，被尊称为大成至圣先师。这种尊荣，是任何一种职业都无法比拟的。还有，在我国相当长的时期，家家户户都要在堂屋正中供奉一块“天地君亲师”牌位。逢年过节，特别是子女升学或者学有所成之时，人们都要对这个神圣的牌位顶礼膜拜。把教师与天地君亲一起供奉朝拜，世界上恐怕只有中国如此。当前，我国高度重视教师队伍建设工作，全社会尊师重教蔚然成风，教师待遇与教师地位显著提升。回归传统，重振师道尊严正成为社会普遍的呼声和共识。

其实，学生特殊，教师特殊，都是源于教育的重要性和特殊性，源于教师与学生之间特殊的人际关系。教育教学过程，本质上是师生互动的过程。特别是要把立德树人作为教

---

① ［美］泰勒·本-沙哈尔．幸福的方法——哈佛大学最受欢迎的幸福课［M］．北京：中信出版社，2013：48-50.

育的根本任务，必须通过师生互动，特别是真实的生命互动，才得以实现。这也是目前虽然人工智能、智慧教育大行其道，却不会造成教师失业，而只能是进一步彰显教师工作重要性的根本原因。雅斯贝尔斯说："教育是一棵树摇动一棵树，一朵云推动一朵云，一个灵魂唤醒另一个灵魂"，这是师生关系的本质；学生具有天然的向师性，"老师是学生的镜子，而学生是老师的影子"，正如一首歌中所唱，"长大后，我就成了你"。

我国曾经在21世纪之初，集中探讨过师生关系问题。当时形成的基本共识就是，学生是学习成长的主体，而教师在学生学习成长过程中发挥着主导作用。李希贵老师曾经出版过两本书，一本是《学生第二》，另一本是《学生第一》。两本书光看书名，就很吸引人，里边一个个教育案例、管理故事也给人以启迪。其实，李希贵老师想要强调的，也是老师与学生的关系。这种关系，现在看来，不应该是单向的，而应该是双向的。一方面，老师承担着引路人的职责，要在学生学习过程中发挥主导作用，像习近平主席强调的那样，要做学生锤炼品格的引路人，学习知识的引路人，创新思维的引路人，奉献祖国的引路人；做传播知识、传播思想、传播真理的工作；做塑造灵魂、塑造生命、塑造人的工作。另一方面，一个好教师也要经历一个终身修炼和成长的过程。在这个过程中，他也要发挥自身学习成长的主体作用，以自己的成长，引领着学生的成长，被学生的成长感动着，被学生纯粹的灵魂感染着，不断升华着自己的精神世界和道德境界。

教学情境

（1）请闭上眼回顾一下，在你的教学生涯中，是否有被学生温暖的时刻？那是什么时候的事情，事情是如何发生的？请与你的朋友分享这些美好而温暖的时刻。

（2）有一个观点认为，没有教不好的学生，只有不会教的老师。你是否认同这个观点？身为老师，面对教学过程中的挫折和失败，你是如何应对的？

资料链接

（1）教育无国界。本节提到的玛瓦·柯林斯是20世纪80年代美国最成功的教育家之一，创造了很多教育的奇迹。她的很多教育思想迄今还在深深影响着美国乃至世界各国的教育实践。有关玛瓦·柯林斯的故事还被搬上了银幕，也有相关书籍对她进行更加详细的介绍。请主动搜索相关书籍和资料，加深对这位伟大女性进一步的了解。

（2）建议阅读李希贵《学生第一》《学生第二》两本书中的若干主题，并进一步思考学生与老师的关系。

第五天　教育之道

上文我们提到学生与老师的关系，师生互动构成了教育过程。今天，我们一起探讨教育之道。“道”我们第一天就尝试去触摸它，它一般指事物的本质、内在的规定性。我们从事教育工作，需要洞彻和牢牢把握住教育之道，否则会南辕北辙，误人子弟。

如何去认知和把握教育之道呢？

让我们先一起了解下“教育”一词的来源。在中国古代文献中，教育一词最早见于《孟子·尽心上》，他说“君子有三乐”，“父母俱存，兄弟无故，一乐也；仰不愧于天，俯不怍于人，二乐也；得天下英才而教育之，三乐也。”可见，至少在孟子那里，真正的教育是一种人生至乐。孟子终生的心愿就是做老师，做一个像孔子那样的老师，“乃所愿，则学孔子”。

教育何以成为人生至乐？那就需要我们从本质上去把握教育，去践行教育之道。

案例分享

由于自身体证到儒家文化对我个人生命的巨大影响，2017 年 6 月 1 日，我牵头成立了一个微信学习社群“清源学院”。从那一天开始，前后开展了九轮学习活动，每期 100 人左右，迄今共计参与近千人次。学习内容均为我国优秀传统经典著作，包括《论语》《大学》《道德经》《传习录》等。每次学习活动以线上学习为主，基本上按照 100 天左右安排学习内容，学习者每天要完成“读原文，悟原理，听分享，写心得”四项学习任务，而且承诺践行知行合一，“不说谎，不抱怨，尽己责”。

集中学习时间固定在每天晚上八点开始，工作日是听分享写心得活动，持续半小时，会有一位学习者在大群内以语音方式分享他的学习体会，大家听完后及时撰写并提交学习心得；每周有一个晚上是线上主题研讨时间，大家自由参加，围绕一周主题进行线上交流研讨，深化学习效果，时间一般会持续一个小时。

在清源学院学习过程中，涌现出很多感人的事例，很多学习者都受益匪浅。

主题聚焦

如今，“清源学院”已经成为一个比较活跃的学习共同体。在这里学习的人都是自觉自愿参加，没有费用，也没有证书和学时证明。而其中很多工作，还需要大家以志愿服务的方式付出劳动、时间和精力，如编制学习计划、统计作业提交情况、承担分享任务、主持线上研讨，等等。可以说，它就像我们每天进行的教育教学，只是这个教育教学活动，没有专职教师，我们以经典为教材，以孔子、王阳明、老子等为师，进行自我教育，自助助人，以生命影响生命。大家在学习过程中彼此滋养，砥砺向上，涵养正能量，培育社会主义核心价值观，体察着自身生命的成长，也见证着彼此生命的美好，体会了教育的真谛。

由此，我们开始对教育之道有了全新的认识和切身的感悟。

我们都知道，做教育教学工作，要遵循教育规律。如学科教学规律、儿童发展规律等。教育规律就是教育之道吗？不是。教育规律一般指的是教育要素之间内在的必然关系和发展趋势，是行为准则，不这样做行不通。它是客观的，不以人的意志为转移的“其然”。而教育之道，揭示的是为什么要这样做，在规律背后，是决定规律背后的“所以然”。“教育之道”指向教育的本质、方向、目标和使命。它是教育出发的地方，也是教育必然回归的地方，是教育工作者安身立命的根本，是为什么要做这件事的动力和依据。只有把握教育之道，我们才会有无穷的动力、坚定的信心。

教育是任务繁重的工作，每一位老师都是从早忙到晚，而且所做的工作大抵差不多。但是，同样是忙，我们可以看到，有些老师忙得焦头烂额，手脚朝天，家里家外一团乱麻，不堪重负；而有些老师却能够忙中有乐，胜似闲庭信步，深受家长和老师学生信服。二者的区别就在于是否把握住教育之道，是否在“道”上。

我们都知道，教育是培养人的社会活动，教育的根本任务是立德树人。所以，把握教育之道，首先需要明白何谓人。人是一种高级动物，高级动物与一般动物的区别体现在多方面，如智商高、有情感、有道德感，等等。当前，随着人工智能的发展，我们也越来越接近人的本质。按照孟子的看法，他认为“人之所以异于禽兽者几希，庶民去之，君子存之”（《孟子·离娄下》），孟子的“几希”就是一点点，他称之为“四端”，即“仁、义、礼、智”，也就是我们平时所说的“人性”，这是人与动物的本质区别，也是高级之所在。由此可见，人性本质上是人的道德性，是人的仁义之心。教育的根本任务就是把这个仁义之心的萌芽“扩而充之”，“苟能充之，足以保四海”，成为君子，成为社会栋梁之材；“苟不充之，不足以事父母”，失去了人性，就成为畜生了，成为社会的危害。可见，教育之道要立在人性之上，“君子务本，本立而道生”，教育要以人为本，特别是要发扬人的道德性，立德树人。

教育之道就是立德树人。如何立德树人？作为老师，首先要立起自己的德，树起自己“大写的人”。只有这样，才能够用自己的人格魅力潜移默化感召学生和周边的人；只有这样，老师给学生讲道理才会有力量，有影响力。我们老师经常说，“我天天讲道理，学生就是不听”，或者说“我嘴皮都磨破了，学生都当耳边风”。是的，空讲道理是最无效的教育方式，行出来的“道理”才最有力量。立德即是树人，立自己德，树自己人，就是在教书育人。

“美德是幸福之源”。教育之道，实际上也就是人生幸福大道。教育过程是师生与生生之间生命与生命的互动，心与心的交流。立足在教育大道上，才能够让整个过程导之以正，激扬其高远，激发出人性中的真善美，仁智勇。师生在这个过程中彼此激励，砥砺加持，彼此成就，不断体验成长，体悟人生，走向幸福而圆满的人生。北京大学教授文东茅给幸福的定义是“向上向善的心安”，“吾心安处是故乡”，心安理得，心平气和，问心无愧，复其本心才会获得人生的真幸福。孟子曰：“学问之道无他，求其放心而已。”他进一步指出：“万物皆备于我矣，反身而诚，乐莫大焉。”走在教育大道上，才能够真正体会到教育之乐，人生至乐。

王阳明先生在《送宗伯乔白岩序》写道：“道，大路也。外是荆棘之蹊，鲜克达矣。是故专于道，斯谓之专；精于道，斯谓之精。专于弈而不专于道，其专溺也；精于文词而不精于道，其精僻也。夫道，广矣，大矣，文词技能于是乎出。而以文词技能为者，去道远矣。”可见，作为老师，认知和把握住教育之道，才是根本。《中庸》曰：天命之谓性，率性之谓道，修道之谓教。教育之道就是从人性出发，循教育之道，立己达人，立德树人。

教学情境

（1）你如何理解幸福？在教育教学的工作过程中，你是否有过幸福的体验？如果有，及时分享出来。这种分享会让你更加幸福。

（2）你如何理解目前从事的教育工作？在工作过程中，你认为是否能够实现你的人生价值和追求？

资料链接

如果有兴趣，建议搜索清源学院公众号“日新路”，里边有大量原创学习资源，包括经典阅读、学习心得、体会感悟，由于是不带任何功利的“为己之学”，所以文章均为有感而发，真情实感，切身感受，感人至深。同时也欢迎加入清源学院大家庭，成为主动的学习者和终身成长的志愿者。

第六天　一周回顾：吾道一以贯之

《论语》中有这样一则故事。原文是：子曰：“参乎！吾道一以贯之。”曾子曰：“唯。”子出。门人问曰：“何谓也？”曾子曰：“夫子之道，忠恕而已矣。”（《论语·里仁》）

这个故事非常耐人寻味。我们不妨情景化一下：有一天孔子坐在教室里，他的弟子曾参经过他的面前，被孔子叫住：“参！”曾参听到老师叫，面向老师恭恭敬敬站住，孔子说：“吾道一以贯之。”曾子听了，没有追问，只是更加恭恭敬敬地打了个拱，说：“是，我知道了。”孔子此刻默然捻须，满意地点点头，走了。他们师生二人心领神会，可让周围同学们傻眼了，等孔子一离开，大家就围着曾参，问他跟老师打什么哑谜呢？夫子之道

“一以贯之”到底是什么？曾子曰：老师的道，忠恕而已矣。

本周我们围绕教育大道，展开了系列的讨论。实际上也是一直立足在“道”上，这个“道”，与孔子“一以贯之”之道一脉相承，指的是为人之道。曾子概括为忠恕而已。所谓忠，不是大家狭隘的理解，停留在忠君的范围，更是指一个人在社会上安身立命，归根到底是要为社会尽一份责任，作一份贡献，才会有价值，有意义，此之谓尽己之谓忠；而恕，指的是推己及人，《大学》在论及“平天下”修养路径时重点论述了絜矩之道，就是“恕”的体现。“忠”解决的是一个人的安身立命，生存的价值和意义；“恕”则涉及我们如何看待他人，如何处理好自己与周围世界的关系。人活在这个世界上，不如意十之八九，圣如孔子，在当时遭遇了很多不理解、蔑视、诅咒，甚至暗杀和陷害，但是我们终究要过好自己这一生，对世界应该永远报以温情，报以仁爱之心。正如泰戈尔的那句诗：世界以痛吻我，我要报之以歌。

本周围绕教育之道，我们探讨了哲学层面最高的概念“道”，由这个宇宙的本源，我们进入人道的核心，曰仁与义，曰忠恕而已，拉近了我们与“道”的距离，尝试带领大家去触摸深不可测的“道”，去感悟“道”就在我们身边，就在我们的日常，就在我们的工作中，无所不在。

“志于道，据于德”，“德者，得也”。道与德的关系，是内外关系，也是一体关系。我们探讨“道与德”的关系，尝试说明一个核心的观点，就是道德可学，道德是修炼的功夫。习近平主席曾经引过一句话，“所谓圣人，是肯用功夫的凡人，而凡人，只是不用功夫的圣人”。

在初步认知道德的基础上，我们进一步对学校的起源与本质以及“生与师”的基本内涵和关系进行了探讨。在我国古代，学校定位于“明人伦”，“学校之中，惟以成德为事”，这种定位，并不意味着古代先人只注重道德教育，以道德教育代替其他，而是强调“务本”的思想。“君子务本，本立而道生”，学校以培养人、造就人、发展人为使命和天职。人，永远处于学校的核心地位，无论世代如何更迭。假如有一天，学校不再以培养人为使命和天职，那也将失去存在的意义，抑或异化为工厂或监狱。

师生关系是学校中最温情的风景。正是这种关系的特殊性，让一代代老师甘愿做园丁，做蜡烛，守住三尺讲台，奉献青春岁月，奉献才华智慧，献出自己全部的爱心和心血，却无怨无悔。师生关系的本质不是单向的，而是双向的、多向的，老师在成就学生的同时，实际上也在成就着他自己，在教育学生的同时，也在接受着学生的教育，在用生命滋养学生的同时，也在被学生年轻的生命所滋养，所以做老师永远年轻。

最后，我们不知不觉走上了教育之道。我们对教育之道，也有了更本质的理解和把握。我们在教育规律之上去把握教育之道，我们让教育重新回归到人，回归到人性。我们也希望，每一个老师都能够明了一个简单的大道理：教育之道，就是立德树人。陶行知先生说：千教万教，教做真人，千学万学，学做真人。

此为教育大道。

思维导图

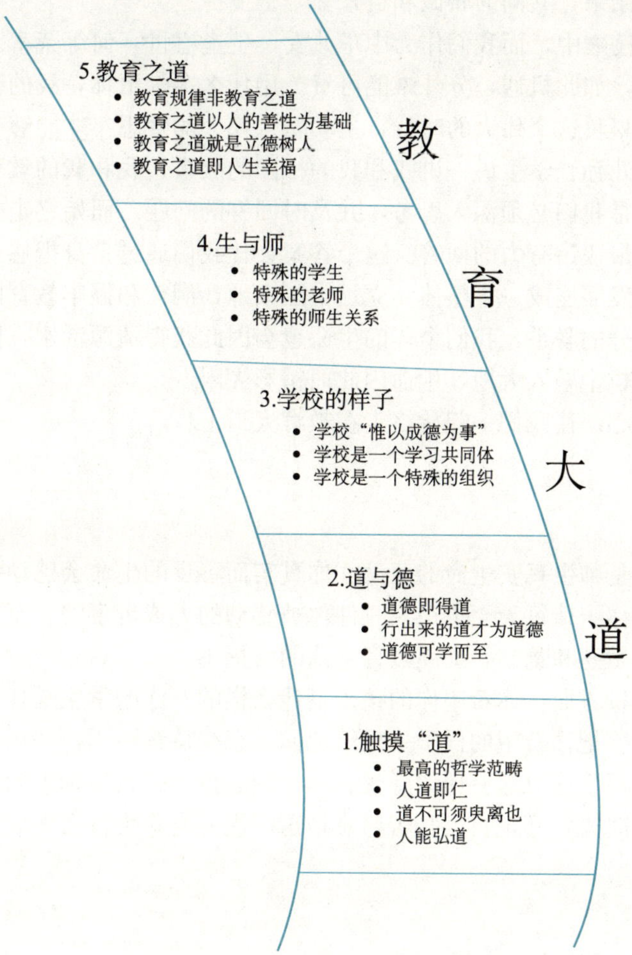

第七天　实践反思：始终走在教育大道上

教育为国之大计，党之大计。教育是国家民族的希望，更是民生。教育是古老永恒的事业，教育又是常新日新的事业。教育与时代同行，教育又不断推动时代的发展，教育是人类最光辉的事业，教育之光即为人性之光，人类之光。

2019 年，我们一起见证了中华人民共和国成立 70 周年取得的辉煌成就。据报道，新中国成立初期，4.5 亿人口，80%以上是文盲，学龄儿童入学率只有 20%，1949 年全国接受高等教育在校生只有11.7万人。如今，各级教育普及程度均达到或者超过中高收入国家平均水平，在人类教育史上留下了浓墨重彩的一笔①。这是何等伟大的成就，这是我辈教育人共同奋斗的结果，共同的骄傲和自豪。

世界永远在动荡之中，而我们作为中华儿女，生逢盛世，何等荣幸。百年民族复兴之梦必将在我辈实现，如此机遇，分外难能可贵。用什么奉献给你，我的教育？我们应该何等作为，才能够不辜负这个伟大的时代，主动融入伟大的梦想？才能够有资格在我们垂垂老去的年华里，为儿孙、学生讲一讲我和我的祖国的故事、我和我的教育的故事、我和我的学生的故事？这是我们必须深入思考，并及时回答的问题。而始终走在教育大道上，就应该是对这个问题最铿锵有力的回答。这个答案会让我们通过自身把悠久的中华历史与当代中国日新月异的发展连成一个整体，立足中国大地，洞彻和握牢教育的本质，与学生的生命建立起密不可分的联系，我们个体的生命也会因此获得清源活水，博大生机，如同一滴水汇入大海，一粒尘融入大地，生命因此而精彩无限。

教育报国守初心。让我们一起始终走在教育大道上！

教学情境

（1）教育过程是师生真实生命的互动。你真实而善良的生命会感动学生，学生真实善良的生命也会感动你。请每天至少记录三件你被感动的人或者事情，至少持续一周。以此增强对教育之道的敏感和觉察，提高教育生活的幸福感。

（2）在为人处世方面，你希望你的孩子是什么样的？你的学生是什么样的？你周围的人是什么样的？请你把你希望的样子呈现给他们。至少持续一周，并用心感受大家给予你的回馈。一周后请写下你对这一周的感受、体悟与心得。并且诚挚地问自己，自己是否愿意再来一周这样的时光？乃至自己是否愿意把这一周时光作为自己生活的常态？

资料链接

（1）周恩来总理的《我的修养要则》：

一、加紧学习，抓住中心，宁精勿杂，宁专勿多。二、努力工作，要有计划，有重点，有条理。三、习作合一，要注意时间、空间和条件，使之配合适当，要注意检讨和整理，要有发现和创造。四、要与自己的、他人的一切不正确的思想意识作原则上坚决的斗争。五、适当地发扬自己的长处，具体地纠正自己的短处。六、永远不与群众隔离，向群众学习，并帮助他们。过集体生活，注意调研，遵守纪律。七、健全自己身体，保持合理的规律生活，这是自我修养的物质基础。（一九四三年三月十八日）

（2）给大家分享一首歌：

童蒙心——师生之歌

山色空濛，水光潋滟；

---

① 微言教育．我国教育总体水平跃居世界中上行列［EB/OL］.（2019－09－09）［2019－10－15］. https：//mp. weixin. qq. com/s/LMwdCE _ qcur NmqO3D1mkCg.

人间天堂啊，惜镜之未磨。

我求童蒙，童蒙求我；
天降大任啊，唤我心归来。

山下出泉，乳虎啸谷；
红日初升啊，其道大光。

良知清澈，清澈良知；
同行万里啊，幸你我同窗。

注释：

1. 本歌作词：文东茅，北京大学教授，北京大学社会科学学部副主任，北京大学教育学院前任院长。

2. 童蒙心——师生之歌。童：孩童、赤子；蒙：启蒙、去蒙；心：初心、道心。童蒙养正，立德树人，是师生共同的根本任务；赤子之心，家国情怀，是师生共同的理想追求。人民幸福、民族复兴、世界大同，为天降大任，当不忘初心，唤我心归来；师生同心，志同道合，可同行万里；师生互学，教学相长，幸你我同窗。是为“师生之歌”。

3. “山色空濛，水光潋滟”，描述自然之美，也可泛指时代之发展、物质之丰富。“惜镜之未磨”，可惜人的心镜未磨，浑浊蒙蔽，道出人心世态之现状，“育德”势在必行。

4. “我求童蒙，童蒙求我”，为《易经》“蒙卦”语，意为要教育孩子，孩子们呼唤着真正立德树人的教育，也包括所有人，尤其是教师自身道德人格的养成，立德树人是每一个人的根本任务，是天降大任。不忘初心，共谋幸福，是所有教师、学生、家长以至全社会的共同使命。“天降大任”“唤我心归来”均源自《孟子》：“天将降大任于斯人也，必先苦其心志……”“学问之道无它，求其放心而已矣”。

5. “山下出泉”，为蒙卦语，意为新生力量、化育人心的教育有如清泉出山，洗涤尘染。“乳虎啸谷，百兽震惶”“红日初升，其道大光”均源自梁启超之《少年中国说》，道出教育事业、孩子成长和国家民族的美好前途。

6. “良知清澈，清澈良知”，意为人之良知原本清澈，只是被世欲所污染，教育的使命就是不断使人的良知更清澈。“同行万里”，有不畏坎坷、风雨兼程之意。“你我同窗”，即所有师生志同道合、教学相长，共同完成立德树人、人民幸福、民族复兴这一伟大使命。

第二周 重振师道尊严

师严然后道尊，道尊然后民知敬学

——《礼记·学记》

执笔人：杨晓丽（国家教育行政学院）

第一天 寻找师道尊严

“凡学之道，严师为难。师严然后道尊，道尊然后民知敬学”出自《礼记·学记》，是说学习中最难得的是尊敬老师，只有老师受到尊敬，他所传之道才能得到民众的尊重；道得到尊重，人们才会懂得敬重学业。众所周知，尊师重教在我国有着悠久的历史，师道尊严是我国最重要的教育传统。然而曾经有一段时间，“师道尊严”受到冲击、挑战的事件屡屡出现，不断刺激人们的神经，不由得让人们发出了“师道”何在，“尊严”不复的感慨，从而也开启了寻找“师道”、重振“师道尊严”的时代心声。

我们本周专门就师道尊严进行集中探讨，希望能够帮助大家坚定为师信念，重振师道尊严。

案例分享

我们首先来看一下有关师道尊严受到质疑和挑战的事件。

据 2005 年媒体报道：在山东苍山县兰陵镇有很多男老师在工作之余外出打工，有的教师辛苦工作一年，工资不如老百姓种一亩大白菜（一亩卖六七千元），老师的待遇低到在吃穿住行方面都有困难，当地不尊重教师，打骂、侮辱教师的事情时有发生①。

又据 2010 年媒体报道：娄底市一中一名英语教师上课时，因劝一名学生认真听课，随即与其发生肢体冲突，事后竟给这位学生下跪，以此希望唤醒该生能够好好学习②。该事件在网络上引发争议，有人表示佩服这位老师的教育决心和毅力，也有人反思，这位老师为何做出这一举动？是出于管理的无奈还是师道尊严已经不复存在？

主题聚焦

如上事件让人看了不免心痛。不管是什么原因，这种现象足以引发我们对“师道尊严”进行深层次的思考。

何谓“师道”？简单讲，就是“为师之道”。在韩愈之前，“师道尊严”就是“师严道尊”的意思，基本意义是“尊师重教”，主要目的在于百姓教化。在韩愈之后，“师道尊严”除了“尊师重教”的意思之外，还包含了对教师根本价值信念（师道）和职业价值使

---

① 收入不如种菜 一老板称打死教师两捆啤酒可摆平［EB/OL］.（2005-07-14）［2019-11-11］. http://learning. sohu. com/20050714/n2263 03452. shtml.

② 湖南娄底一中老师下跪事件［EB/OL］.（2010-11-30）［2019-11-11］. http://www. lssdjt. com/11/30/HuNanLouDiYiZhongLaoShiXiaGuiShiJian. html.

命（传道）的关注。“师严然后道尊”赋予了教师在我国传统文化中的核心地位，正如荀子所言：“国将兴，必贵师而重傅；贵师而重傅，则法度存”（《荀子·大略》），在这里，教师的地位与作用直接与国家命运、社会秩序有了直接的关系。

新中国的成立，开启了我国教育发展的新篇章。特别是改革开放以来，我国高度重视教育事业发展和师资建设，从 1985 年起，把每年的 9 月 10 日设为教师节，尊师重教蔚然成风。然而，不可否认的是，在早期市场经济发展的过程中，教师地位以及待遇一度偏低，教师特别是中小学教师职业吸引力不足，导致师资人才流失，优秀人才无法充分施展才华。同时，受到不良社会风气的影响，教师辱骂、体罚学生，有偿补课，收受礼金等事件也时有发生，损害了教师的集体声誉。这些违反师德乃至社会公德的事件虽是个案，远不能代表教师队伍的主流，但因教师“为人师表”的神圣性，一旦发生即引起社会广泛关注，也引发了民众对教师群体素质的忧虑。

进入新时代，大力加强教师队伍建设，重振师道尊严成为最强音。2018 年初，中共中央、国务院印发《关于全面深化新时代教师队伍建设改革的意见》，明确提出“百年大计，教育为本；教育大计，教师为本”，明确要求“不断提高地位待遇，真正让教师成为令人羡慕的职业”。2018 年 3 月，教育部部长陈宝生提出“重振师道尊严”，他说：“师道神圣不可违反。一个人、一个家庭、一个社会、一个国家、一个民族违反了师道，迟早是要受到惩罚的。”2018 年 9 月，全国教育大会召开，习近平主席发表重要讲话，明确提出“坚持把教师队伍建设作为基础工作”作为“九大坚持”之一。

重振师道尊严需要全社会的共同努力。目前，教师地位不断提高，待遇也逐年增长，教师安心从教、静心从教、热心从教的社会氛围日益形成，一大批优秀教师脱颖而出，受到全社会的尊重和爱戴，如近些年，李保国、黄大年、于漪等老师形象深入人心；每年教师节，社会各方面对教师的嘉奖与认可也日益让教师真正成为最受社会尊重的职业，“师道尊严”又重新获得了全社会的高度认可和尊重。

教学情境

（1）在从事教育教学工作过程中，你是否与学生发生过激烈的冲突？结合你的经历，谈一谈你对“师道尊严”的理解。

（2）如果能够重新选择职业，你是否愿意继续选择教师这个职业，无怨无悔？

资料链接

（1）请重点阅读和学习《关于全面深化新时代教师队伍建设改革的意见》，这是新中国成立以来第一份关于教师的中央政策文件，内涵丰富，意义深远，对新时代教师队伍建设有深远的指导意义。

（2）近些年，一大批反映教师题材的优秀影视作品涌现出来，体现出全社会对教师的尊重与敬仰。请抽时间观看《李保国》《黄大年》《一生只为一事来》等优秀电影，从中获得激励和动力。

第二天 道尊所以师严

师严然后道尊，道尊所以师严。“师道尊严”重点在“道”。“师者，传道受业解惑也”，老师的尊严体现在承载着“道”，传递着“道”，弘扬着“道”，是得道之人，是明道之人，更是传道之人。“道之所存，师之所存”，我国悠久的文化中有着鲜明的尊师重教传统，表达的不仅是对一代代教师群体为社会发展作出的重要贡献，更是对一代代教师群体所代表和传承的价值观念、精神力量的充分尊重与守护。正如习近平总书记所讲，一个人遇到好老师是人生的幸运，一个学校有好老师是学校的光荣，一个民族涌现一批又一批好老师是民族的希望。

案例分享

1913 年到 1919 年，徐特立在湖南一师任教 6 年，毛泽东在那儿做了 5 年半的师范生。徐特立老师渊博的知识、进步的思想、高尚的品德，对毛泽东的学业和思想有很大的帮助和影响，是毛泽东最敬佩的先生之一。毛泽东专门为徐特立写过一封情真意切的祝寿信：“你是我二十年前的先生，你现在仍然是我的先生，你将来必定还是我的先生。……你是革命第一，工作第一，他人第一……”有资料表明[①]：1919 年以前的长沙教育，差不多都是徐特立老师一手办起来的。那时长沙共有 800 多个小学校，所有教员基本都经他培训过，基于此，徐特立在长沙教育界享有“长沙王”之美誉。“休夸长沙十万口，子弟不教非我有。十八乡镇半开化，少数通人难持久。莫谓乡村阻力多，盘根错节须能手。莫谓乡村馆谷薄，树人收获金如斗。大家努力树桃李，使我古潭追邹鲁。”这是徐特立为长沙师范毕业学生写的《毕业歌》，也是他作为教育界的“长沙王”的最贴切的注脚。徐特立坚持兴办教育，以人格魅力和教育情怀展现了师道的尊严，促进了教育发展，赢得了社会的赞誉和敬佩。

主题聚焦

徐特立老师身上所体现的，让毛主席敬佩不已的，正是师道。

习近平总书记指出，教师是人类历史上最古老的职业之一，也是最伟大、最神圣的职业之一。在古代，孔子被推崇为“大成至圣先师”，被誉为“万世师表”。在中华民族

① 徐特立：毛泽东永远的先生 [EB/OL].（2012－11－08）[2019－11－30]. http：//www.china.com.cn/news/txt/2012-11/08/content _ 270511 60. htm.

5 000 多年文明发展史上，英雄辈出，大师荟萃，都与一代又一代教师的辛勤耕耘是分不开的①。

荀子认为：上事天，下事地，尊先祖而隆君师，是礼之三本。荀子将尊师视为三本之一，足见教师之"尊严"。韩愈在《进学解》中赞誉孟子、荀子两位大儒"吐辞为经，举足为法"，这一赞誉也被习近平总书记引用过，以此说明为师者的示范性和极大的影响力。习近平总书记还引用了西汉学者扬雄的《法言》首篇《学行》："师哉！师哉！桐子之命也。务学不如务求师。师者，人之模范也"，强调了教师必须是师德高尚的人群，并指出："各级党委和政府要从战略高度来认识教师工作的极端重要性，把加强教师队伍建设作为基础工作来抓，满腔热情关心教师，改善教师待遇，关心教师健康，维护教师权益，充分信任、紧紧依靠广大教师，支持优秀人才长期从教、终身从教，使教师成为最受社会尊重的职业。"②

"为学莫重于尊师"（清·谭嗣同）。师道尊严是对教育事业的敬畏，是对教育规律的尊重。《礼记·学记》中说："凡学之道，严师为难。师严然后道尊，道尊然后民知敬学。是故君之所不臣于其臣者二：当其为尸则弗臣也，当其为师则弗臣也。大学之礼，虽诏于天子，无北面；所以尊师也。"这里，可以看出，"尊师"即"尊道"，"严师"背后是对"道"的尊重、继承和弘扬。"师道既尊，学风自善"，师严然后道尊是一个无限循环的过程，在这个过程中产生的磁场是教育的磁场，教育的作用有多大，这个磁场的作用就有多大。

教学情境

（1）为什么说"师严然后道尊"？你是如何理解的？

（2）在习近平新时代中国特色社会主义思想的指导下，结合当前教育改革和教师队伍建设发展现状，谈谈你对新时代师道尊严的理解。

资料链接

建议大家阅读由陈桂生所著的《师道实话》，本书是作者针对教师的随笔结集，分"教师职业""教师角色""教师修养""师道别解""余论"等部分，以专业视角审视隐含在教师日常职业行为与职业生涯中的师道问题，并依据常理对教师问题领域中的老教条及新话语加以分辨，引人深思，给予启迪，大家可以带着思考和问题去看这本书，从中得到的感悟和启迪可与同事分享探讨。

①② 习近平．做党和人民满意的好老师［N］．人民日报，2014－09－10（002）．

第三天 “严师”之严

“凡学之道，严师为难。师严然后道尊，道尊然后民知敬学”，这段话中的“严师”与“师严”，该如何理解？古今的理解是否一致？与当下的师道尊严内涵有何联系呢？今天我们一起探讨“严师”的深刻内涵。

案例分享

2018 年 9 月初，我去看了我的中学老师。他任教的地方是西部一座小县城的普通中学，还有半个学期他就退休了。老师虽然已经老了，但一如既往的开朗。在校园里走的时候，看着那些来来往往、略显生涩，但多多少少有了“社会气”的学生，他突然有点无奈，但似乎又聊以自慰地说：“对于这些学生，我尽力教了他们，只要以后不成为社会的负担就行了。”说完，他向我尴尬地笑了一下。他的表情和这句话在我内心掀起了波澜，并引起了我作为记者的“职业敏感”。本来，我来看望老师，只是想关心一下他现在的生活，并没有想深聊教育的话题。但是，当学校里的学生出现在他面前的时候，却触发了他的感慨，这番感慨的背景应该是：现在的学生，无论是在学习态度上，还是思想品质上，都不好管了。但是，基于他作为教师的职责，他又必须管。而在一种无力感中他所能做的，也就是告诉学生一些做人的道理。他似乎感受到了一种无形的东西，悄无声息地消解、侵蚀、改变他和学生的关系。只是，他虽然撤退，但仍然在坚守，仍然是以他年轻的时候，以像当初教我们一样的方式，来面对这个世界。①

主题聚焦

从上面的案例中，我们仿佛看到了作为老师的一种无奈。这种无奈不是职业倦怠，而是夹杂了许多无能为力的情感。好像一贯威严的老师，一下子失去了权威，有些不知所措，有些四顾茫然，传统的“严师”好像消失了。

那么，如何理解“严师”呢？辞海解释《礼记·学记》“凡学之道，严师为难”中“严”指尊重、敬重；而在《吕氏春秋·上德》中，有“自今以来，求严师必不于墨者矣”，其中“严”指督教严格的师长。而“严”又是“嚴”的简化，从字面上看也透露了不敢和约束的意思。可见，传统观念中，“严师”具有权威的社会地位，也使得学生对老

① 石勇．师生关系，再也回不到从前了［EB/OL］．(2019－11－02)［2019－11－30］．http：//www.sohu.com/a/351129309_584699.

师的权威自然地敬畏，体现了传统的师道尊严。

在现代社会，随着平等、民主观念的深入人心，我们重提“师道尊严”，更多是强调尊重人性，严谨为学。教师作为一种职业，越来越失去传统的神圣地位，走向了平凡，“严师”也从最初的尊重教师演变为严格要求学生，也要严格要求自己。所以，“严师”之“严”包含了社会对教师的期待、教师对学生的要求、教师对自己的要求三重概念。那么，“严”到什么程度才是“严师”呢？从社会层面是提振师道尊严，从学生层面是合理的教育惩戒，从教师层面是“四有”好老师的呈现。2019 年教育部公布了《中小学教师实施教育惩戒规则（征求意见稿）》，文件是对师道尊严的维护，也是对新时代“严师”的保障，老师对学生的仁爱之心不应是宠溺而应是大爱，通俗地说，是在符合规定的条件下，对学生进行管教，从这个意义上讲，“严师”也体现了爱。

教学情境

（1）你对“严师”有何种理解？是否经历或者听说过挑战老师尊严的事件？对《中小学教师实施教育惩戒规则（征求意见稿）》有怎样的看法？请与同事分享。

（2）请用心回顾一下，当初是什么缘由使你选择了教师这一职业？又是什么让你一直坚守在这个岗位上？

资料链接

请认真阅读《中小学教师实施教育惩戒规则（征求意见稿）》，系统了解具体的惩戒措施，深入思考新时代师生关系，深刻理解新时代“严师”的内涵。

第四天 师道尊严变迁

师道尊严的传统需要继承，更需要创新发展。时代的变化必然需要重塑“师道尊严”观。今天，我们一起回顾一下“师道尊严”经历了哪些变迁，以及变迁背后的力量。

案例分享

首先我们回望一下宋代程门立雪的故事。①

宋代杨时因与学友对某问题有不同看法，为寻求正确答案，专门去拜见当时著名的学

① 程门立雪［EB/OL］.（2019－09－10）［2019－11－30］. http：//www. meipian. cn/2dfjfoxr.

者程颐。不巧，当时程颐先生正在书房坐禅。程家书童对他说："你先回去，过两天再来。"可是杨时坚持在门外耐心等待。当时正是冬天，不一会儿，天降大雪。小书童出来对杨时说："这位相公，开始下雪了，你还是赶快回去吧，等改天天气好了，你再来见先生吧！"可是，杨时还是坚持在雪地里等先生坐禅结束。小书童看到外面实在太冷了，而杨时站在雪地里一动都不动，不由地动了恻隐之心，于是想请杨时到门厅里烤烤火，避避风雪。"不，小兄弟，我非常感谢你的好意。但是我还是在外面等好一点，你请进去吧。"杨时谢绝了小书童的好意，仍然站在府门之外，顶着凛冽的北风和纷纷扬扬的大雪，连动都不动一下。

等到程颐坐禅结束，小书童立即把杨时在门外冒雪静候先生的情形向程颐禀报。程颐一听此事，马上问：

"这个年轻人现在还在门外吗？"

"禀先生，这个叫杨时的年轻人，现在还在门外。"

"快，快，快开门。不知他是不是冻坏了。待老夫亲自出门去接这个年轻人进来。"程颐吩咐小书童赶快搀扶他出去。等到小书童把门打开，所有的人都惊呆了。原来外面的雪已经积了一尺多深，而杨时仍然一动不动地站在那里，连脚都没有动一下。

"快，快！你们快把杨相公扶进屋子里来。"程颐命令家人道。"哎，你这个年轻人，怎么那么傻呢？改天再来不就是了！"程颐一边要家人扶着杨时到书房里去，一边连声地责怪着杨时。"不！晚生既……然要向……前辈请教，当然……应该……恭恭……敬敬地……在门外等……着。"杨时冻得浑身直发抖，说话时也直打战。程颐见杨时求师心切，又那么懂礼，心里非常高兴，就收下了杨时这个门徒，而且还把自己哲学思想的精髓全都教给了他。后来杨时果然学有所成，成了国家的有用之才。

主题聚焦

宋代程门立雪的故事反映了古人对老师的极大尊重，师生之间有着严格的师尊生卑的界限。而现在，我们提及师道尊严，提出重振师道尊严，显然已经有了全新的内涵。可见，"师道尊严"虽然在我国有着悠久的历史以及传承，但是也是一直随着时代的发展而发展，经历了变迁的过程。

在我国历史上，老师曾经有着无上的荣耀，"师道尊严"神圣不可侵犯；也曾声名狼藉，身陷"九儒十丐"（元代统治者把人分为十等，读书人被列为第九等，居于末等的乞丐之上）、"臭老九"之列①，斯文扫地；教师地位曾经至高无上，也曾经被视为普通的从业者，光环不再。

传统社会的"师道尊严"，"师"与"道"是合一的，师道被视为"为师之道"，强调师德、师职、师尊。师德赋予了教师是"礼"的化身，是社会道德规范的代言人；师职是传道授业解惑，教师不仅要具有"知古今"的渊博知识储备，还要具有"温故知新""专

① 张富隆．为"师道尊严"辩诬［J］．学习与研究，1989（06）：57－58.

而通”“通而一”的学术研究能力，能够指引学生人生之路，生涯规划；而有道之师、有德之师、有才之师必然是尊贵而庄严的。为了强调师尊，荀子把师同天、地、君、亲并列起来，指出：“天地者，生之本也；先祖者，类之本也；君师者，治之本也。”师取得了与天、地、君、亲同样尊贵的地位。师尊体现在教师与学生的关系方面，突出强调“师”的尊严和地位，明确提出“师为上，学为下，师为主，学为从，师为尊，学为卑[①]”。因此，在我国教育史上，无论是官学、私学还是书院，只有德才兼备者才可以称得上是教师，才可以身作则教化世人，尽到传道授业解惑的职责[②]。可见，传统的师道尊严赋予了教师神圣的职业地位，社会对教师的期望值是至高无上的。

然而，随着时代发展，教师的角色显然发生了重大的变革。教师高高在上，接受顶礼膜拜的时代被现代社会民主、平等的师生关系所取代。传统的师生关系如同父子，老师拥有绝对的权威，在教学过程中，学生始终处于被动接受的地位。如果哪个学生对老师的教学、思想提出质疑，都属于大逆不道。而在现代社会，我们更加强调的是师生平等的关系，学生权益保护意识更加突出，在教学过程中，更加强调的是学生的主体性、创造性、积极性，而非权威思想的灌输。体罚学生以及变相体罚学生被严令禁止。在这个背景下，我们提出“重振师道尊严”，既有对传统“师道尊严”的礼敬和弘扬，更有全新的内涵。

教学情境

（1）在梳理古今师道尊严变迁的过程中，你是否对教师这个职业有了新的认识？

（2）新时代，尊师重教不仅是一种传统，更是国家的战略性决策，重振师道尊严的程度已经到了一个全新的高度。提到重振师道尊严，你想到了什么？请与同事分享。

资料链接

《师道征故》（1944）是《大夏教育文存（萧承慎卷）》中的一部著作，全书共5篇，以为师之道、尊师之道、求师之道为主线进行阐述，对“师”的起源与深刻内涵进行了系统的阐释，推荐重点阅读并理解讲述为师之道的部分。《师道征故》中的“为师之道”：“第一，教师应有严肃端庄之气象，使学生见而起敬；第二，教师应崇信圣人之道，老而弥笃；第三，教师讲学应系统完整、条理分明、因材施教、不越其节；第四，教师应知精微之理而能讲论精策。能具备此四种资格者即是贤师。”

---

① 陶林．“师道尊严”传统的继承与重塑［N］．光明日报，2012－07－30（16）．

② 王凌皓，姬天雨．中国古代师道观评析［J］．河北师范大学学报（教育科学版），2019，21（1）：15－20．

第五天　新时代师道尊严

新时代重振“师道尊严”，具体应该有哪些内涵呢？与传统的“师道尊严”比较，又有哪些不同，有哪些传承？今天，我们一起探讨新时代，教师如何重塑“师道尊严”。

案例分享

今天我们来分享全国教书育人楷模李吉林老师的故事。

李吉林从 18 岁走上教师岗位开始，就与小学教育开始了一场“旷世之恋”，把所有的心血、情感、精力都投入到了小学教育，一生坚持不懈地奉献在小学教育战线，创造出对我国小学教育产生了巨大影响的情境教育。北京市海淀区教育科学研究院吴颖惠老师在谈到李吉林老师时说：“李吉林老师令我十分尊敬的是她自觉的、强烈的职业身份认同。不管人们如何赞誉她的科学研究水平，她总是说，我就是一名小学教师。她永远以做小学教师为荣，她常说‘我是长大的儿童’。人们总是能够感受到李老师那份愿意终身献给儿童、献给小学教育的真挚，那种心无旁骛的纯净。正是因为有这种强烈的身份认同，她才会几十年如一日不厌其烦地琢磨研究教育、教学、课堂。通过不断学习，不断反思，不断对话，不断写作，一辈子只干一件事，干成了一件大事。她从没有因为自己是一名小学教师感到自卑，有的只是好学和谦恭。最终，她赢得了所有教育理论工作者由衷的尊敬。”

主题聚焦

李吉林老师的教育情怀告诉我们，新时代“师道尊严”，应该立足于对教育理想、教育本身价值和尊严的坚守、维护和捍卫①。特别是在现代社会，师生平等、教育民主已经成为教育的基本价值取向，“师道尊严”不再是外显的“尊严”，不再是教师绝对的权威，不再是教师不苟言笑的形象，而是以我们教师自身的真实人格、智慧、理想、精神、态度作为内在的基础，来赢得属于自己的真实的尊严。

习近平总书记多次强调“让有信仰的人讲信仰”，“传道者自己首先要明道、信道”。新时代师道尊严，首先要以教师自身的职业素养作为基础和前提。与传统师道尊严不同的是，随着时代发展和教育变革，教师的角色从传统的权威者逐渐转变为学生的引导者和教育的促进者，那么在继承传统严师观的基础上，师尊更多期待的是教师对自身的严格要求，成为“学高”“身正”的有道之师，才会不断赢得学生、家长和社会的尊重。孔子将“爱学生”列为师德的要素之一：“爱之，能勿劳乎？忠焉，能勿诲乎？”（《论语·宪问》）。

---

① 刘铁芳．教育者的形象与师道尊严［J］．教育科学研究，2002（3）：5－9.

荀子认为，教师应是礼的化身，应具备各种善良美好的价值品质，“礼者，所以正身也；师者，所以正礼也”“以善先人者谓之教”，只有具备礼的修养和善的品质，教师才可以教育他人，才能令他人信服，成为他人尊敬和效仿的榜样。

新时代的师道尊严，需要老师更好地履行教师职责，坚持为师之操守。孔子的“不愤不启，不悱不发，举一隅不以三隅反，则不复也”（《论语·述而》），孟子的“君子之所以教者五：有如时雨化之者，有成德者，有达财者，有答问者，有私淑艾者”（《孟子·尽心上》），荀子的“化性起伪”等，从不同角度阐明了传统师道的职责。不仅如此，教师履行职责与坚守德操是一致的，“学而不厌，诲人不倦”“道之所存，师之所存”“学为人师，行为世范”，这些都是对教师职业操守的最好诠释，都是履行师职、赢得尊重的前提条件。[①] 因此，新时代，教师重塑师道尊严的路径可以描述为这样一个循环的能量环：

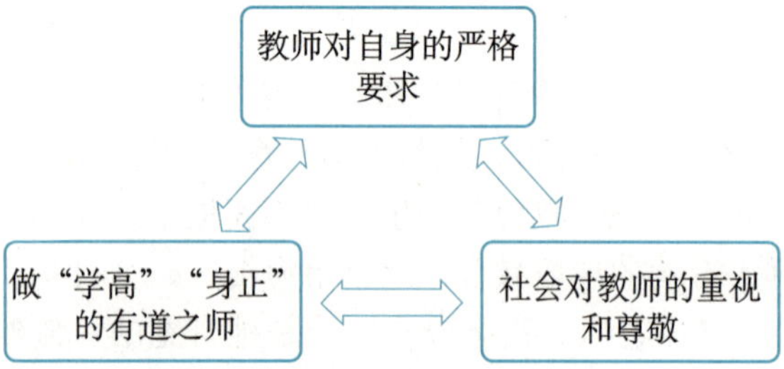

这个能量环是相互联系、唇齿相依的。我们把教师对自身的严格要求作为重塑师道尊严的首位，促使教师成为“学高”“身正”的有道之师，用人格魅力赢得社会对自己的尊敬和关爱；同样，在这个过程中，社会的力量和教师自身的职业素养源于教师的严于律己、身正为范，由此持续循环，形成重塑师道尊严的能量环。正如有学者[②]提出，师道的光辉源自教师的坚守，也离不开学生、社会和政府的重视、关爱与支持。重振师道尊严，倡导全社会尊师重教并不是空洞的大道理，而是有着深刻的内涵和具体的要求。教师职业信念的坚守离不开社会的支持和尊重，坚持德高为师，身正为范，成为值得尊敬的人，然后赢得社会更多的尊崇。

教学情境

（1）请回顾反思一下，在职业生涯中，你与学生的关系是怎样的？如何进一步改善师生关系？

（2）谈谈如何从自己做起，重塑“师道尊严”。

资料链接

（1）推荐阅读由林崇德所著的《师魂——教师大计 师德为本》。本书是作者从教 50 年来对师德的感悟，是入选全国高校出版社主题出版项目中权威、科学、完整、生动介绍

① 林可．当代“师道尊严”的缺失、异化和重树［J］．中国教师，2009（1）：11－13．

② 郭立场．重振师道尊严 引领社会风尚［N］．中国教师报，2018－03－08（2）．

教师师德的优秀读物。作者从完善中华优秀传统文化教育入手，从比较中外教育史中师德观的视角，从当前教育改革与发展的现状需要出发，不仅阐述了教师爱岗敬业、关爱学生、严谨治学、为人师表的师德内容，还分析了基础教育教师与高校教师师德的异同点，并深刻展示了一位师德标兵的风貌。全书共 8 章，推荐重点阅读第 4～8 章内容。

（2）在苏霍姆林斯基《给教师的建议》中，推荐重点阅读“教师的时间从哪里来？一昼夜只有 24 小时”“教师的时间和教学各阶段的相互依存性”“致未来的教师”“谈谈教师的教育素养”“教师们的教育观点的一致”“提高教学质量的几个问题”这几部分内容，寻找共鸣点，以提升自身的专业和综合素养。

第六天　一周回顾：师道尊严就在身边

今天我们回顾一下本周所讨论的话题。师道尊严是我国最重要的教育传统，“师道既尊，学风自善”，师道尊严的传统需要继承，也需要发展。

重振师道尊严要与教师自身成长、学生发展、社会期待相契合，其中最基础的就是教师自身成长。修师德、铸师魂是在行动上对重振师道尊严最好的实践。

（1）师道在每位教师的身上。

（2）师严而后道尊，重振师道尊严，要先从教师自尊而后他尊开始。

（3）师道尊严离不开严师，严师从最初的尊敬老师演变为集“获得社会尊敬，严格要求学生，学高为师，身正为范”为一体的新时代风貌。

（4）师道尊严随着时代发展而变，但无论经历何种变迁，尊师重教、师道尊严的光芒永恒，上到党和国家，下到教师自身与学生家长，教育的每一分子都在这条光芒大道上携手同心、立德树人。作为教师的我们首先要做的就是守住自己的为师之道。

（5）新时代重新赋予“师道尊严”新的内涵和生命，使教师与本来的“师道”精神保持连续，重振师道尊严更关键的是教师要追寻心中的“师道传承”，通过对自身严格要求，积极践行“四有”好老师要求，争做“学高”“身正”之师，达成自身成长之路，成为有尊严的和值得尊敬的老师。

师道代表的就是纯正之风，是一种人格力量，亦是为师者最基本的道德品质。正如习近平总书记指出：“亲其师，才能信其道。要有堂堂正正的人格，用高尚的人格感染学生、赢得学生，用真理的力量感召学生，以深厚的理论功底赢得学生，自觉做为学为人的表率，做让学生喜爱的人。”① 有学者②提出尊师思想的现代转化便是尊师重道的传统文化，

① 张烁．用新时代中国特色社会主义思想铸魂育人 贯彻党的教育方针落实立德树人根本任务［N］．人民日报，2019-03-19（1）．

② 黎红雷．“天地君亲师”：儒家精神信仰思想的现代转化［J］．现代哲学，2015（5）：97-106．

“尊师”的实质在于“重道”，“重道”才是“尊师”的核心价值之所在。“道”从本质上是文化，尊师重道的目的在于传承和延续人类文化之精神、民族道统之精义，从而使其薪火相传、经久不衰、历久弥新；从个人层面讲代表学习，从国家层面讲则是教育。

总之，师道尊严是看得见的哲理，重振师道尊严应从自我做起。

思维导图

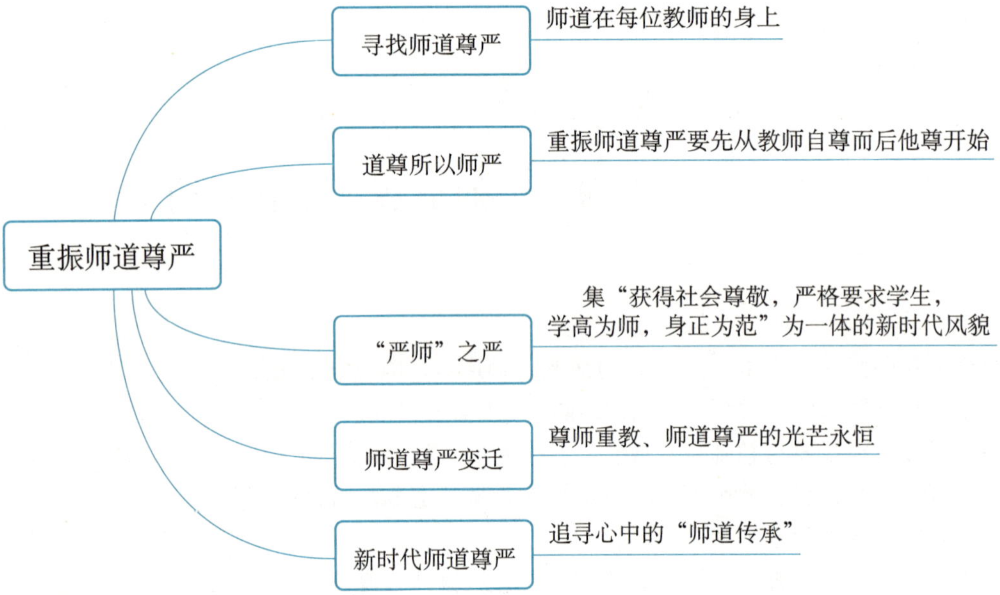

第七天 实践反思：何以见“严师”

今天我们进入本周的最后一天，一起进入实践反思，如何提振新时代的师道尊严，重塑“严师”？

新时代师道尊严要求教师既要“学高”又要“身正”。为人师者，只有善其德、端其行、正其道，才能让他人信服并成为学习和效仿的榜样。对于教师而言，最好的严师自觉就是做“有理想信念、有道德情操、有扎实学识、有仁爱之心”的好老师，自觉提高自身师德修养。“尊严而惮，可以为师”，为师的标准是既要有“尊严”，又要令人敬畏。然而，令人敬畏并不是身居高位、傲慢无礼，甚至轻视学生，而应是教学相长、立德树人，与教育、与国家共奋进。我们该如何重塑师德规范，提振新时代师道尊严呢？

首先，要有深刻的职业认同感。对于教师来说，师道尊严更多表现为教师对师道的体认，对这份职业的认同以及对自我的定位。每个职业都有其独特的价值定位和责任要求。我们在选择教师职业前，应首先深刻了解和把握教师的职业价值和意义，若选择了，就要有充分的职业认同，不能左顾右盼、东张西望，甚至与其他职业价值、经济收入进行权衡和比较。习近平总书记说："当官发财两条道，当官就不要发财，发财就不要当官。""选择从政就不要在从政中发财，选择发财就去合法发财。"做教师，也如是。做教师，实际上选择的就是一份道义，一个塑造生命、塑造灵魂、塑造人的事业。做教师，就是要不忘为师初心，守好为师之道，潜心教书育人。

其次，要具备良好的职业道德。重振师道尊严是对教育之道的践行。师道尊严的内涵核心是在"道"，更是一种具有高尚品格的精神及其影响力，从小的层面代表了教师本体及其成为教师本体的法则，从大的层面代表了传统文化及国家形象的要素，而在教育实践中，则是包含教育主体、客体、教育环境三要素相互作用的关系。因此，对师道尊严的理解本身也是对"道"的弘扬，以及对这种精神和影响力的继承和传播，重振师道尊严必须要求教师自身具备良好的职业道德，如此才能获得更多的尊严和关爱。"当师道尊严成为一种社会风尚，以尊师为荣、以不尊师为耻时，民众才能在践行师道尊严的同时，激发师生的责任感，形成更强的教育合力。"①

再次，我们要有扎实的专业能力。学高为师，身正为范。专业知识和专业能力是我们行走在教育大道上的立足点，也是实现职业理想和职业价值的基础和前提。当前，国家正在用最大的力度保障教师的各项权利，将教师队伍建设作为教育的基础工作来抓，创造各种便利条件促进教师专业发展。在这样的现实关照下，教师应该首先从自身的角度出发来定位师道尊严的实现程度，时刻保持充电的动力，不断提升自身专业素养，并真正做到"坚持教书和育人相统一，坚持言传和身教相统一，坚持潜心问道和关注社会相统一，坚持学术自由和学术规范相统一"，潜心教书育人，为人师表。

最后，我们要具备深厚的社会素养。教师对于传统、社会、国家、民族、人类未来等方面的观点、态度和价值观统称为"教师的社会素养"②。我们要强调的是，在国家培养我、社会关注我、家长监督我、学生认可我、我教书育人的社会关系中，教师要站在国家战略的高度，在人类发展的浪潮中，拥有教育的大情怀，与社会各界共同做好立德树人的育人使命；需要深刻认识到师道尊严并不是一个口号和标签，而是充分实现教师、学校、社会重振师道尊严的知行合一的过程，深刻把握时代发展和教育改革要求，不辜负国家和社会对我们的期许，认清社会现实和发展趋势，完成新时代教书育人的使命，使师道尊严的传统更好地助力人才培养和社会发展，最终将师道尊严的核心定位在"道"上，用"师道"净化职业中的不尊，真正实现教师自尊与他尊的统一。

如此，我们便可以通过明道、守道、行道找到师道尊严，重塑师道尊严，看到"严师"的样子。也在此呼吁更多的教师关注自身成长，提升职业素养，提振新时代师道尊

---

① 吴绍芬．今天，如何看师道尊严［N］．中国教师报，2016－10－19（15）．

② 石中英．谈谈教师的社会素养［EB/OL］．(2018－09－25)［2019－11－30］．http：//www.nk12.cn/show.jsp?classid=201702271418549959&informationid=201809251112344068．

严，为民育人，为国育才，实现职业生涯理想。作为教师，只要心里存着一份“一生只为一事来”的决心，就挡不住潜心教书育人的路。“认同＋经验＋反思＝成长”，在为师之道的路上，根植自身的成长之树，一同塑造好教师的模样。

新时代教师自我成长之树

第三周　好老师的样子

志于道，据于德，依于仁，游于艺。

——《论语·述而》

执笔人：王成龙（国家教育行政学院）

第一天 老师·好

小时候我以为你很美丽
领着一群小鸟飞来飞去
小时候我以为你很神气
说上一句话也惊天动地
长大后我就成了你
才知道那间教室
放飞的是希望
守巢的总是你
长大后我就成了你
才知道那块黑板
写下的是真理
擦去的是功利
……

你是否听过《长大后我就成了你》这首歌？1994 年春节联欢晚会上，宋祖英演唱了这首歌，她以委婉的歌声，用教室、黑板、粉笔、讲台等意象深情赞颂了人民教师无私奉献的情怀。歌曲中，“我”长大之后之所以要成为老师，是因为老师“放飞的是希望、守巢的总是你”，“写下的是真理、擦去的是功利”，“举起的是别人、奉献的是自己”。《长大后我就成了你》这首歌，让人们对好老师充满了敬意、向往和感恩。

案例分享

电影《老师·好》讲述的是在 1985 年的南宿一中，语文老师苗宛秋与学生高中 3 年“斗智斗勇”的有趣故事，再现了 20 世纪 80 年代的校园百态及师生之间的纯真感情。

影片中，看似霸道古板、不近人情的苗老师，实则认真负责、心系学生，固执地用自己的方式对学生好：对扰乱课堂纪律的学生毫不手软——直接“前面站着去”；把拿着斧头的“小混混”洛小乙赶出教室，并警告说，“我小舅子就在派出所，谁也别惹事”；而当学生们利用自习时间为他找回了自己心爱的自行车时，他却因为学生浪费时间而愤怒地吼着“快去学习”，与学生之间的关系犹如“水火不容”。但是背后他却免费给学生补习，不顾安危挽救走入歧途的学生，拿出积蓄寄给生病住院的学生……在苗老师的观念里，不放弃任何一个学生，我做的事“都是为你好”。

主题聚焦

2019 年上映的电影《老师·好》，引发了社会各界对“好老师”样子的讨论，如北京大学文东茅教授在观影后谈道：“我 15 岁上中师，在中学当老师，后来一直当大学老师，始终在思考到底什么样的人是好老师。有一天我终于悟到了，好老师不仅仅要授业解惑，而且要传道。”他表示，这部电影不仅仅再现了那个时代的老师，也让大家开始思考那个时代的老师是否足够好，新时代我们如何做一位好老师等深层次问题。同时，他也开始反省自己在从教的过程中，是否真正做到了对待学生一视同仁。国家教育行政学院从春侠教授说：“每一个时代、不同的区域，如在大城市和农村，人们对于好老师的理解可能不同，但是有一点应该是相通的，即好的老师一定是通过成就孩子来成就这个社会。这部电影的很多点都值得大家去探讨。老师不是完人，爱每一个孩子的方式都不一样。让孩子有‘道’，在社会上立得住，这才是真正的好老师。”①

“好老师”应该是慈爱的，还是严格的，还是严慈并济？影片中的苗宛秋老师作风严肃、对学生严苛，但他真心对学生好。这部影片为我们反思“什么是好老师”提供了很好的素材。那么，好老师究竟什么样？在我们这个尊师重教的国度，从圣贤先哲，如孔子、孟子、荀子、韩愈，到陶行知，再到新中国成立以来党和国家主要领导人，无不对“好老师”给予了高度的关注。

“万世师表”的孔子，是优秀教师的典型代表。他用实际行动阐述了好老师的样子。孔子眼中“好老师”的样子，集中体现在《论语》中。“学而不厌，诲人不倦”“无私无隐”“身正而行”等是孔子对好老师的期待。

作为儒家代表人物的孟子，在政治、教育思想方面作出了很大的贡献，与孔子并称“孔孟”，被尊称为“亚圣”。孟子认为，“得天下英才而教育之”的事业，是“君子之乐”，他的终生志愿，就是像孔子一样，做一个好老师，“乃所愿，则学孔子”。

荀子对教师的任职资格有过系统的论述。他说：“师术有四，而博习不与焉。尊严而惮，可以为师；耆艾而信，可以为师；诵说而不陵不犯，可以为师；知微而论，可以为师。”荀子认为教师必备的素质包括广博的知识、崇高的威信、丰富的教学经验、良好的表达能力、有条理且有系统地传授知识的能力。荀子还主张教师要注重实践，在教育过程中倡导“知行统一”。他说：“凡以知，人之性也；可以知，物之理也。以可以知人之性，求可以知物之理而无所疑止之，则没世穷年不能偏也。”

“古之学者必有师。师者，所以传道受业解惑也。”韩愈在《师说》这一篇文章中，系统阐述了他的教师观。首先，传道、授业、解惑是教师的基本任务。其次，“学无常师”“道之所存，师之所存”。韩愈主张不管出身、门第、相貌等如何，只要学有所成，并且合乎儒道，就可以为人师表。再次，“弟子不必不如师，师不必贤于弟子，闻道有先后，术业有专攻，如是而已。”师生关系的确立，不因年龄、资历、身份，而是取决于闻道先后。

① 于谦获“首都文化志愿者”称号《老师·好》引发“好老师的时代标准”大讨论［EB/OL］.（2019－03－30）［2019－11－10］. http://m.sohu.com/a/304789958_745022.

“人民教育家”陶行知，率先垂范，对如何成为好老师有过系统而丰富的论述，他因时代所需，特别强调老师要热爱祖国、热爱学生、教学做合一等。具体而言包括：教师既要热爱祖国，也要热爱学生；教师要有无私奉献的精神和坚定的意志；教师要有求真务实、追求真理的科学探索精神；教师要有健康的体魄，手脑并用。

新中国成立以后，党和国家主要领导人对教育工作高度重视，对好老师有非常深刻的阐述。如，毛泽东同志敬重既教学生知识，又教学生“怎样做人”的老师，赞赏“教书育人很有办法”的老师，敬重德才兼备且有人望的老师，敬重具有高尚师风和优良品格的老师，敬重尽职尽责、严格要求学生而又诲人不倦的老师。[①] 邓小平希望“教师认真学习马克思列宁主义、毛泽东思想，使更多的人牢固地树立起无产阶级的共产主义的世界观。希望广大教师努力在政治上、业务上不断提高，沿着又红又专的道路前进”[②]。胡锦涛认为人民教师要爱岗敬业、关爱学生、刻苦钻研、严谨笃学、勇于创新、奋发进取、淡泊名利、志存高远。[③]

进入新时代，习近平主席从国家繁荣、民族振兴、教育发展的大局出发，深刻阐释了教育工作和教师工作的重要性，明确提出成为一名党和人民满意的好教师要具有“四有好老师”“四个引路人”“四个相统一”的特征，为新时代如何做好老师提供了行动指南、指明了方向。

教学情境

(1) 请观察自己身边的同事，或者反思自己的教学实践，谈谈你对“好老师”的理解。

(2) 文中提到很多教育家以及新中国领导人对老师的论述，给你印象最为深刻的是哪些观点？为什么？

资料链接

(1) 2014 年，为纪念陶行知先生诞辰 120 周年，电影《陶行知》被搬上银幕。先生在 20 世纪 20—40 年代的旧中国，开启了他教育强国的系列实践和探索，呕心沥血，死而后已，用一生践行了他“捧着一颗心来，不带半颗草去”的无我境界和高尚情操。请观看《陶行知》，并进一步收集先生的资料，加深对先生的了解。

(2) 请大家观看《老师・好》，并思考老师好，好在哪里？

---

① 于景宁．毛主席敬重什么样的老师？[EB/OL]．(2009-09-10) [2019-11-10]．http：//opinion.people.com.cn/GB/1036/10028955.html.

② 邓小平．邓小平论教育 [M]．2 版．北京：人民教育出版社，1995：73.

③ 胡锦涛在全国优秀教师代表座谈会上的讲话 [EB/OL]．(2007-08-30) [2019-11-01]．http：//www.gov.cn/ldhd/2007-08/31/content_733340.htm.

第二天　孔子如何做老师

在中外教育发展史上，孔子无疑是一位伟大的老师，被誉为“大成至圣先师”“万世师表”。孔子弟子以及再传弟子编撰的儒家经典《论语》，集中反映了孔子是如何做老师的。今天，我们结合《论语》，一起重温孔子做老师的样子。

案例分享

在《论语》中，关于孔子如何做老师的故事很多，我们在这里讲一个孔子因材施教的故事。

子路问：“闻斯行诸?”子曰：“有父兄在，如之何其闻斯行之?”冉有问：“闻斯行诸?”子曰：“闻斯行之!”公西华曰：“由也问：‘闻斯行诸?’子曰：‘有父兄在。’求也问：‘闻斯行诸?’子曰：‘闻斯行之!’赤也惑，敢问。”子曰：“求也退，故进之；由也兼人，故退之。”

主题聚焦

这是《论语·先进篇》中孔子和几位弟子的对话。子路和冉有问孔子同一个问题，但孔子却给出不同的答案。因材施教是孔子作为一位好老师最突出的特点，除此之外，孔子还是一位诲人不倦、热爱学生、身正而行的好老师。

1. 因材施教，做了解学生的好老师

孔子之所以重视因材施教，是因为他看到了每个人的身心发展水平存在个体差异性。孔子常常根据学生的自身能力和特点施以不同的教导方式，使学生的潜能都能得到发展。实施因材施教的关键是对学生有深刻而全面的了解，准确地掌握学生各方面的特点，然后进行针对性的教育。正是由于对学生的充分了解，所以孔子的教育和教学就能够根据学生的实际水平和个性特点来进行，帮助学生取长补短。回答不同学生询问“仁”“孝”“政”的问题，孔子的回答往往不同，依据学生的特点做出不同的回答，有难易、深浅、详略、繁简之分。比如，樊迟和颜回都问孔子“仁”这同一问题，孔子回答却不尽相同，回答樊迟是“爱人”，回答颜回却是“克己复礼”。

2. 诲人不倦，做善于学习的好老师

孔子最令人称道的是他的好学精神。子曰：“学而时习之，不亦说乎?”“我非生而知之者，好古，敏以求之者也。”“吾十有五而志于学。”虽然，孔子曾说过“生而知之者，

上也”的话，但他始终不认为自己是所谓“生而知之”，而是“好古敏求”才得以掌握知识的。“人非生而知之”，“学而不厌”是教师专业发展的必备因素，只有在教师专业发展道路上不断求索、不厌其烦，才能获得更高的职业成就感。他还说：“十室之邑，必有忠信如丘者焉，不如丘之好学也。”“默而识之，学而不厌，何有于我哉？”这些都突出地反映了孔子好学的品质。孔子随时随地留心学习，既向有知识的人学习，同时也向不如自己的人学习，包括向自己的学生求教，所谓“学无常师”“每事问”。而且孔子也可以随时随地向他人请教，即“三人行必有我师焉”。孔子是“活到老学到老”的典范人物。他自述道：“吾十有五而志于学，三十而立，四十而不惑，五十而知天命，六十而耳顺，七十而从心所欲，不逾矩。”

孔子认为，教师“学而不厌”的目的，是教好学生。而要教好学生，仅有知识是不够的，还必须“善教之”，且具备“诲人不倦”的高尚品德。他说，“教不倦，仁也”，从而把教师“诲人不倦”的品格，提到“仁”的高度来认识，作为衡量教师道德境界高低的主要标准。孔子身体力行，持之以恒用心教学。他带领弟子游走于多国之间，克服种种困难，教学之心矢志不渝。被困于宋国之时，孔子“与弟子习礼大树下”；绝粮于陈，他也“讲诵弦歌不衰”。由此可见，孔子是一位“诲人不倦”的教育家。

3. 热爱学生，做亦师亦友的好老师

孔子是一位关心爱护学生的典范，对学生毫不保留，既做导师，又做朋友，这是一位优秀教师应有的品德行为。热爱学生，是教师职业道德的重要组成要素。孔子在其教育和教学实践中，深刻地认识到教师热爱学生对于人才培育的重要性，并把其“仁者爱人”的伦理思想运用于教育教学实践。孔子对学生的爱不是无节制的，而是严慈并济的爱。一方面，孔子对学生的要求非常严格。他说：“爱之，能勿劳乎？忠焉，能勿诲乎？”即“爱他，能不为他操劳，让他受到艰苦的磨炼吗？对他尽责任，能不教育他吗？”可以看到，孔子对学生的热爱，并非盲目的偏爱或溺爱，真正地热爱学生就要对学生的言行提出严格要求，这样才有助于学生的提高，不至于耽误他们。只有严格要求和规范，才能使学生在学业和品德上都得到健康发展。

与严格的爱并行的是真诚、率真的爱。想要得到学生的尊重，教师对待学生的态度一定要真诚，做到不掩饰自己真实的感情。当我们用心对待学生时，学生能感受到这一真诚的爱，也会真诚地尊重和信任教师。孔子的一个学生冉伯牛身染重病，他亲自去探望和安慰。颜回死了，他非常悲痛，放声大哭。由于孔子比较真诚坦率地与人相处，他平时也是“老者安之，朋友信之，少者怀之”。由此，他的学生们对他都十分尊敬和爱戴。

孔子对学生的爱是无差别的、一视同仁的。热爱学生就要对学生一视同仁。孔子认为，教师是否热爱学生，是否具有应有的师德，很重要的方面就是看他能否对学生“一视同仁”。他首次提出“有教无类”的主张，认为只要是愿意学习，而且在经济上、时间上又有条件学习的人，不论贫富、贵贱、国别，不论其过去的经历和表现，都有接受教育的权利和机会。他说：“自行束脩以上，吾未尝无诲焉！”其意思是说，凡是带了薄礼来求教的学生，我没有不教他的。

孔子对学生的热爱，还表现在他对学生的了解和因材施教上。充分了解学生的性格差

异、能力差异和兴趣爱好的差异，是教师开展因材施教的重要基础，也是教师热爱学生的重要表现形式。孔子非常熟悉学生的性格和特点，他可以非常准确地概括学生的性格特征，如“柴也愚，参也鲁，师也辟，由也喭”。子路、冉有、公西华这三个学生问同样的问题，但孔子给予了不同的回答，充分体现了孔子根据学生不同的性格特点给予不同的指导，因材施教。

4. 身正而行，做以身作则的好老师

以身作则、言行一致是好老师具备的另一个重要特征。因为老师对学生的影响并非仅通过课堂教学行为实现，日常的言行举动都会潜移默化地对学生的身心发展产生影响。孔子在总结前人的经验和自己的教育实践中，深刻地认识到，教师以身作则是一种巨大的精神力量，在学生的教育培养中具有十分重要的作用。对此，孔子特别重视以身作则、言行一致，并躬行实践。凡是孔子要求学生去做的事情，他一定会“以身先之”。

孔子说：“其身正，不令而行；其身不正，虽令不从。”“苟正其身矣，于从政乎何有？不能正其身，如正人何？”虽然这两句话是教导学生如何从政，但同样适用于教师。作为老师，如果自己的言行不端正，自己说的话就没有分量，学生也不会听。孔子特别强调要通过自己的模范带头作用，影响学生的行为。这种以身作则，不仅表现在他日常的教育教学工作中，也表现在平时的“无言之教”。孔子认为“身教重于言教”“欲讷于言而敏于行”，他非常重视教师的言行一致和表里如一。有一次他对学生说，在以后的教育过程中，“子欲无言”，子贡一听不解地问：“子如不言，则小子何述焉？”孔子解释道：“天何言哉？四时行焉。百物生焉，天何言哉？”即，孔子说：“我想不再有所言说了。”子贡说：“您不再有所言说，让我们何从传述呀！”孔子回答：“天说些什么呢？春、夏、秋、冬四时在行，飞潜动植百物在生，天说些什么呢？”这充分说明了言传身教的重要性。

教学情境

（1）通过学习，我们对孔子有了进一步的了解和认识，相信很多老师也更加敬重这位老师的“楷模”。联系你的从教经历，谈一谈孔子哪些方面感动了你。

（2）《论语·述而》中写道：“子温而厉，威而不猛，恭而安。”请结合孔子这一形象，谈一谈如何像孔子那样做一个好老师。

资料链接

（1）建议大家观看周润发主演的电影《孔子》（2010），通过影视作品，我们可以更加直观地了解孔子的生平、经历和思想。

（2）2019 年，孔子博物馆建成并对外开放。孔子博物馆位于山东省曲阜市，是为了纪念孔子，集中展示孔子思想学说，传播、弘扬以儒家文化为代表的优秀传统文化而建立的。走进孔子博物馆，我们可系统地、全方位地了解孔子其时、其人、其思、其泽。

第二天 韩愈的教师观

“师者，所以传道受业解惑也”，这是我们耳熟能详的一句经典论述。这句话出自唐代著名的文学家、教育家韩愈。韩愈眼中的“好老师”是什么样的？我们今天通过进一步研读《师说》，了解韩愈眼中好老师的样子。

案例分享

《师说》这篇文章是韩愈在唐德宗贞元十八年（802 年）写的。当时韩愈已经 35 岁，在长安担任国子监四门博士，这是一个“从七品”的学官，比较低微。韩愈认为当时社会上出现了不重师道的现象。人们“耻学于师”，即以向老师学习为可耻；教师们以为自己的任务也只不过是“习其句读”，亦即以为只是教学生识字断句而已；而那些“士大夫”贵族老爷们一谈到某人拜某人为师，“则群聚而笑之”，嘲笑那些好学求师的人。韩愈针对当时这种不良风气，撰写了《师说》。在文章中，他明确提出尊师重道的观点。

在《师说》中，韩愈首先阐明了教师的作用。他从总结历史的经验中得到一个结论，“古之学者必有师”，即自古以来，任何人的知识学问，都是从老师那里学来的。如果没有教师的教诲和指导，任何人都不可能成为有才智的人。他认为生而知之的人是不存在的，因此，孰能无惑？如果“惑”而不从师，那才是“惑”呢！“人非生而知之者，孰能无惑？惑而不从师，其为惑也，终不解矣。”在这里他通过肯定人在成长过程中学习的重要性，进而肯定了教师的重要作用。

主题聚焦

1. “传道授业解惑”是教师的职责

韩愈认为：“古之学者必有师。师者，所以传道受业解惑也。”他认为传道、授业、解惑是教师的基本任务。而“传道”则是教师的第一任务，即教师向学生传授儒家传统经典之道，如《诗》《书》《礼》《易》《春秋》等儒家经典所蕴含的政治伦理之道；“受业”则是讲授儒学经典，主要是指科学文化知识；“解惑”就是解答学生在学习儒家政治伦理之道和儒家经典知识时遇到的一些困惑、难题。“传道”是目的，也是方向；“受业”和“解惑”则是围绕“传道”这一中心和基础而开展的教育活动。

2. 好老师重在明“道”，不问出处

“学无常师”“道之所存，师之所存”。韩愈主张不管出身、门第、相貌等如何，只

要学有所成，并且合乎儒道，就可以为人师表。韩愈说道："生乎吾前，其闻道也固先乎吾，吾从而师之；生乎吾后，其闻道也亦先乎吾，吾从而师之。吾师道也，夫庸知其年之先后生于吾乎？是故无贵无贱，无长无少，道之所存，师之所存也。"韩愈把"道"作为择师的根本标准，也是择师的首要标准。从师是为了学道，谁有"道"，谁就有资格为师。

3. 好老师应该关注建构良好的师生关系

"弟子不必不如师，师不必贤于弟子，闻道有先后，术业有专攻，如是而已"是韩愈眼中良好师生关系的经典论述。"师生都有所长，可以相互学习"的理念，师生之间可以互相为师，两者没有绝对的不可逾越的鸿沟，这种思想体现了先进的教育理念。韩愈进一步认为："无贵无贱，无长无少，道之所存，师之所存也。"即不管年龄、资历、身份，只要闻道在先，凡具备了"道"与"业"的，就可以为人师。这进一步论证了韩愈认为的教师的首要职责是"传道"，"道"是衡量教师的首要标准。

教学情境

党的十八大以来，我国教育方针确立了"把立德树人作为教育的根本任务"。结合韩愈的《师说》，谈一谈作为老师，如何在"传道授业解惑"中落实"立德树人"这一根本任务。

资料链接

请大家阅读韩愈的《师说》。

第四天　人民教育家陶行知

陶行知先生是我国伟大的教育家。毛泽东和宋庆龄称他为"伟大的人民教育家""万世师表"，给予他极高的评价。他丰富的教育改革实践以及对教育教学系统深刻的思考，为老师树立了楷模。今天，我们一起来了解陶行知先生关于教师的论述，以及他是如何践行的。

案例分享

1927 年晓庄试验乡村师范创办，陶行知先生将"教学做合一"作为晓庄师范的校训，这五个字也是陶行知教育理念的核心观点。

作为教育家，陶行知随时随地都在践行教育。山海工学团刚成立的时候，烧香拜佛的红庙成了教室，农民的孩子有了读书的地方，却没有桌椅。每次上课的时候，同学们都自带凳子，有大有小，高低不一。一星期以后，陶行知请来木匠师傅，木匠师傅性格内向，他闷头不作声，一天能做好几个凳子。陶行知走过来，看见木匠师傅满身是汗，就递给他一杯水，说："我们不是请你来做凳子的。"

本匠抬起头，疑惑地望着先生："那叫我来做什么？"

"我们是请你来做'先生'的。"

"我可不识字。"木匠慌了。

陶行知笑着说："我是想请你来教学生做木工的。你如果教会一个人，就可得一份工钱。如果一个也没教会，那么就算你把所有的凳子全做好了，还是一文工钱也拿不到。"木匠露出十分为难的神色。陶行知亲切地说："不要紧，你不识字我们教你。我们不会做木工，拜你为先生。我第一个向你学。"说着，陶行知拿起一把锯，对准木板上画好的线就"吭哧吭哧"地锯起来。

第二天，学校的空地上摆放着木匠工具，老师带着孩子们来学做凳子。有个小朋友嘟囔着说："我们是来读书的，又不是来做木匠的。"一位家长看见孩子拿起工具，不小心就很容易弄破手，也皱起眉直摇头。这时，陶行知笑着说："我有一首诗读给大家听听：'人生两个宝，双手与大脑。用脑不用手，快要被打倒。用手不用脑，饭也吃不饱。手脑都会用，才算是开天辟地的大好佬。'你们看写得如何？"小朋友都拍手说好，那位家长也不好意思地笑了。

从此以后，孩子们每天都学做凳子，不仅如此，他们还争先恐后地当起了"小先生"，教木匠师傅认字。3个月后的一天，教室里的50个孩子，都坐上了自己亲手做的凳子。讲台上还有孩子们自己制作的杠杆、滑车等玩具和仪器。家长们挤在窗口、门外，信服地点头叫好。陶行知站在讲台前，念起了一首刚写好的诗："他是木匠，我是先生。先生学木匠，木匠学先生，哼哼哼，我哼成了先生木匠，哼哼哼，他哼成了木匠先生。"孩子们一起望向坐在他们身边一起听课的木匠，大家都会心地笑了。[①]

主题聚焦

1. 既要热爱祖国，也要热爱学生

处于民族危亡年代的陶行知，为了挽救中华民族的命运，他始终以极高的政治热情，立足于中国革命的实际，积极参与中国近现代史上历次拯救中国命运的革命实践活动。[②]陶行知说："国家是大家的。爱国是每个人的本分，顾亭林先生说得好：'天下兴亡，匹夫有责。'我觉得凡是脚站在中国土地，嘴吃中国五谷，身穿中国衣服的，无论是男女老少，都应当爱中华国。"可见，热爱祖国是陶行知对教师的重要要求。此外，陶行知还要求教

① 万鑫，宋颖军．中外教育家故事集锦［M］．长春：吉林教育出版社，2012：105－107.

② 周洪宇．学术新域与范式转换：教育活动史研究引论［M］．武汉：华中科技大学出版社，2011：128.

师要特别爱青年、爱儿童。因为儿童是“生命的花朵”“人类的精神”。教师要“同园丁一样”“像爱迪生的母亲一样”，爱护、宽容学生。

2. 要有无私奉献的精神和坚定的意志

陶行知用一生践行“捧着一颗心来，不带半根草去”的伟大精神，他把爱心献给了人民的教育事业。陶行知是“为了苦孩，甘为骆驼；于人有益，牛马也做”“愿把整个的心捧出来献给小孩”，愿为农民“烧心香”。陶行知要求教师“必须有独立的意志，耐劳的筋骨，耐饿的体肤，耐困乏的身”，“有战斗到底之意志，才能克服大难，以至于成”。陶行知说：“做学问是一种长期的战斗工作，所以必须有韧性战斗的精神，要始终不懈地坚持下去，终可达到‘柳暗花明又一村’的境界。”

3. 要有求真务实、追求真理的科学探索精神

陶行知说：“教师的职务是‘千教万教，教人求真’，学生的职务是‘千学万学，学做真人’。”这是陶行知教育目标和治学、做人标准的高度概括。他要求教师要“追求真理”，“抱着真理为小孩、为国家、为人类服务”，要有“真知灼见，肯说真话”，敢于“立真去伪”，要从小事做起，“行出一真是一真，谢绝一伪是一伪”。教师要在做中学到“真知识”，“从生活的斗争里钻出真理来”。教师要以身作则，不当“伪君子”“假学生”“假秀才”，要“追求真理做真人，不可丝毫妥协”。

4. 要有健康的体魄，手脑并用

“人生两个宝，双手与大脑。用脑不用手，快要被打倒。用手不用脑，饭也吃不饱。手脑都会用，才算是开天辟地的大好佬。”这是陶行知先生创作的一首诗词，形象地体现了他对教师手脑并用、体力劳动和脑力劳动兼顾的思想。陶行知认为：教师工作既是复杂的脑力劳动，也是繁重的体力劳动。因此，教师必须有“健康的身魄”“康健的体力”。他说：“健康是生活的出发点，也是教育的出发点”，“有学识道德，而无健全之身躯……又何能运其学识道德，以树不世之业，而为人类造莫大之福哉”。教师成为“健康之神”，才能“培养健康的儿童，造成健康的民族”。

教学情境

（1）案例中，陶行知先生非常强调“手脑并用”，无论是对师范生的培养还是对学生的教育活动，他都强调“教学做合一”。请您谈谈在教育教学工作中如何做到“教学做合一”。

（2）“拜人民为师”是陶行知先生奉行的教育理念之一，案例中他拜木匠为师，充分反映了他对劳动人民的尊重，也反映了他“有教无类”的教育思想，即不管是什么出身，什么职业，都能成为受教育的对象。请您结合工作实际，谈谈您对“拜人民为师”的看法。

资料链接

陶行知先生是伟大的人民教育家、思想家。他提出了“生活即教育”“社会即学校”

"教学做合一"三大主张，生活教育理论是陶行知教育思想的理论核心。陶行知先生的著作也很丰富，有《中国教育改造》《古庙敲钟录》《斋夫自由谈》《行知书信》《行知诗歌集》等。有关陶行知先生的教育思想，有《陶行知教育文集》（陶行知著，四川教育出版社，2008年版）、《陶行知教育论著选》（董宝良主编，人民教育出版社，2015年版）。

第五天 新时代好老师的样子

党的十八大以来，党中央、国务院高度重视中小学教师队伍建设，出台了《全面深化新时代教师队伍建设改革的意见》等一系列指导性文件。习近平主席更是从国家繁荣、民族振兴、教育发展的大局出发，发表了一系列关于教育的重要论述，深刻阐释了教育工作和教师工作的重要性，明确提出成为一名党和人民满意的好教师需要具备的若干系列要求。

这一系列重要文件和习近平主席关于教育的重要论述，为我们勾勒了新时代好老师的样子，为进一步做好立德树人这一教育的根本任务提供了行动指南。今天，我们就一起来探讨新时代好老师的具体形象。

案例分享

2019年9月29日，中华人民共和国国家勋章和国家荣誉称号颁授仪式在北京人民大会堂隆重举行，习近平主席亲自给上海市杨浦高级中学名誉校长于漪佩戴上金色的"人民教育家"奖章。这是共和国首次颁发"人民教育家"这一国家荣誉称号，于漪作为基础教育界的唯一代表获此殊荣。

于漪从教68年，从一名普通教师成长为共和国的人民教育家，最重要的动力是高度自觉的使命与信仰。自打从教那天起，于漪就有明确的使命追求。母校江苏省镇江中学的校训"一切为民族"这五个大字掷地铿锵，镌刻在她心中，成为她铸造师魂的基因。她念兹在兹的是民族复兴、国家富强。

于漪曾为她的《语文教学谈艺录》拟过一个小标题，叫作"跑步前进"。总是勇担使命、坚守信仰，总是"先天下之忧而忧"，总是在与时间赛跑，已成为她生活乃至生命的姿态。

"教书"是为了什么？20世纪80年代初，不少人认为"教书"是具体任务，"育人"则很抽象，是班主任的事。于漪便大声疾呼："育人"是大目标，"教书"要为"育人"服务。任何学科教学都应有教育性，有教育性的教学，就赋予知识、能力以灵魂、以意义，能促进学生的发展。

在教育的大海中畅游的于漪，克服了现实生活中的种种困难，胃溃疡、肝炎、心脏病……都曾"光顾"过她。每天，她大把大把地吃药；每天，她意气风发，要么伏案疾书，要么四处奔走，从不停歇。近年来，于漪每年都准备一本专用的挂历。挂历上，几乎每一个日子都画上了圈。但这远不是全部。退休后，她逐字逐句审阅了从小学到高中12个年级的上海语文教材和教参。至今，她有时上午要听4节课，下午开展说课、评课。她曾经腰椎骨折，卧床3个多月，能坐起后的第一件事就是深入学校指导课题和论文，走进课堂听课评课。

2014年，习近平总书记提出"四有"好老师的标准，为老师们明确了努力的目标。于漪认为，要做"四有"好老师，关键在于内心的深度觉醒，把自己的命运前途与国家的命运前途、老百姓的命运前途紧密联系在一起，"一旦觉醒，人就会变得聪明起来，就会站在比较高的地方思考问题，而且心中总是有一团火，有旺盛的经久不衰的内驱力"。这，正是于漪老师一生从教的写照。

主题聚焦

这是《中国教育报》关于于漪老师的一篇报道①，于漪老师用自己的实际行动阐释了新时代好老师的样子，勇担使命、坚守信仰，用一生肩负起民族复兴、国家富强的重任。新时代好老师应像于漪老师这样，践行"四有好老师""四个引路人""四个相统一"的要求。

1. 做"四有好老师"

2014年第30个教师节前夕，习近平主席考察北京师范大学时在勉励广大师生的讲话中提出"四有好老师"的重要论述，具体是指有理想信念、有道德情操、有扎实学识、有仁爱之心。首先，好老师应该有坚定的理想信念，需要明确政治方向，为国家培养社会主义的建设者和接班人，要明确自己的职责是教书育人。其次，好老师应该有道德情操，高尚的职业道德是一个好老师的必要条件。品行高尚且知行合一的老师，方能为学生树立好的榜样，培养出德智体美劳全面发展、身心健康的学生。再次，好老师应该有扎实学识。"水之积也不厚，则其负大舟也无力"，老师只有具备扎实且广博的知识、对教学工作积极上进，才能获得学生的欢迎和喜爱。最后，好老师应该有仁爱之心。所谓"没有爱就没有教育"，好的教育应该是充满爱的教育，好的老师也应该是爱意满满的老师，这样才能为学生创造一个友善、信任、安全、积极的教育环境。

2. 做学生的"四个引路人"

2016年教师节前夕，习近平主席在北京市八一学校考察时发表重要讲话，提出教师要当好学生"引路人"，即做学生锤炼品格的引路人，做学生学习知识的引路人，做学生创新思维的引路人，做学生奉献祖国的引路人。首先，"引路人"是一个形象的隐喻，突出反映了习近平主席对教师角色新的定位，即教师在教育教学过程中并非是知识的灌输

① 余慧娟，等．人民教育家于漪［N］．中国教育报，2019－11－06（5）．

者，而是要以“引路人”的角色开展教书育人工作。教师应该通过启发诱导、循循善诱的方式，结合学生的特点为其“量身定制”适合他的成长道路。其次，“四个引路人”进一步明确了教师的作用，即培养学生不畏艰难、顽强奋进的意志品质；开启学生的心智，激发学生对知识的渴望和探索；激发学生的创新欲望，培养学生独立思考的能力，引导学生进行创造性的学习，助力使其成为创新型人才；培养出富有良好社会责任感和奉献精神的学生。

3. 做到“四个相统一”

2016 年 12 月习近平主席在全国高校思想政治工作会议提出了“四个相统一”，即教书和育人相统一，言传和身教相统一，潜心问道和关注社会相统一，学术自由和学术规范相统一。虽然这是在高校思想政治工作会议上提出的，但这是对所有教师的普遍要求。作为中小学教师的我们，也应该认真践行“四个相统一”的要求。首先，坚持教书和育人相统一。教书育人二者不可分割，《礼记》有云：“师也者，教之以事而喻诸德者也。”教师不仅要传授给学生科学文化知识，更要帮助学生树立正确的价值观念、养成良好的行为习惯。其次，坚持言传和身教相统一。知行合一，一直是优秀教师的必备素质。教师只有言行一致、以身作则，才能对学生起到榜样的作用。再次，坚持潜心问道和关注社会相统一。这里的“道”一方面是指科学文化知识，但更多的是指“马克思主义科学理论，是共产主义远大理想和中国特色社会主义共同理想，是社会主义核心价值观”[①]，教师只有潜心向学，才能做到“心中有方向”“术业有专攻”。但我们也不能活在象牙塔里和自己世界里，我们应该走进社会、关注人类社会生活。最后，坚持学术自由和学术规范相统一。学术自由是教育思想萌发的重要基础，只有给予教师充分的学术自由的空间，教师才能生产出新知识，为知识更新作出新的贡献。但也不能一味地鼓吹自由，教师要在符合学术规范的范围内开展学术活动。

教学情境

（1）结合习近平主席关于“四有好老师”的重要论述，谈一谈案例中的于漪老师哪些行为体现了“四有好老师”的要求。

（2）结合工作实际，谈谈如何将“四有好老师”的有关要求落实到日常教育教学工作中。

资料链接

（1）请大家认真学习习近平主席同北京师范大学师生代表座谈时的讲话《做党和人民满意的好老师》，进一步加深对“四有好老师”的理解。

---

① 周文彰，岳凤兰．人民论坛网：“四个统一”是师德师风建设的时代要求［EB/OL］．（2018－03－12）［2019－10－17］．http：//www.rmlt.com.cn/2018/0312/513449.shtml？from＝singlemessage.

(2) 请大家阅读于漪的《卓越教师第一课——于漪谈教师素养》(东北师范大学出版社，2015 年版)，于漪老师从追求完美人格、增长真才实学、培养真知灼见、提高综合能力四个话题切入，阐述了如何成为一位“三尺讲台系国运，一生秉烛铸民魂”的好教师。

第六天 一周回顾：做“四有好老师”

本周，我们一起讨论了“好老师的样子”。第一天，我们追溯了古今教育名家眼中好老师的历史脉络，对好老师形象的变迁有了一个总体的把握。第二天至第四天，我们分别讨论了孔子、韩愈、陶行知。第五天我们聚焦新时代，围绕习近平主席关于好老师的重要论述，结合于漪老师的案例，描绘出新时代好老师的样子。

通过对古今好老师形象的梳理和呈现，好老师的样子越来越生动、具体。习近平主席在谈到教师职业时强调，教师重要，就在于教师的工作是塑造灵魂、塑造生命、塑造人的工作。习近平主席进一步强调了“好老师”的重要性，他谈道：“一个人遇到好老师是人生的幸运，一个学校拥有好老师是学校的光荣，一个民族源源不断涌现出一批又一批好老师则是民族的希望。”国家富强、民族振兴、教育发展迫切需要有理想信念、有道德情操、有扎实学识、有仁爱之心的四有好教师。

习近平主席关于“四有好老师”的深刻论述，对好老师应该具备的素质进行了系统、全面、通俗的阐述，一方面充分肯定了人民教师在社会中的重要作用，另一方面也为我们的努力奋斗指明了方向、提供了根本遵循。作为新时代的人民教师，我们要高扬新时代的主旋律，以“四有”为标准严格要求自己，努力工作，不断加强自身的道德修养，提高业务素质，做好学生人生的“领路人”。

“三寸粉笔，三尺讲台系国运；一颗丹心，一生秉烛铸民魂。”这是习近平主席对我们中华民族梦之队筑梦人的殷切希望。我们时时刻刻要以新时代“四有好老师”的标准严格要求自己，牢记时代使命，不负厚望，守望理想，塑造灵魂，传播知识，为培养社会主义建设者和接班人作出应有的贡献。

思维导图

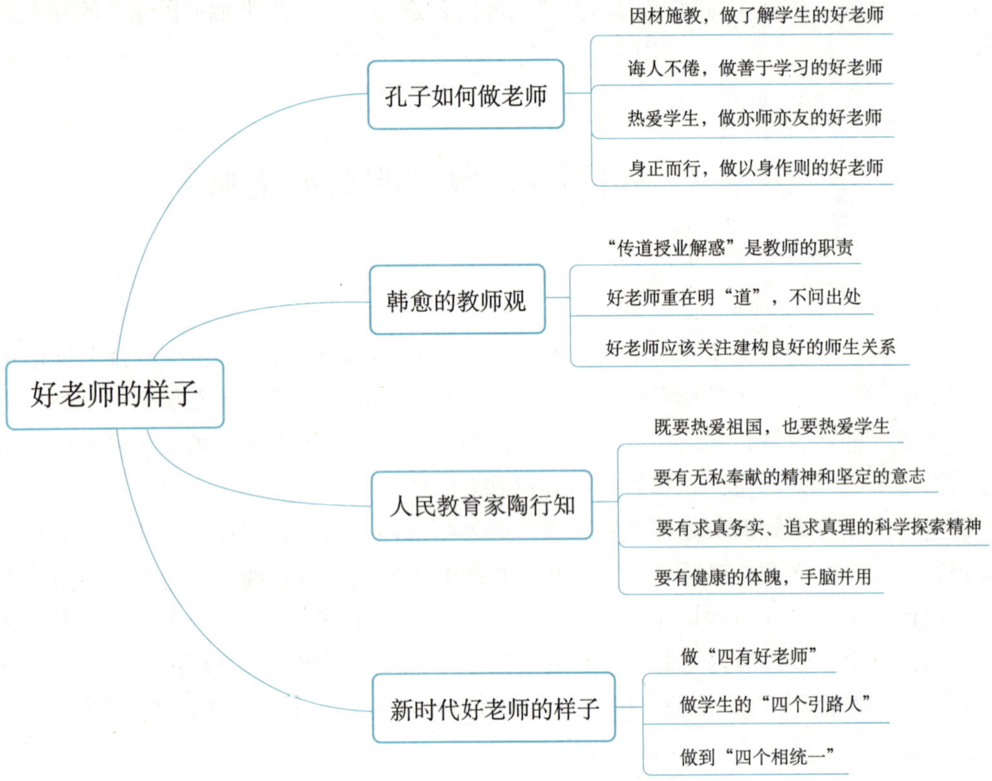

第七天 实践反思：好老师需要修炼

习近平主席同北京师范大学师生代表座谈时，对好老师的培养过程有一段经典论述：“好老师不是天生的，而是在教学管理实践中、在教育改革发展中锻炼成长起来的。”那么，我们如何成为有理想信念、有道德情操、有扎实学识、有仁爱之心的“四有好老师”呢？

第一，坚定理想信念，忠于党的教育事业。理想信念是我们的指路明灯，规定着我们前进的方向。在教书育人的工作上，我们要始终忠于党的教育事业，用理想信念铸魂，坚持思想育人，肩负起民族复兴、国家富强的重任，认真贯彻党的教育方针。具体而言，我们要明确正确的政治方向，自觉践行社会主义核心价值观，将远大的理想追求与具体的教育教学工作相结合，以培养德智体美劳全面发展的社会主义建设者和接班人为目的开展各项教育教学工作。

第二，培养高尚道德情操，做到知行合一。“学为人师，行为世范”是对每个教育工作者的基本要求，我们要始终坚持立德树人导向，率先垂范、以身作则，引导和帮助学生把握好人生方向，做道德情操的示范者。在日常工作中，我们要将师德师风作为评价我们基本素质的第一标准，重视无言之教、言传身教的重要性，做到知行合一。

第三，树立终身学习的观念，培养扎实学识。我们要始终坚持知识育人导向，树立终身学习的观念，刻苦钻研、严谨笃学，通过积极参加职后培训、利用互联网资源、向专家和同事学习等方式学习新知识、掌握新理论，做勤勉学习的实践者。只有努力提升教师的学识，才能让自己时时有“活水”，以满足学生不断增长的求知欲，促进学生的发展和自身的专业成长。

第四，满怀仁爱之心，启迪学生人格。没有爱，就没有教育。我们对学生的热爱和关心，学生可以感受到。我们对学生有较高的期待，付出更多的关心，学生就会朝着我们期望的方向发展。面对一个个具有丰富情感的鲜活生命，我们需要用爱去教育和感染学生，真诚地尊重和理解学生，严慈并济，用恰如其分的仁爱之心帮助学生成长。

做一名好老师，其实并不难。只要我们用心去做，都能成为孩子们心中的好老师。

第四周 终身学习

学而不厌　诲人不倦

——《论语·述而》

执笔人：王宁宁（北京开放大学）

第一天 树立终身学习理念

《论语》开篇首章，子曰："学而时习之，不亦说乎？有朋自远方来，不亦乐乎？人不知而不愠，不亦君子乎？"这三句话早已妇孺皆知，正体现了终身学习的理念和境界，反映了人生的三个阶段：年少之时，"学而时习"，学思结合，学以致用，是求学乐学阶段；成年之后，"有朋自远方来"，志同道合，如琢如磨，是追求事业发展阶段；年老之时，"人不知而不愠"，谦虚低调，桑榆未晚，是老有所为阶段。东晋文论家李充说得好："夫学者，始于时习，中于讲肄，终于教授者乎。"（《春秋公羊传集注》）这三句话也是生命成长的三种状态：快乐学习，这是贯穿始终的生命主线，学而不厌，不断实践；交朋结友，这是谈经论道的发展之路，见贤思齐，与时俱进；超越物我，这是宁静致远的精神境界，心平气和，返璞归真。

案例分享

今天我们一起来看看西汉刘向《说苑· 建本》里记载的春秋时期著名乐师师旷倡导终身学习的故事。

晋平公问于师旷曰："吾年七十，欲学，恐已暮矣。"师旷曰："何不炳烛乎？"平公曰："安有为人臣而戏其君乎？"师旷曰："盲臣安敢戏其君乎？臣闻之：少而好学，如日出之阳；壮而好学，如日中之光；老而好学，如炳烛之明。炳烛之明，孰与昧行乎？"平公曰："善哉！"

师旷的观点是人的一生都应该不断学习。老而好学，虽然比不上如早上八九点钟的朝阳般的青少年学习效果突出，也比不上如日中天的壮年学习能够快速取得成效，老年时的喜好学习，就像是在夜间点上蜡烛照明道路小心前行，虽然烛光微弱，比不上灿烂的阳光，但是比摸黑行走强上不知多少倍。所以学习并不需要分年龄，任何时候学习都不算晚。

主题聚焦

如果说"立德树人"是教师涵养之道的核心理念，"终身学习"则是通达"立德树人"的根本途径。

孔子是我国古代终身学习的楷模，他自幼热爱学习，20 多岁已经满腹经纶，到了晚年仍然"发愤忘食，乐以忘忧，不知老之将至"。可以说正是由于终身好学才成就了孔子的卓尔不群。《论语》中有多达近 40 处提到了"学习"，孔子是世界上第一个比较全面论述学习的人。人常说“书山有路勤为径，学海无涯苦作舟”，学习是一件辛苦的事情，而孔子说学习是一件快乐的事情，“乐学”是学习的最高境界。《论语》首篇《学而》，当为“劝学”篇。孔子所学归根到底在于“学为人”，在于“尽为人之道”。这些对于我们今天发展终身学习理论、完善终身学习行为仍具有现实的指导与借鉴意义。

如前案例，师旷所说青少年好学，像太阳初升，光芒四射；壮年好学，如日中天，灿烂而明媚；老年好学，像点燃蜡烛，仍会有光明指引一路前行。师旷的理念与孔子一样，都是倡导人的一生都要勤奋治学。而教师职业的特殊性要求每一位教师必须牢固树立终身学习理念。

当代终身学习的理念是 20 世纪 60 年代中期以来，由联合国教科文组织提出并大力提倡与普及推广的。“首届世界终身学习会议” 1994 年在罗马隆重举行，终身学习在世界范围内形成共识。国际 21 世纪教育委员会在向联合国教科文组织提交的报告中指出：“终身学习是 21 世纪人的通行证。”终身学习已然成为 21 世纪的生存概念，发展终身学习已被全世界接受和认可。

党的十九大报告强调“加快建设学习型社会，大力提高国民素质”。习近平总书记强调，中国永远要做一个学习大国，要做好“五个向”：既要向书本学习，也要向实践学习；既要向人民群众学习，向专家学者学习，也要向国外有益经验学习。

终身学习，是每一位教师为适应社会发展和实现个体价值的需要，贯穿教师一生的持续的学习过程。就是我们通常所说的从摇篮到坟墓的学习，也是对学无止境、活到老学到老的境界追求。需要注意的是，终身学习理念与终身教育理念是不同的。对于教师来说，终身教育，是国家、学校或团队对教师个体所施予的教育，具有一定的被动性。相对而言，终身学习理念，体现了对学习主体的充分尊重，更看重学习活动的自主性和自觉性，更具有先进性和适用性。在“互联网＋”的时代背景下，教师的知识储备早已无法实现一劳永逸，教师需要主动适应新的教育形势和新的教学变化，善于捕捉时代变革对教育发展带来的影响，通过不断的反思实践来促进个体的生存与发展以及追求生命的自由与价值，不断提升自身的教育教学水平，将终身学习的理念内化成终身学习的能力和乐趣。

作为教师，我们还要耐心帮助、指导和支持学生学会学习，更重要的是培养学生养成主动的、不断探索的、优化知识的、自我更新的、学以致用的良好学习习惯。例如，面对学生的厌学情绪或畏难问题等，教师需要鼓励学生克服困难，继续学习、自觉学习；教师可以因材施教帮助学生找到学习的动力和解决问题的有效路径。

“终身学习是时代的呼唤，时代巨变中的战略选择，实现中国梦的根基，个人全面发展的必由之路。”① 当代教师需要坚持终身学习，通过各种学习途径，古为今用，洋为中用，以获得优秀的经验、科学的真知、实用的技能，甚至经过系统研究学习形成具有创新价值的理论体系或理论指导实践的方法论等，在日新月异的教育教学实践活动中，不断磨炼成长，成为终身学习的践行者。

---

① 郝克明．让学习伴随终身［M］．北京：高等教育出版社，2017.

教学情境

（1）请结合孔子和师旷的终身学习理念，结合自己的职业生涯，思考一下教师应该如何践行终身学习？试说明对于学、习、乐三者之间关系的理解。

（2）请谈一谈对于“终身学习是对自己最好的投资”的理解，举例说明“学习这件事，只要起步就不晚”。

资料链接

（1）请阅读《中小学教师职业道德规范》，加强对“崇尚科学精神，树立终身学习理念，拓宽知识视野，更新知识结构。潜心钻研业务，勇于探索创新，不断提高专业素养和教育教学水平”的理解和践行。

（2）请研读《论语》首篇《学而》，重点体会其学习理念、学习方法等。

第二天 聪明出于勤奋，天才在于积累

著名数学家华罗庚说：“聪明出于勤奋，天才在于积累”，强调了后天努力学习的重要性。这与孔子所言自己并非生而知之者，是因为后天热爱学习、勤奋敏捷、不断追求的观点一脉相承。中国现代数学之父华罗庚和中国最优秀的教育家孔子都把自己看成普通而平凡的人，强调后天的乐学好学，勤勉探求，勤奋积累。所谓知识在于积累，才华在于勤奋，学而有成和道德修养都不是一朝一夕的事，需要经过长时间的学习和磨砺。

案例分享

今天我们分享的是奋起直追的数学奇才华罗庚的故事。

华罗庚中学毕业后，因交不起学费被迫失学。回到家乡，一面帮父亲干活，一面继续顽强地读书自学。不久，又身染伤寒，病势垂危。在床上躺了半年之后，病虽然痊愈，却留下了终身残疾，左腿因关节变形而瘸了。当时，他只有 19 岁，在迷茫困惑近似绝望的日子里，他想起了双腿残废后仍率军打仗并著书立说的军事家孙膑。“古人尚能身残志不残，我才只有 19 岁，更没理由自暴自弃，我要用健全的头脑，代替不健全的双腿！”青年华罗庚就是这样顽强地和命运抗争，白天他拖着病腿，忍着关节剧烈的疼痛，拄着拐杖一颠一颠地干活，晚上他在油灯下自学到深夜。

1930 年，华罗庚的论文在《科学》杂志上发表了，这篇论文惊动了清华大学数学系系主任熊庆来教授。清华大学聘请华罗庚当了助理员。在名家云集的清华园，华罗庚一边做助理员的工作，一边在数学系旁听，还用四年时间自学了英文、德文、法文，发表了十篇论文。但是华罗庚的数学成绩不够好，他暗下决心，一定要赶上去。于是，一有空他就抱着数学课本看，寻找数学题来做，并对数学产生了浓厚的兴趣。逐渐地，全班同学对他的数学能力刮目相看。华罗庚的数学智慧，更让老师大为惊喜。老师的不断肯定和鼓励，又使华罗庚兴趣大增，在数学上加倍用功，于是，取得了优异的数学成绩。

最终华罗庚开创了中国数学学派，达到世界一流水平，国际上以华氏命名的数学科研成果有“华氏定理”“华氏不等式”“华-王方法”等，华罗庚被誉为“人民数学家”“中国数学之神”，同时他也是一位优秀的教育家，培养出众多优秀青年，如王元、陈景润、万哲先、陆启铿、龚升等。

主题聚焦

华罗庚从小刻苦学习，发愤图强，从默默无闻的清华大学数学系助理员开始，每天都游弋在数学的海洋里，只给自己留下五六个小时的睡眠时间，勤奋学习，不求名利，献身于自己所热爱的数学事业，并靠自学成才最终成为中国数学界泰斗，成为世界一流的数学家。这与被尊奉为“天纵之圣”的孔子“十五志于学”、“五十知天命”、七十学通《周易》的成长故事，异曲同工，都说明没有人是“生而知之”，没有人具有与生俱来的天才禀赋，天才都是通过后天勤奋学习，矢志不渝，才学有所知，终有所成。

《中庸》有言：“或生而知之，或学而知之，或困而知之，及其知之一也。”“学知”“困知”都是通过后天不懈地学习与修德、实践与磨砺。我们认同的是后天的“学知”，因为“学知”是一种主动的学习，快乐的学习，是先学后知的漫长的修炼过程。“困学”，遇到困难和挫折才去努力学习，是被动的学习。“困而不学”完全不足取。现实中的人想要获得“知”，只有走“学”的道路。无论是“学而知之”“困而学之”，还是“困而不学”，都不是人的天生禀赋，而是后天的学习态度。孔子自言“非生而知之者”，不是什么谦辞，而是一种非常清醒和深刻的自我认识，强调了一个普通人的事实：没有人是“生而知之者”，包括满腹经纶的孔圣人本人也不例外。

我们现在生活在知识经济时代，科学技术日新月异，“好学才能上进”（习近平主席语），我们太需要孔子、华罗庚那样勤奋积累、敏而好学的精神了。

教学情境

历史上刻苦成才的实例举不胜举，如被毛泽东称赞为中国历史上文武双全的典型的知识分子范仲淹，因“断齑画粥”苦学而闻名遐迩。范仲淹深谙后天努力学习的真谛，厚积薄发，当布衣是名士，打仗是名将，做宰相是国柱，民间奉范仲淹为千古人杰。孔子首开“有教无类”历史先河，范仲淹则一生勤于创办学校，建立书院，开启了中国古代基础教育免费教育的新风尚。他在宋儒中首次公开倡导儒家传统中的“孔颜乐处”，主张“劝学育才”，崇尚节操，率先垂范，身体力行倡导后天努力学习。范仲淹一生孜孜不倦，钟爱学习，也为教育事业鞠躬尽瘁，他所从事的丰富的教育实践活动，以及对北宋士风的转变和文学的改革，在当时具有功不可没的积极价值，对今天我们的教育事业发展以及师德建设仍具有值得借鉴的现实意义。

请结合我国古往今来如范仲淹一样苦学成才的故事进一步体会后天努力学习的重要性；结合范仲淹教育实践活动，体会其“先忧后乐”的精神境界。

资料链接

阅读《史记·孔子世家》，重点阅读孔子好学、乐学、善学的事迹。

第二天　学而不厌，诲人不倦

子曰：“默而识之，学而不厌，诲人不倦，何有于我哉？”这句话是在谈论终身学习的方法，也是孔子所倡导的师德观。两千多年以来，这句话对中国教育思想的形成与发展产生了深远的影响。

“默而识之”，是把所见所闻默默记在心里，是教师治学和从教的基础，做学问要宁静，将知识内化于心，不可心存外务，更不可追求外在表现，要默默然领会在心。孔子正是靠着默默自学三十而立，但是他并不因此知足，而是一生“学而不厌”，同时尽己所能“诲人不倦”。孔子本人是拒绝被弟子和世人奉为圣人和仁人的，他说：“若圣与仁，则吾岂敢。抑为之不厌，诲人不倦，则可谓云尔已矣。”（《论语·述而》），孔子认为自己不过是朝着圣与仁的方向去努力做到好学而不满足，教导别人而不知疲倦，如此而已。孔子既是杰出的经师，更是优秀的人师。

案例分享

今天我们一起来看看陶行知诲人不倦的故事。

陶行知曾说：“学而不厌，诲人不倦，我看这两句话有因果的关系，唯其学而不厌才能诲人不倦。”陶行知独特的“教育就像喂鸡一样”的故事，在我国教育界几乎无人不知。

1938 年，武汉大学全校师生、附近学校师生和各界人士齐聚学校的大礼堂，都想来一睹陶行知的风采，并听他演讲。出人意料的是陶行知夹着一个皮包走上讲台，不慌不忙地从包里拿出一只活蹦乱跳的大公鸡。台下的听众瞠目结舌，不知他葫芦里卖的什么药。陶行知并不说话，而是从容不迫地掏出一把米放在桌上，然后按住公鸡的头，强迫它吃米。可是公鸡喔喔乱叫就是不吃。陶行知掰开公鸡的嘴，把米硬塞进去，大公鸡拼命挣扎还是不肯吃。陶行知松开双手，把大公鸡轻轻放在桌子上，然后退了几步。大公鸡抖了抖翅膀，自己低头吃起米来。这时陶行知才开始演讲：“各位都看到了吧？你逼鸡吃米，或者把米硬塞到它的嘴里，它是不肯吃的。但是，如果你换一种方式，让它自由自在，它就会主动地自己去吃米。我认为，教育就像喂鸡一样。先生强迫学生去学习，把知识硬灌给他，他是不情愿学的。即使学也是食而不化，过不了多久，他还是会把知识还给先生的。但是如果让他自由地学习，充分发挥他的主观能动性，那效果一定好得多！”陶行知讲完就把大公鸡装进皮包，向大家鞠了一躬说“我的话讲完了”便退下场去。全场顿时掌声雷动。

鸡吃食尚且不能强迫，更何况我们面对的每一个孩子都是鲜活的生命。要让学生学而不厌，快乐地学习，教师首先需要调动学生的情感和主动学习的积极性。这个故事说明，学习不能强迫。教师需要循循善诱，需要激励、唤醒、鼓舞学生，让学生发挥学习的主体作用。如果不能够充分调动起学生的主体意识，没有发挥学生学习的主观能动性和自主积极性，那么，即使是学富五车，也不能算是一位优秀的教师。

主题聚焦

“学而不厌，诲人不倦”，是当代教师终身学习的修养准则。古往今来学而不厌的故事数不胜数，比如孔子学琴于师襄的典故。他学习一首琴曲，不满足于会弹，而是要深入到琴曲更深的层面；专心致志，从掌握弹琴技巧，到悟出曲子意趣，进而深刻领会曲作者的心境和精神风貌。这个典故充分说明，孔子是如何学而不厌，终身学习的。

唯其学而不厌才能诲人不倦。陶行知先生经常用“学而不厌，诲人不倦”这两句话激励大家，他曾说：“好学的教师最为重要；想有好学的学生，须有好学的先生。”他还强调说：“唯有学而不厌的先生才能教出学而不厌的学生。”“如果天天卖旧货，索然无味，要想教师生活不感觉到疲倦是很困难了。所以我们做教师的人，必须天天学习，天天进行再教育，才能有教学之乐而无教学之苦。”强迫喂鸡式或填鸭式满堂灌的单一教学方式，早已不能满足时代发展对创造性思维合作型人才培养的需求。教师只有乐学乐教，不以学为苦，不以教为苦，才能适应时代发展，无怨无悔、不知疲倦地教诲学生。

陶行知曾告诫教师：“你的教鞭下有瓦特，你的冷眼里有牛顿，你的讥笑中有爱迪生。”一位妈妈因为孩子拆坏了一块新表，把孩子狠狠揍了一顿。陶行知先生知道后，对狠揍拆坏了新表的孩子妈妈说：“哎呀，你打掉了一个‘爱迪生’。”他带着孩子去修表店修表，对孩子妈妈说：“与其让孩子挨打，还不如付出一点学费，花一点功夫，培养孩子好问、好动的兴趣。这样‘爱迪生’才不会被赶走和打跑。”陶行知先生教育孩子始终能够循循善诱，“四块糖果”的故事也是深入人心。这些都是他学而不厌、善于思考，长于挖掘学生身上闪光点，诲人不倦的教育案例。

“学而不厌，诲人不倦”，是古往今来一直被倡导的终身学习精神，在当下具有新的时代价值和现实意义。据调查，有部分教师出现职业倦怠，也有专业知识滞后、教学方法陈旧、敷衍教学的现象，还有教育观念落后、师生关系冷漠等问题。这里存在着一个如何坚定践行终身学习理念的问题。在 2014 年教师节，习近平总书记曾说“一个人遇到好老师是人生的幸运”。如果说“学而不厌”是学习型社会的时代要求，是高质量教育的迫切需要，那么“诲人不倦”则是教师最宝贵的品格和教书育人的崇高境界。每一位教师都需要不断提高业务能力和教育教学质量，努力争做业务精湛的经师，受学生爱戴的人师。

教学情境

(1) 一代文豪苏东坡，曾经不可一世地在书房门上贴了一副对联："识遍天下字""读尽人间书"，苏东坡的父亲苏洵看到后，深思后提笔在对联上各加了两个字："发愤识遍天下字""立志读尽人间书"。苏东坡回来，看见父亲的字，明白父亲是在委婉告诫和批评自己的言行，心中顿感十分惭愧，从此不再自满，虚心学习。曾国藩曾经总结道："天下才人，皆败于傲；天下庸人，皆败于懒。"请结合苏东坡的实例或自己的教学实例说明我们应如何做到"学而不厌，诲人不倦"。

(2) 陶行知携带大公鸡演讲的实例给你的启示是什么？请结合自己的成长经验说明"一个人遇到好老师是人生的幸运"。

资料链接

(1) 研读荀子《劝学》，体悟"学不可以已"思想，并掌握其倡导的学习理论与学习方法。

(2) 阅读朱熹《鹅湖寺和陆子寿》，重点理解"旧学商量加邃密，新知培养转深沉"的内涵。

第四天　有仁德而不学习，也会变得愚蠢

"好仁不好学，其蔽也愚"，意思是说：有仁德而不学习，也会变得愚蠢，语出《论语·阳货》。这是孔子和子路之间的一段对话，学界通称为"六言六蔽"。原文是：子曰："由也，女闻六言六蔽矣乎？"对曰"未也。""居，吾语女。好仁不好学，其蔽也愚；好知不好学，其蔽也荡；好信不好学，其蔽也贼；好直不好学，其蔽也绞；好勇不好学，其蔽也乱；好刚不好学，其蔽也狂。"

这里的"六言"指仁、知、信、直、勇、刚六种美好的品格；"六蔽"的"蔽"通"弊"，弊病或弊端，是与"六言"对立的愚、荡、贼、绞、乱、狂。人们自然向往能够拥有六种美好的品格，但是如果离开了学习，六种美好的品格不仅无法持续，还会渐行渐远，甚至走向反面，成为六种弊端。孔子在这里，用"六蔽"之危害警醒弟子要充分认识到学习的重要性，专心"好学"。不好学，一味爱好仁德，它的弊病是愚蠢；不好学，一味强调聪明才智，它的弊病是放浪而没有准则；不好学，一味喜欢诚信，它的弊病是容易被人利用，害人害己；不好学，一味喜欢直率，它的弊病是容易说话尖酸刻薄；不好学，

一味追求勇敢或突出勇猛，它的弊病是容易头脑发热闯祸或弄出乱子；不好学，一味爱好刚强，它的弊病是刚愎自用和狂妄自大。

案例分享

今天我们要分享的是刘邦在失败中学习的故事。

“项羽日胜而亡，高祖日败而王”，语出司马光的《潜虚》，意思是说项羽经常打胜仗，结果却失败灭亡了，刘邦经常打败仗，最后却称王当上了皇帝。“项羽亡，刘邦王”的原因，从一定程度上可以归纳为项羽“不好学”，刘邦“好学”。项羽虽然常打胜仗，但是缺少从失败中学习改进的机会，“好刚不好学，其蔽也狂”，因盲目狂妄自大，高估了自己的力量，固守僵化的作战战略，虽然早期打的胜仗较多，但是难以持续把控时局，往往顾此失彼，最终不堪打击而灭亡；刘邦经常打败仗，但是他“好学”，善于不断总结经验教训，默默隐忍、招贤纳才、积蓄力量，反而最终能够称王。

项羽之败，刘邦之胜，都是“冰冻三尺非一日之寒”。项羽少年之时，跟叔父读书和习武都是马马虎虎，改学兵法也是浅尝辄止。项羽虽身材魁梧，勇猛无比，看到秦始皇巡视脱口说出“彼可取而代之”的豪言，却有勇无谋，尤其是没有长远的战略眼光。很大程度上来说，项羽的不好学、不善学制约了他的人生发展，只具有将军的能力，不具备帝王的格局。相反刘邦早期无论出身还是人气，都无法与项羽相提并论，实力差距很大。刘邦最终成功“逆袭”赢得胜利，建立汉朝，其中一个原因就是“敏而好学”，了解底层民情，善于拜师学习，尤其是在失败中学习，在不被父老乡亲看好的逆境中学习。毛泽东评价刘邦：他得天下一因决策对头，二因用人得当。刘邦与项羽最后拼的不是耿直和勇敢，而是好学和善谋。

主题聚焦

“好仁不好学，其蔽也愚”，突出了“好学”的重要性，作为一名教师即使拥有仁爱之心和仁德之志，也要坚持“好学”，甚至“如有周公之才之美”，如果骄傲而且吝啬学习的话，那其他方面也仍旧不值得一提。“好学”的功用，不仅限于驱除六种弊端。一个人能否主动地学习，自觉地磨砺，决定了他人生所可能达到的层次。比如刘邦，一介布衣，早年不喜劳作被家人鄙视，混迹市井多年，被世人看为游手好闲，但是他素有大志，拜名士张耳学习，能够从周围人身上发现优点并为自己所用，集结张良、萧何和韩信等能人贤士，为人喜欢施舍，能斗智斗谋决不斗勇斗狠。刘邦军队攻下咸阳城后，面对阿房宫里如山的金银，刘邦能够虚心纳谏克服贪欲，没有做抢掠金银的愚蠢之事，不放浪形骸，敌军未灭不轻举妄动，不狂妄自满，逐渐积累了美德，顺应民意，最终一统天下。刘邦的故事也许就是凡夫俗子做到了积善成德、克服弊病，终能“成人”“成圣”的一个有力例证。苏辙说：“夫古之英雄，唯汉高帝为不可及也夫。”当然，即使是面对这样一代英雄人物，后学们也还是需要有辩证的历史分析，“择其善者而从之，其不善者而改之”。

匡亚明认为，“六言六蔽”集中反映的是孔子的伦理思想①，“好学是促进品德修养的关键”，“六言六蔽”是通过学习把握美德的实质和度量，进而对道德规范进行实践的体现。“六德”是儒家倡导学习的六种美德，其中“仁”排在首位，是儒家道德的最高准则。“六言六蔽”是培养君子的全面要求，主要目的是修己以安仁、修己以利仁、修己以达仁。儒家“志于学”的愿望是实现“天下归仁”，“六言六蔽”思想是仁学思想的重要组成部分，“六言”美德是仁学思想倡导的主要价值导向和基本内容，对于当下的师德涵养具有理论层面的指导意义，同时“好学”的方法也具有现实的方法论意义。

对于21世纪“志于学”的教师，所教即是学生所学，仍有践行“六言”教育，防范“六蔽”危害的必要。教书育人，师德为先。在每一个教师的成长过程中，师德的内在修养是最重要的，这也是教师们为人处世的根基。我们需要“仁和学相结合”②，在实践过程中把握“好学”这一关键捷径，加强品德修养，力戒各种弊病。

在教师的日常生活及教育实践中，我们可以从“六言六蔽”思想中汲取营养，帮助我们提高自身修养，比如对学生说话不尖酸刻薄，而是多用鼓励之言，像陶行知赠糖一样点到为止，鼓励为主，妥善处理好师生之间的人际关系；改进教学方法，引导学生自主自觉“好学”，不断提升教育质量。

教学情境

（1）请从“好刚不好学，其蔽也狂”的角度说明“项羽日胜而亡，高祖日败而王”。

（2）结合王安石的名篇《伤仲永》神童方仲永恃才弃学的故事和《伊索寓言》中《农夫与蛇》中农夫仁而不知度的故事，谈谈你对“六言六弊”内涵的理解。

（3）结合实际教学案例说明“六言六蔽”对涵养师德方面发挥的积极作用。结合今天的学习内容，与同事们谈一谈你是如何认识学习与人的品格二者之间的关系的。

资料链接

阅读王阳明《送宗伯乔白岩序》，重点体悟学贵专、学贵精、学贵正思想。

第五天 性相近，习相远

“性相近，习相远”是说：“人们的本性是相近的，后天的习染使人们之间相差甚远。”

① 匡亚明．孔子评传［M］．南京：南京大学出版社，1990：12.

② 顾明远．《论语》中的“仁”字［J］．中国教师，2018（7）.

这里“性”与“习”、“近”与“远”是相对的概念，“性”因“习”而“远”，所以“习”非常重要。康有为曾说：“习有本于家庭，习有由于师友，习有因于习俗，习有生于国土。或一人一时之习，或数千万里数千万年之习，熏染既成，相去遂远，乃至居行好尚亦复足非悬反者。”① 我国传统教育启蒙读物《三字经》，篇首引用孔子此句名言，早已家喻户晓：“人之初，性本善。性相近，习相远。苟不教，性乃迁。教之道，贵以专。”即人出生之初，禀性本身都是善良的，天性也都相差不多，只是后天所处的环境不同和所受教育不同以及追求与努力不同，彼此的习性才形成了巨大的差别。如果不好好接受教育，不努力自主学习，善良的本性就有可能变坏。教育之道就是能够使人专心学习、终身学习，引领和指导人向上向善。

案例分享

今天我们分享的是同门兄弟斗智斗勇的故事。

春秋战国时期著名军事家孙膑和同门师弟庞涓的故事流传已久。孙膑和庞涓都天资聪颖，两人师从鬼谷子王诩。有一次，鬼谷子老师告诉两个徒弟自己的屋里有老鼠作祟，希望两个徒弟轮流来自己卧室捕捉老鼠，每人三天。庞涓自告奋勇先来，可是目不转睛地盯了一整夜，连老鼠的影子都没有看到。翌日，庞涓抱怨说根本没有老鼠，害得自己白等一夜，老师只好让庞涓回去睡觉。轮到孙膑前来守夜抓鼠，夜里老师呼呼大睡，孙膑安静地在旁边守着，一连三晚都没有见到老鼠，但他没有一句怨言。原来，老师的卧室里根本没有老鼠，只不过是老师在考验二人的耐心和意志力。通过多次反复考验孙膑和庞涓两个徒弟，鬼谷子更偏爱品行端正、诚恳真挚的孙膑，于是就把当时的军事秘籍《孙子兵法》单独传给了孙膑。

后来，庞涓到魏国做了将军，他“自以为能不及孙膑，乃阴使召孙膑”（《史记》），污蔑孙膑通敌，魏王派人剜去孙膑的膝盖骨，又在孙膑的脸上刺字。孙膑后来知道不断迫害自己的竟是同门师弟，为了保住性命，孙膑使用老师留给他的保命锦囊，装疯作傻，忍辱负重。在齐国使臣的同情、器重和帮助下孙膑逃到了齐国，并得到重用，他身残志坚，指挥军队以“围魏救赵”之策，大败庞涓，再以“增兵减灶”之计，诱敌深入，终将陷害自己的庞涓在马陵道彻底打败，帮助齐国奠定了霸业。

这个故事极具教育意义，同门兄弟残酷的斗智斗勇的过程，也是“性相近，习相远”的善恶较量的过程。最后，曾经不可一世的庞涓被坐在轮椅上的孙膑逼到无计可施，只得拔剑自刎。这个结局，不仅反映了二人之前跟着同一个师傅学习兵法的扎实程度，更反映了二人人品的高下。庞涓嫉贤妒能、害人害己，孙膑不负老师苦心培养、运筹帷幄，正义终会战胜邪恶。

主题聚焦

“性相近也，习相远也”是《论语》中孔子关于人性问题的看法。这一人性思想具有

① 康有为．论语注［M］. 北京：中华书局，1984.

深刻丰富的内涵和宽宏悠远的意蕴。孔子认为人与人之间天生差距不大，人性是相近的，无论人性是善与恶，无论天生是智与愚，都差不多。但是最终人与人的差别还是很大的，这个大，即“远”，是由于“习”。“习于善则善，习于恶则恶，于是始相远耳。”[①]“人与人相去之远，至于有治乱之大变，圣狂之悬绝，则全视所习而已。”[②]

人在后天“习”什么以及如何“习”非常重要。换句话说，就是人在“习”的过程中，秉持什么样的“习”的价值标准或基本准则至为关键。孔子在中国历史上第一次提出“人性论”问题。他在总结、继承前人成果的基础上，提出“性相近也，习相远也”的命题。“性相近”和“习相远”分别揭示的是人类本性天生具有相似性以及人性具有后天的可塑造性。所以“性相近”并不是指人性是善或恶，“习相远”也不是说人生只有善或恶两种发展结果。人性先天虽然相近，却会在后天“习”的不同作用下，存在着无限可能性。

如案例中，孙膑大胜与庞涓大败的结果，应是根源于“习相远”之因。庞涓输给孙膑，表面上输的是军事本领和用兵才能，而实际上是渐行渐远的习性与品行使然。同样跟随鬼谷子求学，却是方术好学，心术难修。庞涓曾向老师讨要《孙子兵法》，遭到鬼谷子拒绝：“该得到终会得到，不该得到的不要强求。”庞涓只好作罢，辞别先生下山追求功名利禄。而对于为人忠厚的孙膑，鬼谷子主动悉心传授给他《孙子兵法》。马陵道之战，庞涓惨败，临死前他留下了一句“遂成竖子之名!”。至死庞涓还是满脑子的名利之争，最终给历史留下了心胸狭隘、迫害贤良、自大狂妄的坏名声，他不仅输了战役，更输了人品。司马迁对志向宏伟、忍辱负重的孙膑则赞赏有加：“古者富贵而名摩灭，不可胜记，唯倜傥非常之人称焉。”(《史记》)将孙膑与周文王、孔子、屈原、左丘明并列而赞誉。

2019年暑期最火的一部电影是《哪吒之魔童降世》，开篇混元珠吸食仙气魔气而善恶不分，被元始天尊炼成灵珠与魔丸，分别转世为敖丙与哪吒。这里混元珠的寓意也许就是人性是善恶的统一体。哪吒与敖丙的经历也是“性相近也，习相远也”的例证。哪吒这个小混世魔王在“习于善则善”的三年里，因为父母的挚爱习染和师傅的正义引导，终于弃恶成善。而本来拥有善根仙气的灵珠敖丙因家族仇恨和师傅狭隘的因妒而恶的教导差点成为“习于恶则恶”的反面人物，最终敖丙在内在灵珠潜质、太乙真人鼎力帮助以及邪不压正的天道与人道合一力量的多助下，与哪吒共同对抗天劫，成为百姓景仰的大英雄。

“性相近，习相远”，给我们的启示是悠久和深厚的。作为教育者，我们要谨记：即使一个孩子、一个学生的先天存在着禀赋的差异，但是后天的价值引导、意志训练、品行陶冶与正向教育比单纯的知识获得、技能掌握、成绩表现等种种差异更加重要，更加值得重视。作为父母，作为教师，我们有必要为孩子、为学生创造一个更加良好的、文明的、向善的习得习染的成长环境，从我做起，从小事做起，提高自身的素养，以适应知识经济时代的教育发展。“性相近，习相远”思想产生于特定的春秋战国历史条件下，作为烛照后世的文化遗产，在当下的教育环境里仍能激起悠远的历史回响，焕发出常学常思的新时代

---

① 朱熹．论语集注［M］．北京：中华书局，1983.

② 康有为．论语注［M］．北京：中华书局，1984：258.

思想光芒。

教学情境

回顾或者观察一下你和你周围认识的人的人生经历，结合今天的学习主题，谈一谈你对“性相近，习相远”的认识。用“性相近，习相远”说明造成孙膑与庞涓师兄二人历史评价差异大的原因。

资料链接

请找时间观赏电影《哪吒之魔童降世》，对比哪吒与敖丙两个银幕形象，会进一步加深你对“性相近，习相远”的认识。

第六天 一周回顾：享受学习

本周主题是“终身学习”，围绕主题，第一天我们讨论了“树立终身学习理念”。《论语》开篇《学而》就是“劝学”篇、“乐学”篇，倡导的就是终身学习。孔子是终身学习的典范，“十五志于学，三十而立，四十不惑，五十知天命，六十耳顺，七十从心所欲不逾矩”，他已然达到了学习的最高境界：快乐学习，与时俱进，超越物我。他晚年喜《周易》，花了很大精力，翻断了牛皮绳、磨薄了竹简书，执着地学深悟透《周易》，这种学习精神让我们叹为观止。师旷所言，少年壮年好学，如太阳照明前行道路，老年好学如秉烛夜行等，都是激励我们终身学习的肺腑之语。

第二天，我们讨论了后天努力学习的重要性。每一个学有所成、事业显达的人，都是后天苦学历练而成的。华罗庚苦学成才的事迹，激励了无数现代学者去攀登科学的高峰；孔子从一个草根知识分子，靠着后天的博览群书、“韦编三绝”的精神成为“万世师表”，修炼成万人敬仰的至圣；“断齑画粥”苦学不辍的范仲淹，从一介贫寒书生成长为一代文武兼备、先忧后乐的国家栋梁之材……教师的职业属性决定教师要依靠后天的学习，补足精神之钙，常培师德之养。正如习近平主席所说：好学才能上进，好学才有本领。

第三天，我们讨论了“学而不厌，诲人不倦”，这是终身学习之道，也是教师的为教之道。众所周知的唐宋八大家中的三苏的故事会给我们很多启示，一家三口同时成为文坛泰斗式的文学大家，不得不说首先是父亲苏洵的言传身教，二十七岁发奋读书，是好父亲也是好老师，他修改对联告诫苏轼无论取得多么骄人的成绩也不要自我满足。苏洵专门为两个儿子撰写《名二子说》，教导苏轼和苏辙戒骄戒躁，低调为人。现代教育家陶行知“教育就像喂鸡一样”的实例，生动地呈现了一个成功的教师需要换位思考，改变灌输式教育，耐心引导学生主动学习的诲人不倦的教育精神。

第四天我们讨论了有仁德而不学习，也会变得愚蠢。只有好学可以涵养六种美德，不好学会带来六种弊端。“项羽亡、刘邦王”的历史，深刻生动说明了“好学”的重要性。正是由于“不好学”，能征善战的一世英雄项羽难逃愚蠢狂妄之灾；正是因为“好学”，一直不被看好、资质平平的刘邦最后“王天下”。我们终身学习的过程就是一个不断在失败中学习、克服各种弊端的自我修养的历程。

第五天我们讨论了“性相近，习相远”，人的天生禀赋并无太大差异，最终造成人与人之间巨大差别的，关键在于后天的教育引导、环境习染，以及积久习得的个人觉悟等。历史上的孙膑与庞涓、电影《哪吒之魔童降世》里的太乙真人和申公豹，同样是师出名门，却走向了两个不同的方向。虽然孙膑天性愚钝，但后天勤奋，终成大器；虽然太乙真人其貌不扬，但乐善好施，师傅元始天尊仍是把照顾灵珠的任务交付于他。只能说老师的眼光是犀利的，看人看本质，也看习性，孙膑宅心仁厚、苦学苦练，太乙真人心性纯良、为人豁达，而庞涓投机取巧、利欲熏心，申公豹歪门邪道、不择手段。哪吒生于充满爱心的李靖之家，有一个无私向善的师傅，内心自省自励转恶为善，而灵珠敖丙差一点被龙族仇恨填满心胸、被师傅申公豹带入歧途，但因本性优良，潜心修炼，幡然觉醒，勇于牺牲，最终与哪吒合力得道多助，成为无所畏惧的救民英雄。

终身学习，享受学习，是“学而时习之”的乐学过程，是后天的苦学修炼，是“学而不厌，诲人不倦”的教学相长，是好学而克服弊端的不懈求索，是“性相近，习相远”的不断向善而行。终身学习，是时代的呼唤，是教师职业生涯的不二选择，是每个人实现人生价值的必由之路。

思维导图

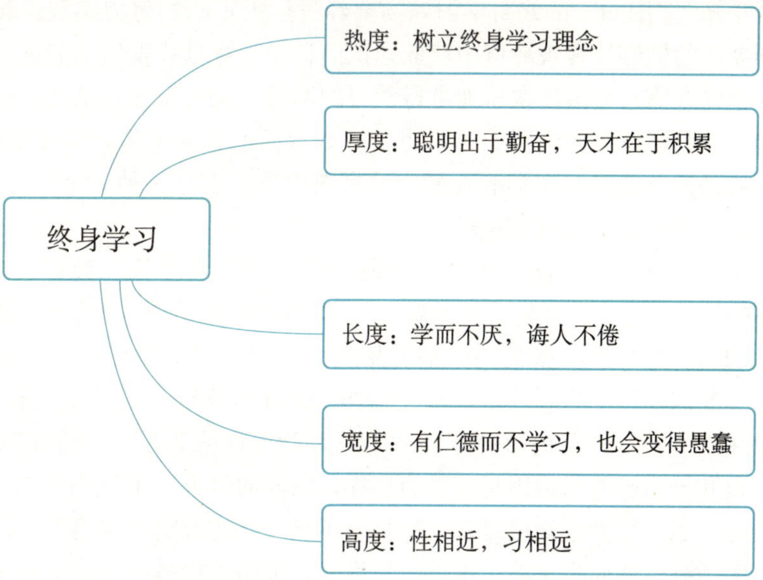

第七天 实践反思：温故知新

百年大计，教育为本，发展教育关键靠教师。教师作为教育工作者，是教育事业发展的实践主体，是人类文明的重要传承者，肩负着教书育人、塑造灵魂的使命。教师的综合素质和教学水平的发展受到全社会各界的关注与重视，教师只有具备较强的终身学习的能力，才能更好地适应日新月异的教育发展。

首先，教师必须树立快乐的终身学习的信念，及时更新自己的知识结构和教育观念。活学活用，向最优秀的教师孔子学习，建立快乐的学习观，在平凡的工作中，追求实现教育价值的精神快乐；树立如师旷那样的终身学习信仰，让学习之光照耀整个人生；针对不同的人生阶段，处理好“学”与“时习”之间的关系，感悟独属于自己的“孔颜乐处”。作为教师，我们需要关注终身教育与终身学习的不同着力点，终身教育侧重于教育的资源提供与支持服务，而终身学习侧重于学习者个人的主体作用和内部的主动变化。教师应认真反思通过什么样的方式和手段来确保终身教育有效实行；反思应该如何把每一个学生都放到百年树人的长远目标规划之中，注重让学生成为学习的主体，努力做学生学习的促进者、灵魂的塑造者和人生的导航者，带领学生们主动发现问题，更多采用合作学习，主动参与学习，提高自身适应社会发展的综合素质和能够不断解决问题的学习能力，让学生乐在学习中，真正担负起终身学习的内在责任。

其次，教师职业没有高低贵贱之分，无论是学前教育、小学和中学教师，还是大学教师，都需要“学知”“困知”的终身学习，需要经过后天不断的努力实践。教师应该具备从青年保持到老年的能够从客观环境中获取知识信息和坚持自我发展的能力，掌握在任何情况和环境中都保有信心和激情快乐地进行学习的本领。从古至今，从孔子到韩愈，从范仲淹到陶行知，无不坚持有教无类、兴学育才。教育面前人人平等，学习面前人人自主。主动的终身学习是教师获取知识和磨砺能力的有效手段，也是一种立足社会的生活方式，更是教师提升教育教学质量的有效途径。

再次，学习是不可以停止的。《劝学》中说得好：“君子博学而日参省乎已，则知明而行无过矣”“神莫大于化道，福莫长于无祸”。很显然“学而不厌”“诲人不倦”是教师拥有广博知识、明达智慧应该具备的两个重要品质。21 世纪教育领域面临各种挑战，师德建设尤为重要。我们要以史为鉴，传承和发扬两千多年以来优秀的师道文化和师德教育。俗话说“读书用功十分，教书精彩一分”，“善教者首先是善学者”。我们需要汲取先贤们的成功经验，以孔子不耻下问、因材施教为榜样，以苏洵年近三十发奋读书、言传身教当镜子，学然后知不足，教然后知困难；反思自身不足，自省自励，克服困难，自立自强。

孔子提醒弟子有仁德而不学习，也会变得愚蠢，也是当代教师需要警醒的地方。孔子看到在子路的身上既有“六德”的好品质，又有“好勇”“莽撞”等缺陷，因此告诫子路要懂得“好学”的重要性，不断保持和涵养德行，并要避免弊病的产生。李泽厚先生曾站在实践的角度，强调了好学需要掌握合适的度，如果掌握不好这个度，好的品德也会变成毛病。今天我们来看孔子教导弟子的“六言六蔽”，也可看成是对每一位当代教师的告诫，在每一个教师的成长过程中，师德的内在修养是最重要的，这是我们为人处世的根基和底线，我们需要学会在体悟历史故事和日常现实中去涵养美德并尽力摒除各种弊端，在教学实践工作过程中学会把握好“度”，避免“农夫与蛇”中农夫因过于好仁而变得愚蠢，及项羽因过于勇武而狂妄自大等各种可能出现的弊病和问题。

作为教师，我们还需要反思的是教育不是包治百病的灵丹妙药，老师也不是无所不知和无所不能的圣人与神仙。孔子的三千弟子也只有七十二贤人，成功率不过百分之三；料事如神的鬼谷子培养的高徒功名卓著，也有一正一邪不同走向的孙膑与庞涓。“性相近，习相远”是亘古不变的教育法则。每一个人天生的资质都是相近的，而后天的教育、环境习染、自我觉悟与实践造成了人与人之间品行的差距。

大家熟知的俞敏洪和马云，是各自领域的领军人物，他们二人有着相似的经历，都考过三次高考，一个考到北大，一个考到杭州师专，学的都是英语专业。俞敏洪用人生就要克服困难自我激励，一直在失败与挫折之中寻找出路，最终打造了新东方的教育品牌。马云五次创业，屡败屡战，越挫越勇，终成大器。所以说最重要的不是先天的资质如何，也不是学校和老师如何声名显赫，而是一个人后天的自我觉悟和付出的努力够不够。

教师的作用就是一颗心唤醒另一颗心，就如电影《哪吒之魔童降世》中的哪吒的父母那样以爱心去唤醒孩子向善的心灵，就像师傅太乙真人那样去引导哪吒走真善美的正途；绝不能做心胸狭隘、灵魂扭曲的申公豹那样的老师，差点把灵珠敖丙引入旁门左道而贻害百姓。新时代的教师都要做习近平总书记号召的四个引路人：做学生锤炼品格的引路人，做学生学习知识的引路人，做学生创新思维的引路人，做学生奉献祖国的引路人。

总之，终身学习需要打造“五维”相辅相成的学习时空（见本周“思维导图”）。牢固树立终身学习的信仰，保持“学而时习之”的热度，即践行学思结合、学以致用；拓宽终生学习的厚度，即用后天勤奋努力学习的意志去夯实更加深厚的基础；绵延终身学习的长度，即用“学而不厌、诲人不倦”的品格去延展教师的生命；开辟终身学习的宽度，即以涵养德行戒除弊端、不断自我革新的韧劲去开掘更广阔的天地；获取终身学习的高度，即以“性相近、习相远”经年累月的、务实的实践去实现教师的价值和赢得教师的荣光。

下篇

走涵养之路

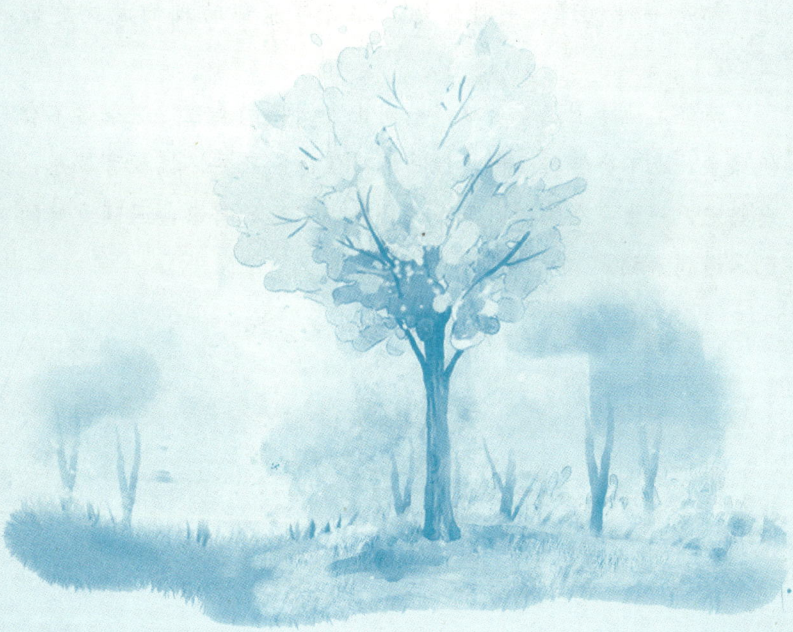

重要的话：亲爱的老师，我们循着教育大道，已经走上了一条光明之路。进入下篇，开启“养成修德”模式。子曰：“志于道，据于德，依于仁，游于艺。”“道”在哪里？“德”在哪里？“仁”在哪里？在“艺”中。“艺”就是我们的日常教学，就是三尺讲台，就是师生关系，就是我们的言谈举止、举手投足。职场就是我们的修炼场，教室、课堂、学校、家庭、社会，每一处都是涵泳我们品格、品性、品德的空间，而备课，讲课，反思教学实践，与周围同事、朋友交往，与学生交流，与家人相处以及每一天的日子和活法，都是一种机缘，一种修炼，都有可能帮助我们成就更好的自己。

请坚定地踏上涵养之路，一同出发，风雨兼程。这条路不会一帆风顺，也不会轻轻松松，但是绝对值得！只要怀揣教育理想，信念坚定，一步一个脚印走下去，必将在不远的将来，遇到更好的自己，遇到幸福。

第五周　职业规范，玉汝于成

规矩，方圆之至也。

——《孟子·离娄》

执笔人：王成龙（国家教育行政学院）

第一天 没有规矩，不成方圆

没有规矩，不成方圆。规矩是为人立身处世的根本，是每个人都不能忽略的办事章法和行为准则。在全面推进依法治国的今天，法律法规是最大最重要的规矩。近年来，党和国家高度重视教师职业规范与能力提升，教育部相继印发《小学教师专业标准（试行）》《中学教师专业标准（试行）》《新时代中小学教师职业行为十项准则》，对中小学教师的职业行为提出了具体规范的要求。

作为一名新时代的人民教师，在工作中懂规矩、守底线，主动学习和自觉遵守关于教师的一系列法律法规，按照专业标准和行为准则的要求，自觉提升自己的专业素养，是职责所在，使命所需。

案例学习

2019 年 7 月，教育部公开曝光 6 起违反“教师职业行为十项准则”的典型案例，其中有三起案例来自中小学教师群体。

内蒙古包头市回民中学教师贾某有偿补课。包头市教育局在专项整治中查明，包头市回民中学教师贾某长期违规有偿补课，情节较为严重，违反了《新时代中小学教师职业行为十项准则》第十项规定。根据《中小学教师违反职业道德行为处理办法（2018 年修订）》，给予贾某降低岗位等级、调离工作岗位处分。对其所在学校负责人进行约谈，取消学校年终考评评优资格。

广西百色市实验小学教师蒋某某歧视、体罚学生，为校外培训机构介绍生源，违反廉洁从教纪律等方面问题，违反了《新时代中小学教师职业行为十项准则》第五、第九、第十项规定。根据《中国共产党纪律处分条例》和《中小学教师违反职业道德行为处理办法（2018 年修订）》，给予蒋某某留党察看两年、降低岗位等级、调离教师队伍处分。同时，追究教育行政部门相关负责人及学校校长责任。

广东潮州市饶平县华侨中学教师吴某某性骚扰学生。吴某某隐瞒真实身份和年龄，通过微信与在校女学生进行低俗聊天，用淫秽语言挑逗，向女学生传播色情视频、图片等。以上行为违反了《新时代中小学教师职业行为十项准则》第七项规定，根据《中国共产党纪律处分条例》和《中小学教师违反职业道德行为处理办法（2018 年修订）》，给予吴某某开除党籍、开除公职处分，依法撤销其教师资格。

价值分享

以上三起案例，是教育部公布的违反教师职业行为十项准则的典型案例。这三位当事人，在不同程度上触碰了教师职业道德、教师行为准则以及《中华人民共和国教育法》等法律法规的底线，对学生造成了伤害，损害了教师形象，有的还造成了非常恶劣的社会影响。

《中华人民共和国教师法》规定，教师应该“遵守宪法、法律和职业道德，为人师表；贯彻国家的教育方针，遵守规章制度，执行学校的教学计划，履行教师聘约，完成教育教学工作任务”。有偿补课的贾某，没有意识到“完成教育教学工作任务”是教师应该履行的义务，长期违规有偿补课。《教师法》还规定，教师有义务“关心、爱护全体学生，尊重学生人格，促进学生在品德、智力、体质等方面全面发展”，而蒋某某歧视、体罚学生，显然没有做到“关心、关爱全体学生”“尊重学生人格”的要求，反而对学生造成了严重的伤害。吴某某性骚扰学生，更是触犯法律底线，极大败坏了教师的集体形象。这三起典型案例，需要我们引以为戒、加以警醒。

知行合一

《新时代中小学教师职业行为十项准则》提出了中小学教师需要遵守的十项准则，即坚定政治方向、自觉爱国守法、传播优秀文化、潜心教书育人、关心爱护学生、加强安全防范、坚持言行雅正、秉持公平诚信、坚守廉洁自律、规范从教行为。这是我们需要遵守的教师职业行为准则。在对这十条行为准则进一步梳理、总结的基础上，我们在本周重点探讨四方面议题：教师要有高度的政治素养；要尊重教育规律，学识扎实；要注重职业素养提升；要增强法律意识，主动自觉学习教育法律法规。唯有如此，才能真正做到懂规矩、守底线。

1. 教师要有高度的政治素养

自教师职业产生以来，任何一个社会、任何时期、任何国家，都对教师有明确的政治要求。特别是作为新时代中国特色社会主义的人民教师，身负教书育人的重任，要始终主动提高自己的政治意识和政治素养，守好意识形态安全底线，守住红线，做到“学术研究无禁区、课堂讲授有纪律、公开发表有要求”，杜绝发表有损国家利益和不利于学生健康成长的言论。我们要时刻做到对党忠诚，始终坚持以习近平新时代中国特色社会主义思想为指引，切实增强“四个意识”、坚定“四个自信”、做到“两个维护”，多关注国内外重大时事，把握时代发展脉搏，做好学生的引路人。当下，各种社会思潮和思想流派充斥于我们身边，我们要保持高度的政治敏锐性，明辨正确和错误的价值观念，引导学生树立正确的政治观念，培养学生的社会主义核心价值观。

2. 教师要尊重教育规律，学识扎实

“千教万教教人求真，千学万学学做真人”，这是人民教育家陶行知先生对教师提出的基本要求。扎实的知识是教师传播科学文化知识的第一要求。我们要做到广泛阅读，不仅

在本学科领域内深耕细作、术业专攻，更要学习一些教育学、心理学、学科教学论，涉猎人文社会科学、自然科学等领域的知识，做一个有知识魅力的好老师。“物有本末，事有始终”，学生的身心发展发展具有阶段性、顺序性、不平衡性、差异性的特征，我们要认真学习儿童发展心理学，学会研究学生，遵循教育规律和学生成长规律，做到因材施教，教学相长。

3. 教师要注重职业素养提升

教师是一份庄严的职业，崇高的事业。教师的职业素养至关重要，而且永无止境。作为教师，职业素养包括多方面，而最基本的是真诚的爱心、崇高的职业理想和对事业的执着。职业素养中最为重要的是教师对学生的爱。“没有爱就没有教育”，我们把对学生的爱印在学生的心里，激发学生对学习的兴趣，才能够“亲其师，信其道”，最终“乐其道”。同时，教师还需要有崇高的职业理想和对教师事业的执着之心。我们要逐渐培养“教师不仅仅是一个养家糊口的职业，更是一个值得我们为之奋斗的事业”的教育信念。

4. 教师要增强法律意识，主动自觉学习教育法律法规

在依法治国的今天，我们需要不断增强法律法规意识，做到依法执教。这里的法律法规，不仅包括我国出台的一系列法律法规，如《中华人民共和国教育法》《中华人民共和国教师法》《中华人民共和国未成年人保护法》《新时代中小学教师职业行为十项准则》等，也包括一些国际规章，如《联合国儿童权利公约》等，通过培养基本的教育法律法规素养，以保护儿童基本权利为起点，依据法律法规履行教书育人的职责，严格依照法律进行教师职业行为选择，既不违反教学纪律、敷衍教学，也不能擅自从事兼职兼薪行为。当然，教师有责任、使命、义务职责，也有权利、正当权益，教师的权利和义务是对立统一的，我们也要注意运用法律武器保护好自己的合法权益。

资料链接

请大家认真阅读学习《小学教师专业标准（试行）》《中学教师专业标准（试行）》《新时代中小学教师职业行为十项准则》，结合教育教学实践，不断深化对其内涵的理解，并切实遵守执行。

第二天 坚定政治方向

习近平主席同北京师范大学师生代表座谈时，提出了“四有好老师”的要求，好老师第一个重要特征就是“要有理想信念”。做有理想信念的好老师，心中要有国家和民族，要明确意识到肩负的国家使命和社会责任。在新时代的中国，教师的理想信念尤其要围绕

"培养什么人、怎样培养人、为谁培养人"这一根本问题开展教育教学工作。政治素养是思想观念和教育教学行为的内在基础，决定着教师职业活动的方向和态度，对其他素质起着决定性的影响。教师作为知识分子，应该具备敏锐的政治意识、强烈的社会使命感。在我国，作为人民教师，必须始终坚持社会主义办学方向，坚持中国共产党对教育的领导，拥有强烈的爱国热情和较高的政治理论素养。

案例学习

荣获"人民教育家"殊荣的于漪老师，从教 68 年，从未离开基础教育。她从语文教学改革起步，推动全国语文课程教学综合改革，研究教师教育，培养了一大批青年教师，被誉为"精心育人的一代师表、潜心教改的一面旗帜"。

于漪生于长于一个风雨如磐的年代。连天炮火中，于漪辗转求学，考到镇江中学。在物质条件、求学环境极其艰苦的情形下，于漪和同学们求知若渴，心中生发一个明确而坚定的目标："求学为什么？从愚昧走向文明，就要立志为解救苦难的民族于水深火热之中……"于老师激昂的话语揭示了求学的目的，树立起做人的标杆。"为此，我们风华正茂的学生孜孜以求，努力进取，把物质生活的贫乏、艰难踩在脚下，追求精神生活的充实与欢乐。"

于漪老师很喜欢宋代理学家张载的一句话："为天地立心，为生民立命，为往圣继绝学，为万世开太平。"因为它深刻地道出，人生的意义和价值就在于坚贞不渝地为祖国、为民族奉献自己的一切。它所传递的就是中华民族五千年文明积淀的坦荡人格和牺牲精神，这也是于漪老师始终坚守的核心价值和生命坐标。

对于教师肩负的国家责任，于漪说道："一辈子的理想就是做一名'合格'的教师，这个'格'不是用量化来衡量的，而是国家的要求、人民的嘱托。""热爱祖国，首先要积极投入祖国建设，热爱自己的专业，刻苦钻研，以身相许。"68 年来，于漪是这么说的，更是这么做的。

价值分享

于漪老师具有极强的爱国主义情怀，"一切为民族"成为于漪老师铸造师魂的基因。经历过血雨腥风的战争年代，于漪老师自读书起便坚定了"一切为民族"的理想信念，只有国家强大了，国人才不会受欺负。这成为于漪老师求学、工作的精神动力和力量源泉。

爱祖国、爱人民，并在教育工作中付诸实践，这是教师所需的政治素养的具体而生动的体现。真正的师者，首先是一个真正的爱国主义者。没有祖国的强盛、民族的尊严，我们纵有高尚灵魂、如云壮志，也无处安身、无从施展。

知行合一

坚定的政治方向，就是老师深厚的爱国情，就是老师身上的正能量，就是高度的社会责任感。

1. 热爱祖国，服务人民

教育系统是党的意识形态工作的重要领域，是意识形态建设的重要阵地。对教育系统意识形态工作而言，教师特别重要，在其中发挥着极其关键的作用。教师的职业是传道授业解惑的有机统一。教师不仅要传授知识和答疑解惑，还要教育培养青年学生成长为德才兼备的国家栋梁。中共中央、国务院《关于全面深化新时代教师队伍建设改革的意见》指出："教师承担着传播知识、传播思想、传播真理的历史使命，肩负着塑造灵魂、塑造生命、塑造人的时代重任，是教育发展的第一资源，是国家富强、民族振兴、人民幸福的重要基石。"教师对祖国、对人民的热爱，对社会主义事业的热爱，体现在三尺讲台，体现在日常教学，体现在教书育人。把学生培养成为社会主义事业的建设者和接班人，就是教师对祖国、对人民最深沉的爱。

2. 一身正气，践行社会主义核心价值观

一身正气的老师，无疑会对学生的健康成长产生积极的引导和激励作用。广大教师要始终同党和人民站在一起，自觉做中国特色社会主义的坚定信仰者和忠实实践者，忠诚于党和人民的教育事业，自觉把党的教育方针贯彻到教学管理工作全过程，严肃认真对待自己的职责。要注重加强中国特色社会主义理论体系的学习，加深对中国特色社会主义的思想认同、理论认同、情感认同，不断增强道路自信、理论自信、制度自信、文化自信，用自己的一身正气积极引导学生热爱祖国、热爱人民、热爱中国共产党，引导学生投身中华民族伟大复兴中国梦，帮助学生筑梦、追梦、圆梦，让一代又一代年轻人都成为实现我们民族梦想的正能量。

3. 主动担当做表率

作为新时代的人民教师，我们要不断学习党的方针政策，不断更新思想，全面贯彻党的教育方针，坚持社会主义办学方向，用新时代中国特色社会主义思想的理论魅力和真诚信仰感染和熏陶学生的心灵，用理论与实践结合的生动案例在学生内心深处引起共鸣，让学生以后的路更宽更广。我们要发挥知识分子的批判精神。这里说的批判，并非是"愤世嫉俗"般的胡乱批评，而是具有理性视角的辩证批判。在教育全球化、教育信息化时代到来之际，在今天经济社会深刻变革的时期，各种政治思潮激荡，西方敌对势力对教育领域的渗入日益加强，需要教师保持高度的政治敏锐性，对各种错误的政治主张做出分析、鉴别，引导学生坚定正确的政治立场，抵制不良政治思想的影响。[①] 各种社会思潮扑面而来，我们面对纷繁复杂的国际言论和思想，要具有批判性的思维，要有知识分子的担当和责任。正如习近平主席所言，我们教师"要用好课堂讲坛，用好校园阵地，用自己的行动倡导社会主义核心价值观，用自己的学识、阅历、经验点燃学生对真善美的向往，使社会主义核心价值观润物细无声地浸润学生们的心田、转化为日常行为，增强学生的价值判断能力、价值选择能力、价值塑造能力，引领学生健康成长"。

---

① 郑金洲，吕洪波．教师应具备的七大素养 [J]. 人民教育，2016（11）：54－57.

资料链接

（1）对于教师应具有的政治素养，《关于全面深化新时代教师队伍建设改革的意见》有较为详细、权威的要求。请认真阅读其中关于“提高思想政治素质”的论述，加深对教师政治素养的理解。

（2）2019 年 3 月 18 日，习近平主席在北京主持召开学校思想政治理论课教师座谈会并发表重要讲话，对新时代学校思想政治理论课建设指明前行方向，并对全国大中小学教师提出殷切期望。建议大家认真学习贯彻习近平主席重要讲话精神，从党和国家事业长远发展的战略高度出发，夯实对教师政治素养重要性的认知。

第二天　一碗水，一潭水

庄子在《逍遥游》里有两句话：“水之积也不厚，则其负大舟也无力。”“风之积也不厚，则其负大翼也无力。”意思是说如果水积得不深，那么它就没有力量负载大船；如果风积累得不够大，那么它就不能有托举大鹏翅膀的力量。舟行击水三千里，鹏飞纵横九重天，依靠的是风和水蓄势厚积。教师作为传道授业解惑者，需要具备扎实的学识。习近平主席在“四有好老师”的论述中提出了好老师要有扎实的知识功底、过硬的教学能力、勤勉的教学态度、科学的教学方法。他指出：“过去讲，要给学生一碗水，教师要有一桶水，现在看，这个要求已经不够了，应该是要有一潭水。”我们要通过不断的学习，努力积累成一潭水，做一位遵循教育规律、学识扎实的好老师。

案例学习

苏联著名教育家苏霍姆林斯基在《给教师的建议》一书中，记录了这样一个故事[①]：

一位有着三十多年教龄的历史教师上了一节公开课，主题是“苏联青年的道德理想”，课上得非常出色。听课的教师们本来打算在课堂上做些记录，以便课后提些意见，可是他们听得入了迷，竟连做记录也忘记了。他们坐在那里，屏息静气地听，完全被课堂内容吸引住了。

课后，邻校的一位教师对这位历史教师说：“您的课上得太好啦！您的每一句话都具有极大的感染力。我想请教您：您花了多少时间来备这节课？不止一个小时吧？”

那位历史教师说：“对这节课，我准备了一辈子。而且，总的来说，对每一节课，我都是用终生的时间来备课的。不过，对这个主题的直接准备，或者说现场准备，只用了大

---

① 瓦·阿·苏霍姆林斯基．给教师的建议［M］．北京：教育科学出版社，1984：7－8．

约 15 分钟。”

价值分享

于漪老师曾言：“每一节课的质量直接影响学生生命的质量。每一个学生的生命都是值得敬畏的，上课就是用生命在歌唱。”每一节课，都是老师一辈子的修炼，一辈子的积淀。我们怎样才能上每一节高质量的好课呢？答案是必须有扎实的学识。

首先，我们要通过阅读积淀深厚的学识。苏霍姆林斯基在《帕夫雷什中学》一书中明确主张：“真正的教师必是读书爱好者，这是我校集体生活的一条金科玉律，而且已成为传统。一种热爱书、尊重书、崇拜书的气氛，乃是学校和教育工作的实质所在。”①

其次，我们要丰富自身的人生阅历、体验。每一节课，实际上都是教师生命品质的体现。他对人生、对生命、对自然、对宇宙、对社会思考得越是深入，体验得越是深刻，他展现给学生的知识就会越丰富，越有感染力、影响力。我们将丰富的知识储备和生活阅历有机融合，还可以将抽象、枯燥甚至晦涩的理论知识形象化、生活化，通过小故事大道理的方式，使学生真正理解和掌握所学知识。

知行合一

教师的人格魅力来源于渊博的学识和教书育人的能力，教师的风范靠教会学生来体现。“给学生一碗水，我们要有一潭水”，并且这一潭水必须是活水，是充满生机、富有活力、长流不竭的活水。只有这样才能将学生知识和智慧的“池塘”挖深挖宽。只有知识渊博、教艺高超的教师才具有吸引力，才更能显示出人格魅力来。教师在教学过程中具有坚实的基础知识、精深的专业知识和较高的学术造诣，才能使学生产生一种信赖感，从而转化为一种很强的人格力量去鞭策和激励学生。具体来说，教师扎实的学识应该包括哪些知识呢？参照北京师范大学林崇德教授的观点，大体上包括以下几方面知识：

1. 本体性知识

本体性知识是指教师所教学科的专业知识，如语文知识、数学知识、地理知识等，这是教师系统传授科学文化知识的主要来源，是学科教师的核心知识。

2. 条件性知识

包括教育学、心理学、学科教学论等。作为教师，我们要掌握教育基本规律、学生身心发展规律、学生学习规律以及学科基本原理等，这样我们才能科学地把握教育规律，更好地履行教育育人的职责。

3. 实践性知识

教师的实践性知识是指教师在面临实现有目的的行为中所具有的课堂情景知识以及与

① 苏霍姆林斯基．帕夫雷什中学［M］．北京：教育科学出版社，1983：28.

之相关的知识，这种知识是教师教学经验的积累。① 这里所言的实践性知识，主要是教师通过不断的教育教学实践和日积月累，积累出的课堂教学经验以及在经验基础上总结的教育教学方法。

4. 跨学科的知识积累

在信息化时代，教师已经不再是知识权威的代表，学生可以通过互联网获取丰富的知识和信息。这对教师提出了严峻的挑战。随着课程知识的整合度越来越高，教师不再是传统意义的学科知识教书匠，我们要拥有跨学科的知识素养，包括人文社会科学和自然科学领域的知识积累。

5. 教育机智

苏联教育家乌申斯基认为："所谓教育机智，缺乏它，教师无论怎么研究教育理论，永远也不会成为实际工作上的好教师。"优秀教师仅有渊博的知识还不够，还需要有一定的教学智慧，这包括两方面内容：一方面是能够让手里的"一潭水"变成充满生机、富有活力、长流不竭的活水，让课堂焕发生命活力的知识和技能；另一方面是可以"对学生活动的敏感性和根据学生新的意外情况快速作出反应，及时采取恰当措施的能力"②。可见，教育机智是使知识渊博的老师成为风趣、幽默、备受学生欢迎的好老师的必备条件。

资料链接

请大家阅读林崇德、申继亮和辛涛的《教师素质的构成及其培养途径》，该文章发表在《中国教育学刊》1996 年第六期。这篇文章对教师素质的含义进行了理论思考，并分析了教师素质的结构，对教师的本体性知识、实践性知识和条件性知识做了详细的阐释。

第四天　热爱教育事业

十年树木，百年树人。教师从事的是立德树人的伟大事业。习近平主席说："一个人遇到好老师是人生的幸运，一个学校拥有好老师是学校的光荣，一个民族源源不断涌现出一批又一批好老师则是民族的希望。"而好老师最主要的标准就是对教师职业充满热爱，有崇高的职业理想，执着于教育事业。

① 林崇德，申继亮，辛涛．教师素质的构成及其培养途径［J］．中国教育学刊，1996（6）：16－22.

② 张念宏．中国教育百科全书［M］．北京：海洋出版社，1991：764.

案例学习

这是魏书生老师写的一篇加入人民教师队伍的申请书①。

志愿归队申请书

敬爱的党组织：

我再一次怀着十分恳切的心情，请求组织批准我去做一名教师。

看到各行各业特别是教育战线在党的领导下，走向大治的喜人局面，自己却没有机会献上一份力气，心里像有一团火一样熊熊燃烧，我无比焦急地请求领导能够体谅到我的心情，批准我的申请。只要是教书，不管是到农村一般学校，还是到更困难的偏僻山区的学校，我都会踏踏实实、勤勤恳恳、满腔热情地去干。

进厂六年的两千多个日日夜夜中，我对学校的深深眷恋之情，一天也没有中断过。把教师地位压到最低点的时候，我还是以极其羡慕的心情衷心向往着这个职业。为着有一天实现自己美好愿望的时候，把教师工作做得好一些，我日复一日、年复一年地钻研有关教育的知识，常弄到食不甘味、寝不安席的地步，有时身患重病，也还是不愿间断，为此而度过的不眠之夜是难以计数的。

两千多天中，我向各级领导恳切地提出做教师的申请至少有一百五十次。书面申请也有四次，几乎每一个同志，特别是朋友和亲人，都耳闻目睹到我对教育火一样的热情，对学生源自内心的关心。

有好几次办事路过学校，我悄悄站在教室外，侧耳倾听教师侃侃而谈，学生书声琅琅。更有无数个夜晚，梦见领导批准自己回到了农村学校，做上了虽然紧张繁忙、操心劳累，但却充满幸福的教师工作。

我总感觉自己为革命事业做的工作是太少了，以至中夜自省，常常觉得无力报答同志们的一片真心，经常内疚与不安。这种有负于党和人民的感情，常使我夜不能寐，心焦如焚。但我决不因此而自弃。在党中央领导下，八亿人民奋举旌旗，高歌猛进，革命洪流波浪滔天，滚滚向前。我看到在这洪流中，自己像一滴水，滴在学校的园地上，正用自己每天做十六小时工作的实际行动，用自己踏踏实实、呕心沥血，忠诚于人民教育事业的辛勤劳动，报答党和人民对自己的恩情。我想那时，曾真心实意培养和教育我的电机厂的领导、工人师傅、同志、战友们一定会露出欣慰的笑容。

此致

革命的敬礼！

申请人：魏书生

一九七七年九月十五日

价值分享

这是1977年9月魏书生老师已经被确定为厂级领导接班人的时候，又一次递交志愿

① 《辽宁教育》编辑部．年轻的教育改革家——魏书生［M］．沈阳：辽宁教育出版社，1984：124-125.

当教师的申请。字里行间，我们可以感悟到魏书生老师对教师职业无比坚定的热爱、向往。成为一名人民教师，是魏书生非常强烈的内在需求。对他而言，教书从来都不是一个简单的职业，而是可以为之坚守一生、奉献一生，并借此实现自我价值的“安身立命的根本”。魏书生老师对教育事业执着的追求与热爱，源于对教育事业深刻的认识与理解，源于教育信念的支撑。

正是有了坚定的教育信念、对教育事业诚挚的热爱和奋斗不止的进取精神，不论是做一位普通教师，一位班主任，一位校长，还是一位教育局局长，魏书生都热爱他的职业，热爱他的学生，热爱他的工作，以从事教育工作为荣，以教育好学生为自己的天职。

知行合一

1. 热爱教育事业

“十年树木，百年树人”，教育是一份崇高、伟大的事业。若想从事好这个事业，热爱教育是对教师的基本要求，是教师职业规范的核心要义，是所有教育工作者必须遵循的准则。“得天下英才而教育之”是孟子所言的三乐之一。我们热爱教育事业、热爱学生，才能在日常工作中乐在其中。新中国首批特级教师霍懋征，是我国小学教育战线上最有影响的教育家之一。她认为，一个优秀的教师，最重要的素质就是“爱这个事业”，教育是一个事业，不是一个职业，要有很强的事业心和责任心。“好的教师的标准”，在霍懋征看来，只有深沉的四个字“敬业”“爱生”。①

就像霍懋征老师所言，其实热爱教育事业对我们教师的要求并不高，只需要在平凡的教书育人岗位上“爱岗敬业”，安心教育工作，具有高度民主的责任心和自豪感，尽职尽责，创造性地做好本职工作，为教育事业作出应有奉献。此外，热爱学生、诲人不倦也是热爱教育事业的重要表现，是推动教师热爱本职工作的力量源泉。许多优秀的教育工作者就是在对学生的热爱中，走进学生的心灵，在孜孜不倦的教学工作中寻找到自己的快乐与幸福，感受到人生的价值，从而成为持续投身教育事业的强大力量。

2. 树立崇高的职业理想

“凡事预则立，不预则废”，这里所言的职业理想，主要是指教师对职业的规划和成就动机。我们每位老师都应该对教师职业有理想，有抱负，对所从事的职业制定科学、合理、符合自身特点的规划方案。这样，当我们在职业发展路途中遇到困难，我们才不会退缩，永葆前进的动力。

教育家朱永新先生认为：“一个优秀的教师，必须具有远大的理想，不断地给自己提出追求目标，同时又要有激情。对一个成长中的教师来说，平静的思考是需要的，但更要富有激情。人要会做梦，优秀的教师要永远伴随着自己的梦想。当生活没有梦时，生命的意义也就完结了，教育就没有了意义。”所以，我们要做到时刻心怀教育梦想，富有激情，让生命绽放得更绚烂。

---

① 李彦福．落实教育规划纲要背景下的师德修养［M］．南宁：广西教育出版社，2012.

教师之所以要有一定的成就动机，是因为成就动机不仅影响教师个人的职业发展和未来成就，也会对学生的成就动机和学业表现产生很大的影响。教师是学生学习的榜样，成就动机较强的教师的言行有助于激发学生的成就动机。

3. 执着于教育事业

在工作中，我们要培养对教师这一崇高事业的执着之心，要经得住清贫、耐得住寂寞、受得住挫折，将自己的所有精力全身心地投入到教学实践中去，正如著名教育家陶行知所说的“捧得一颗心来，不带半根草去”。

对教师职业的执着之心，体现的是我们对教师职业的忠诚、信仰。教师不仅仅是一个“养家糊口”的谋生职业，更是一个可以实现我们人生价值的崇高事业、理想追求。只要我们选择了“老师”这个光荣的称谓，就意味着选择了一份责任和担当。

对教师职业的执着之心，也意味着一份付出。“春蚕到死丝方尽，蜡炬成灰泪始干”，这是对于教师奉献的经典隐喻，也是用以讴歌教师甘于付出的伟大。“春蚕”“蜡烛”，这些代表着付出的词汇，也隐喻我们要愿意为学生付出时间、投入精力，用实际的言行举止影响每一个学生，用自己的知识传授促进每一位学生的知识增长。

资料链接

建议大家阅读关于魏书生老师的一些著作，如《我这样做老师》（长江文艺出版社，2015 年出版），跟着魏书生老师一起学习如何做老师，学习如何热爱教育事业。

第五天 增强法律意识，严格依法执教

要成为一名新时代合格的人民教师，除了具备扎实的学科专业知识和教育理论知识之外，还需要了解一些相关的教育法律法规知识，做到依法施教、依法育人。今天，我们和大家分享一下教师应该具备的一些教育法律法规素养，介绍一些中小学教师必须知道的法律法规，以期增强大家依法执教的意识，并把学法、知法、守法、用法的意识贯彻到自己的教育教学工作中。

案例学习

我们一起来看一个真实的案例，转引自宜昌市中级人民法院网站。①

① 雷文．张建平体罚学生故意伤害案［EB/OL］.（2005－02－28）［2019－11－17］. http：//ycfy. hbfy. gov. cn/DocManage/ViewDoc? docId=937 41c4f-ab02-11e1-9b8b-4c1fcc467667.

被告人：张某某，男，汉族，宜都市人，大专文化程度，宜都市聂家河镇初级中学化学教师，住宜都市聂家河镇聂家河电站。2002 年 6 月 13 日被逮捕。

2002 年 6 月 3 日下午，被告人张某某在宜都市聂家河镇初级中学三（六）班讲解化学试卷时，发现一个学生乐某没有听讲和拿出试卷，并与同桌的同学讲话。张某某看了乐某几眼，以示警示，但乐某仍我行我素，张某某便走到乐某的课桌旁，用脚踢向乐某的左腰部，又打了乐某的左脸部一巴掌。被告人继续讲了一会儿课，发现乐某伏在课桌上呈痛苦状，便让同学吴某扶乐某回寝室休息。被告人张某某不放心，接着赶去寝室观察，发现乐某情况不对，急忙派学生请来医生为其诊治。后情况进一步严重，被告人张某某又派学生复请医生诊断：可能脾脏受伤。被告人感到事态严重，即向本校校长报告了整个事件的经过。当晚九时许，乐某的伤情不见好转，被告人张某某便护送乐某去宜都市一医院抢救治疗。乐某入院后脾脏破裂经手术摘除，住院治疗 23 天。参照《道路交通事故受伤人员伤残评定》标准，乐某伤残等级为九级，伤势程度为重伤。另，被告人张某某的故意伤害行为造成附带民事诉讼原告人乐某的经济损失为医疗费 9 408 元、伤残补助费 13 140 元（9 元/天×20%×20 年）、住院生活补助费 345 元（15 元/天×23 天）、护理费 690 元（15 元/天×23 天×2 人）、交通费 300 元，合计 23 883 元。

依照《中华人民共和国刑法》第二百三十四条第二款，第六十七条，第七十二条第一款，第七十三条第二款、第三款，以及《中华人民共和国民法通则》第一百一十九条之规定，宜昌市中级人民法院作出刑事附带民事判决如下：

一、被告人张某某犯故意伤害罪，判处有期徒刑三年，缓刑三年六个月。

二、附带民事诉讼被告人宜都市聂家河镇初级中学赔偿附带民事诉讼原告人乐某各项经济损失 23 883 元，于判决发生法律效力后三日内付清（宜都市聂家河镇初级中学承担民事责任后有权向被告人张某某进行内部经济责任追究）。

价值分享

这则是典型的教师体罚学生致学生人身伤害事件，案例中的张某某老师发现学生乐某不认真听讲，经眼神警告无效后，采取了脚踢和打耳光的极端惩罚方式致使学生严重受伤。这一伤害事件导致张某某必须为此承担相应的刑事法律责任和民事法律责任。近些年，各地屡有“体罚学生”事件发生，对学生的人身安全带来了严重威胁。在日常教育教学工作中，我们会遇到违反校规校纪的事件，这种情况下，我们要采取理性、合法的方式教导学生，决不能对学生实施体罚、伤及学生的人身安全。

在我国现有的教育法律规定中，对体罚及其法律责任进行规定的主要有《中华人民共和国义务教育法》《中华人民共和国未成年人保护法》《中华人民共和国教师法》等。我们应该利用闲暇时间，多学习这些和我们息息相关的法律法规，增强法律意识，做到依法执教。

知行合一

我们应该全面提高教师的法律意识和依法从教意识，依据法律法规履行教书育人的职责，严格依照法律规范教师职业行为选择，切实增强教师保护青少年学生人身权、受教育权等合法权益的能力。具体包括：

1. 树立科学的儿童权利意识，依法保障学生合法权益

《联合国儿童权利公约》和《中国儿童发展纲要（2011—2020年）》为我们提供了儿童权利清单，我们在教育教学工作中要坚持依法保护原则、儿童优先原则、儿童最大利益原则、儿童平等发展原则、儿童参与原则，创造有利于儿童参与的教育环境，让所有儿童享有平等的权利与机会。《中华人民共和国未成年人保护法》《中华人民共和国义务教育法》《中华人民共和国预防未成年人犯罪法》为我们依法保障学生合法权益提供了具体指导，我们要认真学习这些法律条文，切实增强尊重学生、爱护学生、平等对待学生的意识，提高依法维护学生权益、抵制侵害学生行为、防治校园欺凌的能力。同时，我们要依法做好学生伤害事故的预防与处理工作。

2. 坚守教师职业底线，规范教师职业行为

我们要严格遵守《中华人民共和国教育法》《中华人民共和国教师法》《教师资格条例》的相关规定，履行遵纪守法、教育教学、政治思想品德教育、关心爱护尊重学生、维护学生权益、提高自身思想政治觉悟和教育教学业务水平等系列教师义务，严格遵守《新时代幼儿园教师职业行为十项准则》《新时代中小学教师职业行为十项准则》的教师职业行为基本规范并落实到教育教学工作中，牢记《幼儿园教师违反职业道德行为处理办法》《中小学教师违反职业道德行为处理办法》，做到以德立身、以德立学、以德施教，坚守教师职业的底线。

3. 增强学法懂法用法意识，正确维护自身的合法权益

教师的权利和义务是统一的，以往社会舆论对中小学教师角色的理解往往片面强调教师的义务和社会责任，忽略了对教师权利的强调与尊重。在面对合法权利受到侵犯时，我们要懂得利用法律武器维护自身的利益，做一个知法、懂法、用法的教师。《中华人民共和国教师法》规定，教师享有教育教学权、科学研究权、指导评价权、获取报酬权、民主管理权、进修培训权等合法权利。

4. 要有普法意识，提高学生的守法能力

开展普法教育，是提高学生法律意识的重要手段。我们要突出未成年人权益保护法律法规的学习宣传，严格贯彻执行《中小学生守则》《中小学生日常行为规范》和学校规章制度。加强对学生的监督检查，严格要求学生遵守规章制度，帮助学生树立正确的荣辱观。在教育教学工作中，我们要树立和强化在教学中渗透法制教育的观念和意识，在备课和教学实施过程中积极挖掘教材中的法制元素，将法制教育列入教学目标。同时，我们也要特别强化安全意识，加强学生安全教育，提高学生防范能力。

资料链接

请大家认真学习阅读《中华人民共和国未成年人保护法》《中华人民共和国教育法》

《中华人民共和国教师法》《中华人民共和国义务教育法》《中华人民共和国预防未成年人犯罪法》等相关法律法规，增强法律意识。

第六天　一周回顾：讲纪律，守规矩

这一周，我们主要围绕着教师应知、应会、应能等基本素质开展讨论。教师要履行教育育人的职责，首先要做到懂规矩，守底线，具备基本素质。

三寸粉笔，三尺讲台系国运；一颗丹心，一生秉烛铸民魂。教师的思想政治素质直接关系到亿万青少年的健康成长，也关系着国家的前途命运和民族的未来。作为教师，我们应该拥有家国情怀、心系国家，把正确的政治方向、价值导向贯穿教育教学全过程，帮助学生扣好人生第一粒扣子。所以，我们要有高度的政治素养和政治敏锐性，坚守意识形态阵地，在完成立德树人的工作中培养社会主义的建设者和接班人。

“给学生一碗水，我们要有一潭水”，教师渊博的知识是个人人格魅力的体现，在知识更新换代更快的今天，教师更应加强学习，了解本学科最新的知识信息，以满足学生的求知欲。教师要有渊博的知识，掌握扎实的本体性知识、科学的条件性知识、丰富的实践性知识和广阔的扩展性知识，非常必要。如果一位老师的知识面很狭窄，他很难成为一个受学生欢迎的好老师，也很难在教师职业发展上有所建树。

“捧着一颗心来，不带走半棵草去”，这是人民教育家陶行知对教师职业的终身感悟。这句话向我们诠释了教师必须热爱所做的教育事业。教育自古以来就是一项特殊事业，教师肩负着为国家和民族发展培育人才的重任，我们都具有崇高的社会责任感和使命感，热爱教育事业、树立崇高的职业理想，并执着于教育事业。

教师的法律法规素养，也是我们需要具备的一项基本素养。在依法治国、依法治教的今天，教师要自觉遵守法律法规，严格执行师德师风规范要求，坚定学法与用法相结合、努力提高自己的法律素质和依法管理学生的信念。我们要树立科学的儿童权利意识，依法保障学生合法权益；要有教师职业道德意识，规范教师职业行为；要有学法懂法用法意识，正确维护自身的合法权益；要有普法意识，提高学生的守法能力。

思维导图

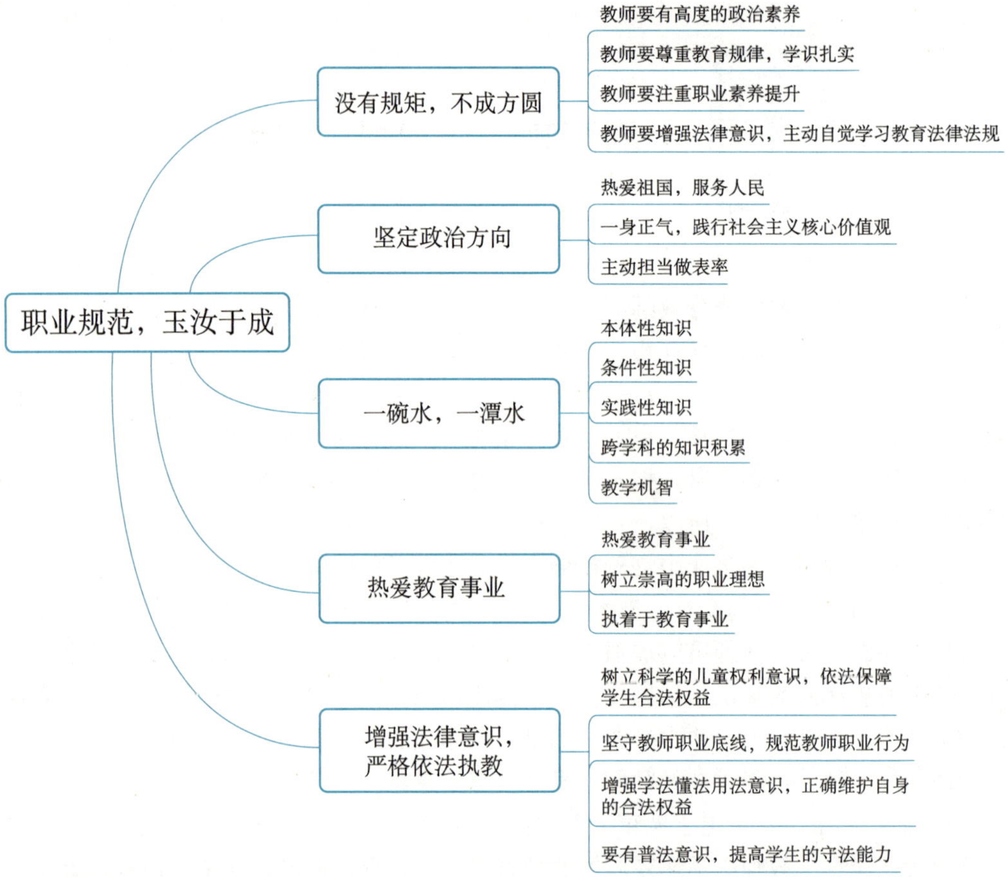

第七天 实践反思：脚踏实地，仰望星空

教师专业发展和基本素养的形成不是一蹴而就的，而是需要我们每一位老师科学规划、身体力行才能实现的。在此，我们和大家分享几个有助于提高教师专业化、基本素养的方法。

第一，开展行动研究，解决实际困惑。“教师即研究者”已经成为时代对每一位教师的基本要求。教师只有把自己定位在研究者上，才能成为教学改革的积极参与者和主动适应者。每一位教师都有能力对自己的教学行为加以反思、研究与改进，提出最贴切的改进意见。教师只有对自己在课堂上的行为进行研究，才能够了解自己在课堂上做了什么，学生们在想什么，自己的行为对学生的学习有什么影响等。通过参与研究，有利于我们对自己的教学工作提出切实可行的改善方案。在行动研究中，我们也要自觉开展同行交流，多向同事、专家、学者请教。一个人的知识和思考总是有限的，从这个角度来说，与他人交流分享可以快速提升我们自己的认知水平。主动和志同道合的专业人士多交流，可以帮助我们快速成长。

第二，参加相关领域的教师培训，提高我们的核心素养。教师职后培训可以促进教师专业发展，是提高教师专业化水平的有效途径。通过参加培训，我们可以了解最前沿的教育政策、教育思想、教育方法，为我们的教育教学工作指明方向。近年来，从中央到地方，各级党委、政府高度重视教师队伍建设，教育部和各省教育厅先后启动实施了“国培计划”“省培计划”等一系列重大项目，有力推动了教师培训工作的开展。我们要倍加珍惜这些培训机会，通过培训学习，提高我们的专业化水平。

第三，我们要开展卓有成效的自我教育。教师的自我教育是提高教师素质的内在动力，是教师专业发展中不可或缺的内因。因此，教师要加强自我教育，使教师教育富有实效。自我教育，即是人们以自己已经形成的思想品德为基础，提出一定的奋斗目标，监督自己去实现这些目标，并评价自己实践结果的过程。有的老师可能会说：“我在偏远的乡村学校任教，教师存在结构性缺编的现象，工学矛盾突出，导致我无法外出参加培训，也很少有机会与同行交流、向专家请教。”这个时候，自我教育的作用就凸显出来了。虽然参加培训、交流的机会很少，但我们一方面可以广泛阅读思考，另一方面可以充分利用互联网这一工具为我们服务，如通过学习网络视频课程或搜索教师专业发展相关的信息，助力我们开展自我教育，提高专业发展水平和基本素养。

第四，将教师职业道德规范和基本素养内化于心，外化于行。不管是参加培训、开展同行交流、向专家学习，还是自我教育，我们最终的落脚点是将教师职业道德、教师基本素养内化于我们的认知，并表现在我们的教育教学工作和实际生活中。不管是教育教学工作，还是日常生活中，我们都要时刻铭记我们的“人民教师”的身份，不忘“立德树人”的初心，牢记“培养德智体美劳全面发展的社会主义建设者和接班人”的使命，向着习近平主席所提出的“四有好老师”“四个引路人”“四个相统一”的标准看齐，为培养社会主义事业的建设者和接班人作出应有的贡献。

提升教师核心素养的方法很多，我们只是和大家分享了几个常用的促进教师专业发展的途径。除此之外，还有其他的一些方法，建议大家结合自己的实际情况，选择适合自己的专业发展方式，利用各个渠道的优势，让我们获得更丰富的教师专业发展的感悟和体验。

第六周　立志而圣，价值引领

立志而圣则圣矣，立志而贤则贤矣。

——明·王阳明《教条示龙场诸生》

执笔人：魏芸（山东省邹城市第一实验小学）

第一天　志不立，无可成之事

人贵立志。志不仅是一个人奋斗的目标，也是努力的方向，同样也是一个人终身向善向上的动力。“男儿不展风云志，空负天生八尺躯”，立志对于一个人的事业发展来说，起着十分关键的作用。

那么，我们教师到底立什么样的志？该怎样立志？值得我们每个人静心思量。

案例学习

王阳明，学者称其为阳明先生，明朝著名的思想家、文学家、哲学家和军事家，陆王心学之集大成者，精通儒家、道家、佛家。

很多人都知道阳明先生少年立志。在私塾读书时，有一天，他一本正经地问老师：“何谓人生第一等事？”老师吃了一惊，从来没有学生问过这样的问题，便思考了一会儿，才做出他自认为最完美的回答：“当然是读书中状元，做大官啊。”王阳明显然对这个答案不满意，他看着老师认真地说：“我以为第一等事不是升官发财，而是读书做圣贤。”

阳明先生自十二岁立志读书做圣贤，就有了努力的人生方向。后来他蒙冤被廷杖四十大板，奄奄一息，被贬到穷山恶水的贵州龙场，举目无亲，衣食无着，由“天堂”坠入“地狱”。可他没有在恶劣环境中倒下，没有失去对生活的信心，反而顿悟出“心学”思想。最终集立德、立功、立言于一身，而成为“真三不朽”，不仅在当时，而且在后世，不仅在中国，而且在世界各地都有着广泛的影响①。

价值分享

志不立，天下无可成之事。阳明先生十二岁时立志，一生拼搏，百折而不挠，最终成就自己，造福于世人。孔子十五志于学，三十而立，终其一生为了目标不懈努力，被后人尊称为“大成至圣先师”。

其实，像阳明先生和孔子这样通过立志来实现人生价值的例子比比皆是。古今中外，能成就大事业者莫不先怀雄心壮志，并且矢志不渝。北宋教育家程颢曾说“治天下者，必先立其志”，李白说“大丈夫必有四方之志”，白居易有诗曰“丈夫贵兼济，岂独善一身”，讲的都是这个道理。

---

① 王阳明．王阳明全集：六卷［M］．北京：线装书局，2012：3.

知行合一

阳明先生历经磨难不改所立之志，因而实现了人生的顿悟和升华，开启了全新的人生。学生的成长不是看我们老师怎么说，而是应该看老师怎样做。所以，作为老师，我们应该胸怀大志，才能引领学生志向高远。

1. 立志贵在明志，明志中坚定人生方向

“志不立，如无舵之舟，无衔之马，飘荡奔逸，终亦何所底乎[①]？”立志为我们在人生之路上提供永恒的动力，让我们的心中有了灯塔，不会迷失方向，正所谓“知止而后定”。田家炳先生在青少年时期见证了祖国的危难之后，就立志成为经济巨人、慈善之人，为国家作出应有的贡献。他是这样想的，也是这样做的。事业成功后，先生于 1982 年成立田家炳基金会，至今为全国 93 所大学、166 所中学、61 所小学及幼儿园和 1 700 余间乡村图书室捐赠总额超过了 15 亿港元。他用毕生的财富积蓄努力践行教育强国梦。这位世纪老人，被誉为“中国百校之父”。一生有着明确而崇高的志向，为国家教育事业所作的杰出贡献将永远铭刻在共和国的光辉史册上！[②]

习近平主席在 2019 年 10 月召开的全国教育大会上明确指出：培养什么人，是教育的首要问题。由此，每位教师要立下这样的志：立德树人，为祖国培养德智体美劳全面发展的社会主义建设者和接班人。这样就会让我们明确努力的方向，会更安于工作，潜心育人。于漪老师之所以从一名普通教师成长为共和国的人民教育家，就是因为她把“树中华教师魂，立民族教育根”当成终生奋斗的目标、始终不变的精神追求，并为此奋斗一生。

2. 立志贵在厉行，厉行中增强使命感

“厉行”意为认真践行。既然立了志，就要认真付诸行动。千里之行，始于足下。立志是我们人生征途的开始。志向远大，找准了起点艰苦付出、不懈拼搏，就可能拥有辉煌的人生。

孟子曰：“天将降大任于斯人也，必先苦其心志，劳其筋骨，饿其体肤，空乏其身，行拂乱其所为，所以动心忍性，曾益其所不能。”刻苦自勉，立志雪耻图强的越王勾践为报国仇，忍辱负重在吴国做仆人，每天睡在柴草堆上，时刻提醒自己不忘家仇国恨。回国后，在屋里挂了苦胆，每天吃饭前都要先尝尝，不让自己忘记在吴国的耻辱经历。凭借顽强的毅力和吃苦耐劳的精神最终战胜了强大的吴国，成为春秋时期最后一位霸主。正是“苦心人，天不负，卧薪尝胆，三千越甲可吞吴”，“卧薪尝胆”的故事也被人们广为传颂。

台上一分钟，台下十年功。我们教师要增强使命感，从现在做起，珍惜时间，把握机会，用汗水滋养理想的花朵，用劳动收获幸福的果实，脚踏实地开拓前行的道路，最终实现远大的理想。

---

① 王阳明．致良知是一种伟大的力量［M］．北京：东方出版社，2017：30．

② 陈恒．我所见到的田家炳先生——谨此纪念田家炳先生诞辰 100 周年．中央政府驻港联络办网站，2019－10－24．

3. 立志贵在坚持，坚持中增长幸福感

立志如登山，登山贵在坚持。华罗庚曾说过："登高自卑，持之以恒。"只要坚持，必能如愿达到相应的高度，享受"一览众山小"的境界。毛泽东同志在求学时期，就立志救国救民。为了实现志向，他废寝忘食寻找救国救民的真理，最终找到了在中国实践中应用的马克思主义。他利用一切机会展开社会调查。1917 年暑假，他步行 400 多公里，历时一个多月，深入农村，访贫问苦，倾听农民的呼声；他多次去安源煤矿了解工人疾苦，向工人宣传马列主义。这些调查为他后来形成依靠工农、走农村包围城市的革命道路起到了重大作用，也坚定了他为民族独立、人民幸福而努力奋斗的意志。因此，在此后的革命征途中，不管遇到任何艰难险阻，毛泽东同志始终矢志不渝，最终成为一代伟人。

都说教师是太阳底下最光辉的事业，但在平时的教育教学中，我们教师的工作是繁重而又琐碎的，备课、上课、改作业、辅导学生……每天重复着同样的事情，日复一日，年复一年，有的教师未免产生职业倦怠，疲惫应付工作。如果我们给自己一个目标，一个工作的方向，心无旁骛，坚持前行，自然会变得豁达、聪慧，自然会把学生装进心里，每天为学生的点滴进步而高兴、满足，每天快乐着学生的快乐，幸福着学生的幸福。如此，工作就成了一件快乐、幸福的事情。

资料链接

王阳明先生被贬至贵州龙场任驿丞时，每日与诸生讲学不辍，写了《教条示龙场诸生》。文章提出"以四事相规"，即立志、勤学、改过、责善。特别讲了志的重要性，如何立志，怎样践行志。请大家阅读这篇文章。

第二天　志存高远，引领未来

诸葛亮《诫外甥书》中说：夫志当存高远。一个怀有远大志向的人应该是胸怀国家、社会，把自己的命运和国家、人民紧紧联系在一起，像一滴水汇入大海，有源源不尽的动力，这样的人生才开阔。

作为教师，虽然我们的职业是平凡而又普通的，可我们却在做着惠及后世的"育人"工程。由此，肩上的责任告诉我们，我们教师应当不忘初心，牢记使命，为国家培养有用的人。那么，我们该如何做呢？

案例学习

说起周恩来总理，大家都知道他少年立志的故事。在沈阳上小学时，老师问他为什么

要读书，13 岁的他回答："为了中华之崛起。"南开中学毕业后，19 岁去日本求学时，他给同学们留下了"志在四方，愿会于中华腾飞世界时"的赠言，并写下了"大江歌罢掉头东"的励志诗篇。他还说"有大志向的人，便想去救国，尽力社会"。经历了五四运动的洗礼以后，他开始积极思考、探索中国社会出路，先后奔赴法国、英国、德国考察求学。21 岁在法国确立了共产主义的信仰，加入了中国共产党，表示"我认定的主义一定是不变了，并且很坚决地要为它宣传奔走"。

"革命理想高于天"。从此，他一生都在奉行青年时代立下的誓言，并真正达到了"不忘初心，对党和人民无限忠诚"的最高境界。无论是革命遇到挫折，还是敌人的白色恐怖、帝国主义的封锁禁运都没能让他退缩，他始终保持着坚定的革命信念和旺盛的革命斗志。即使在"文革"那么复杂的情况下，他仍然忍辱负重，顾全大局，艰难地坚持工作。特别是在患重病以后，依然只争朝夕，舍身忘我，挑起了历史的重任。

就这样，周总理不忘初心，牢记使命，为党一直奋斗到生命的最后一刻。习近平主席称周总理是"近代以来中华民族的一颗璀璨巨星，中国共产党人的一面不朽的旗帜"①。

价值分享

周总理将个人的理想信念与国家、民族和人民的命运紧密相连，可谓志存高远，勇于担当。他毕生为建设新中国而努力奋斗，成为世界人民敬仰的好总理。

"国于天地，有与立焉。"（《左传·昭公元年》）正是有周总理这样为远大理想奋力拼搏的伟人，我们的国家才会立于世界民族之林。

习近平主席在党的十九大报告中讲道："使命呼唤担当，使命引领未来。"作为新时代的教师，我们要自觉增强立德树人、教书育人的荣誉感和责任感，为发展具有中国特色、世界水平的现代教育作出贡献。

知行合一

周总理的故事值得我们每个人深思。作为一线教师，我们应学习他全心全意为民谋幸福的精神。那么，我们该如何志存高远，立足本职岗位，为实现中国梦尽自己的最大努力呢？

1. 坚定爱国情怀，志存高远

古人提出"修身、齐家、治国、平天下"，强调要有仁爱情怀，而爱国则是人世间最深层、最持久的情感，是一个人立德之源、立功之本。2018 年 9 月，习近平主席在全国教育大会上强调，新时代青年人才的培养要遵循"六个下功夫"，其中一条就是"要在厚植爱国主义情怀上下功夫"。2019 年 1 月，习近平主席在天津考察调研时，在南开大学重温了张伯苓先生的"三问"——你是中国人吗？你爱中国吗？你愿意中国好吗？这既是历史之问，也是时代之问、未来之问。作为教师，我们也应每天三问，梳理自己的思想，坚定

① 周总理的秘书纪东将军在山东省邹城市作的报告《弘扬周总理精神风范 以初心和使命引领未来》，2019-03.

自己的信念。心中有国，才会志存高远。只有我们先做到，才会引领学生做中国特色社会主义的接班人。于敏、屠呦呦等“共和国勋章”获得者们就是我们新时代的榜样，他们无不国家利益至上，用行动践行报效祖国的信念，值得我们永远铭记，也为我们前行指引了方向。

2. 学思结合，志存高远

要真正做到志存高远，还需要有渊博的知识，善于思考，学思结合。俗话说：“活到老，学到老”，每位教师要有“终身学习”的理念，现在，我们虽然不必“凿壁偷光”学习，也不用“饿其体肤”来激励自己，但是古圣先贤们的好学精神是我们一定要学习的。我们要毫不懈怠，广泛学，深入学，拓宽视野，不断提高业务能力，争取成为业务精湛、学生喜欢的高素养教师。“学而不思则罔”，除了学习，我们还应该“每日三省吾身”，不断反思自己的教育教学行为。只有这样才能不断积累经验，充实自我，提升自我。也只有这样，才能紧紧跟随时代步伐，不断进步，把自己的“小梦想”融入“民族复兴梦”。

3. 躬身实践，志存高远

“纸上得来终觉浅，绝知此事要躬行”，自古以来，实践是检验学习成果的真理，没有不断的实践，就谈不上成功。毛泽东主席、周恩来总理这些伟人都是饱读诗书、知识渊博之人，他们深知，理论和实践的紧密结合才是取得成功的最佳途径。对于新时代的教师，应注意从工作中的点滴小事做起，如：课上表扬学生是否起到了良好的效果？课间和学生聊天的话题对学生的影响是否大？等等。如此不断实践，才能更好地将学习理论应用于教育教学中，正所谓“不登高山，不知天之高也；不临深溪，不知地之厚也”。既然选择了远方，就要风雨兼程。只有不断实践，不停奋斗，才能成就自我，成就学生，才能实现强国之梦。

资料链接

(1) 请看 CCTV 节目官网电视文献纪录片《榜样——周恩来的故事》“第一集　理想高于天”，里面介绍了周总理立下“为中华之崛起而读书”的远大志向而努力奋斗的经历。

(2) 请阅读 2019 年 1 月 17 日习近平在天津考察调研时在南开大学的讲话内容。当时，他和部分师生代表座谈时指出，学习的具体目标要同民族复兴的宏大目标结合起来，并为之而奋斗，把小我融入大我，为实现中华民族伟大复兴梦作贡献。

第三天　矢志不渝，守住初心

说到教师这一职业，人们自然会想到：教育者怀揣着沉甸甸的使命不断前行；自然也会想到“春蚕到死丝方尽，蜡炬成灰泪始干”“燃烧自己，照亮别人”……这正说明教师只要踏上三尺讲台，就意味着要用一生来诠释“教书育人”的内涵。

案例学习

下面让我们走进微山湖腹地高楼乡渭河村，走近渭河小学的教师们：

渭河村是被湖水环绕的湖中村，距微山县城三十多公里。1964 年，渭河小学在一个草墩上落成，经历了水泥校船、木质校船、连家船改造的校船。人数最多时，学校有一条原来的水泥船和 5 条改造的连家船。有时，“学校”会随着村队迁移，在湖中慢慢移动。经济条件好转以后，校船就变成了村集资购买的旧运输船。再后来，学校的功能室由船上搬到了水中的小片陆地上。

渭河小学校长金厚芹老师，在这个学校工作了 30 多年。学校的发展他都参与其中，深深地体味过酸甜苦辣的湖上执教经历。如今，他依然每天早上 7:30 来到学校，检查一遍不大的校园，打扫操场，修剪冬青，清除杂草、蜘蛛网。然后开始一天的工作，几十年如一日。

李兆沛是位老教师，同样有多年的教龄，他每周一早上要骑 40 分钟的摩托车，再坐 30 分钟的小机动船来到学校，直到周末才回家。他担任班主任，教数学、音乐、体育、美术，负责学校食堂……上课时，学生相伴；放学后，孤寂是“老友”。

年轻教师满胜男和王璐是学校的“新鲜血液”，分别毕业于聊城大学和山东师范大学，每次上班，满胜男都需要 50 分钟左右的车程，中间还要转乘公交车，然后再坐两个多小时的班船，她们在学校一待就是一周，白天工作，晚上听着蛙鸣和鸟叫入睡，年轻的她们就这样踏踏实实地工作着。

这就是湖上小学、湖区教师。他们灿烂着湖区教育的星空，默默生辉；他们繁荣着乡村校园的花圃，静静绽放……①

价值分享

虽然湖区老师们的工作、生活条件不尽人意，但他们守住了自己的教育初心，彰显了普通老师的不平凡。他们没有豪言壮语，有的只是默默无闻、日复一日的辛勤工作。

时代楷模陈立群校长，享受国务院特殊津贴，却到贵州黔东南台江县义务支教，他的支教理念是：人生而平等。在学生走向成功的过程中，老师有给予帮助的责任和义务。不为功利，不求功德，只为心愿。陈校长正是用行动践行着自己不忘初心、教书育人的人生追求。

其实和陈校长、湖区的老师们一样，还有许许多多工作在偏远地区、贫困山区、边境地区的老师们也都在默默奉献着，不求回报，愿做绿叶，只为托起祖国的希望，在中华人民共和国教育事业的画卷上，默默添加着自己不可或缺的一笔。

---

① 晚上听着蛙鸣、鸟叫入睡，微山湖上 5 名教师、60 个娃儿［N］. 齐鲁晚报，2019－09－11.

知行合一

我们被陈校长、湖区老师们感动着、激励着，在敬意油然而生的同时，我们也在思考：如何像他们一样矢志不渝，守住教育初心，在普通的岗位上用生命书写属于教师的传奇呢？

1. 我将无我，不负学生

“您当选中国国家主席的时候，是一种什么样的心情？”这是 2019 年 3 月 22 日，中国国家主席习近平在罗马会见意大利众议长菲科时，菲科突然提的问题，习近平主席沉静而有力地回答：“我将无我，不负人民。我愿意做到一个‘无我’的状态，为中国的发展奉献自己。”

无我是为一个目标、一种信念，矢志不渝、心无旁骛地向前奋斗的至高境界。习近平主席表达的“我将无我，不负人民”的坚定信念，充分体现了大国领袖的思想境界、超凡脱俗的伟人担当。人民的利益至高无上，有心中始终装着人民的领袖，是国民之福①。

作为教师，也需达到“无我”的境界。我们不用什么豪情壮语来束缚自己，当面对学生那一张张天真无邪的笑脸时，内心生出的责任与担当是真实的；站在三尺讲台上，拿起粉笔，为学生“授之与渔”，内心会情不自禁地为自己感到骄傲是真实的。不会看到学生“有惑”而不管；不会看到学生“懈怠”而不去引导；更不会看到学生“自私”而不去教育……久而久之，便会发现，自己已离不开学生，离不开这充满挑战的职业，会把学生的一切融入生命里，做到初心不改，虽远不怠。

2. 躬耕不辍，孜孜前行

“咬定青山不放松，立根原在破岩中”“问渠哪得清如许，为有源头活水来”。教师要有取之不尽的“源头活水”，就要努力提升自己，如勤劳的蜜蜂、似不知疲倦的老牛默默付出，躬耕不辍。反之，就有可能耽误学生的一生。

我们身边的许多老教师，他们虽然有的眼睛花了，备课、改作业要戴老花镜，电脑用得也不熟练，教室里的多媒体使用对他们来说更富有挑战性，但他们并没因为临近退休而放松自己，放松工作，他们仍乐学乐教，孜孜不倦，这不正是矢志不渝、守住教育初心的最好见证吗？

3. 严以修身，正己达人

在中华民族传统文化中，曾国藩是修身、齐家、治国的中华千古第一人，他借写日记对每天的言行进行反观，一直坚持修身，达到了立德、立功、立言。《大学》讲“修身、齐家、治国、平天下”，修身也居首位，可见修身是立业的起点。在世人眼中，教师既是道德高尚的人，也是社会公众的榜样。严以修身，是我们每个教师应该具有的思想道德修养，是每个教师立足三尺讲台的根本，同样也是社会赋予教师的无形的“标签”，那就让学习成为自己生活中的常态，以内在的不断充实与更新，迎接到来的每一刻。一旦学习成

---

① 习近平：我将无我，不负人民 [N]. 人民日报，2019－03－24.

了常态，你就会不断地在教育之路上发现自己的所长所短，不断地铸就着生命的厚度，潜移默化地引领、影响着学生，在教育大道上共享教之乐、学之乐。

资料链接

（1）观看 2019 年中央电视台寻找最美教师颁奖典礼。节目中呈现的是最美教师们不忘初心，为教育默默付出的故事，值得老师们看一看。

（2）2018 年 9 月 10 日，全国教育大会在北京召开，会上，习近平主席强调，人民教师无上光荣，每个教师都要珍惜这份光荣，爱惜这份职业，严格要求自己，不断完善自己。请阅读习近平重要讲话的内容，或观看大会的视频。

第四天 励志弘毅，桃李飘香

2014 年 9 月 9 日，习近平主席同北京师范大学师生代表座谈时指出，教师重要，就在于教师的工作是塑造灵魂、塑造生命、塑造人的工作。十年树木，百年树人，教师所从事的是漫长而又伟大的育人工作，士不可不弘毅，任重而道远。作为教师，我们该如何挑起这个沉甸甸的担子呢？

案例学习

在湘桂交界的大山深处，提及蒋浩老师，乡亲们无一不竖大拇指。

蒋浩老师是新中国成立后清溪村里走出来的第一个师范大学生。当年他坚决回到家乡，跋山涉水肩负起教育的重任。20 世纪 50 年代，清溪村里多数村民都是文盲。清溪小学没教室，蒋老师在破庙里一人教 69 名学生。那时大瑶山里很少有女孩子读书，蒋浩老师为改变村寨人的观念，就挨家挨户做工作。他经常用微薄的工资资助贫困学生。执教 35 年间，蒋浩老师辗转在多个村寨教学。哪里需要就去哪里，以苦为乐，艰苦的条件在他眼里都不是问题。

作为蒋浩老师的儿子，清溪小学校长蒋丛青最喜欢的一句歌词是“长大后我就成了你，才知道那个讲台举起的是别人，奉献的是自己”。从小和父亲聚少离多的蒋丛青，在 1985 年放弃了当乡聘干部的机会，选择了离家十里远的清溪村当了一名代课教师。他清楚地记得，当时父亲将一枚自己珍爱的园丁荣誉纪念章送给了他。“留在大山里，让更多的孩子用知识改变命运”，这是父亲对他的期望。那时，蒋丛青每月的工资只有 45 元，干了 9 年后才转为公办教师。除了生活清贫，蒋丛青每天要对缺少呵护的留守儿童进行家访，有时放学后还要四处寻找那些不回家的孩子。就这样，蒋丛青一直默默奋斗在大山深处。

蒋浩老师的孙女，蒋丽丽从湖南第一师范学院毕业后，也回到清溪村小学当了一名英语教师。和爷爷、爸爸一样，扎根大山，无怨无悔，陪着大山的孩子们成长。

70 年来，在蒋家三代工作过的这所乡村小学，走出了 230 个大学生。蒋家三代让更多的学子改变了自己和家庭的命运。这也许就是蒋丽丽的爷爷曾经翻山越岭、瞭望故乡的梦想吧①。

价值分享

“弘毅”出自《论语》。曾子说：“士不可以不弘毅，任重而道远。”“弘毅”指的是宽广、坚忍的品质、态度。70 年来，蒋浩老师一家三代坚守大山，一心扑在乡村教育上，为了一个共同的梦想，教书育人，传承使命，无悔奉献，永不言弃，最终桃李飘香。

“教以言相感，化以神相感”。教师是立教之本、兴教之源。作为教师，应当明确目标，注意自己的一言一行，给学生正确引领。教师付出的不仅仅是单纯的知识，还有自己的青春或者是一生，要经历风雨、挫折。所有这些，教师都要默默承受，砥砺前行。

知行合一

说实话，我们很多老师的工作环境没有蒋浩老师他们那么艰苦。在平时的教育教学工作中，作为一线老师，我们又该如何做到励志弘毅、教书育人呢？

1. 淡泊名利

诸葛亮在《诫子书》中说：“非淡泊无以明志，非宁静无以致远。”老子也曾说：“恬淡为上，胜而不美。”“淡泊名利”是每位教师实现教育梦想的基本要求，是一种较高的思想境界。淡泊名利不是没有追求，不是不要求进步，而是更能专注工作。努力了，争取了，结果如何并不重要。有的老师为了晋升职称，会不择手段，争得荣誉，结果伤了和气，丢了尊严；有些人为了利，不惜代价，哄骗家长，最终丢了师德，这些都不值得。苏霍姆林斯基为了回到他所爱的学校岗位，毅然放弃了在教育部工作的机会；魏书生为了回到他喜欢的教育工作中，毅然放弃了当厂长的机会；陶行知为了挚爱的教育事业而不甘于在政治上和别人同流合污，毅然几次放弃了当校长的机会。作为一名教师，就要像他们这样真正做到淡泊名利，升华心灵，爱岗敬业，不被荣誉和实绩所束缚，踏踏实实地教书，认认真真地育人。

2. 甘于清贫

被授予“人民教育家”国家荣誉称号的于漪老师说：“在这个物质需求不断放大的社会里，作为一名教师，精神上的坚持是非常重要的。这并不是说教师的物质待遇不需要保障。但是，不能过于追求金钱。如果人和钱之间画上等号，失去的就是精神，就是灵魂。

① 《七十年 我们的家》系列报道．央视新闻，2019-09-07.

而教师工作的意义和价值就是学生对学科感兴趣了，对学习有追求了。我一直认为学生的成长就是对我最大的奖赏。”① 没有谁不喜欢过富足的生活，没有谁愿意贫穷。但是，既然选择了当老师，便选择了精神与价值；选择了当老师，便选择了育人为本，不奢望富裕。孟子说：“养心莫善于寡欲”，做教师，修养内心，减少私欲，对工作就会诚心所待，踏踏实实立足三尺讲台。

孔子周游列国，度过了十几年的流亡生涯。他的政治主张不为各国执政者所采纳，栖栖惶惶，找不到一个容身之所，在陈蔡竟到了绝粮的地步。但他不辞劳苦，坚持讲学，在危难中仍与弟子“习礼大树下”“讲诵弦歌不衰”。广西都安瑶族自治县龙湾乡琴棋小学蓝巧春，放弃城市工作，克服恶劣的自然环境，艰苦的生活、工作条件，甘愿在巍巍大山之中诠释那份教书育人的初心，为孩子们打开了通往山外的广阔世界。有的老师把有限的工资用来资助贫困学生，还有的老师把自己的收入用来购买教学用具，很多事迹感人至深、催人泪下。说不清有多少这样的老师，为了实现自己的教育梦，乐于清贫，不屈不挠。

3. 无私奉献

我国著名教育家、思想家陶行知曾这样比喻过老师这一神圣的职业：“捧着一颗心来，不带半根草去。”说的就是老师无私奉献、令人钦佩的精神。杨瑞清，南京浦口行知小学校长，当代教育家。1981 年毕业之际，他为实践陶行知的教育思想，主动放弃城市里的工作机会，到南京市江浦县五里村小学任教，一干就是 30 多年。他始终以陶行知先生“为一大事来，做一小事去”的精神激励自己。三十年如一日地坚守初心，实践着自己的教育理想。在艰苦的条件下，认真搞教育改革，不断探索求新，先后创办了行知实验班、行知小学、行知基地，开展了“不留级实验”“村级大教育”“赏识教育”研究。把一所只有 7 名教师、150 多位学生、几间透风漏雨的教室和一些破旧课桌板凳的村小，办成了一所“省级模范学校”，用勤劳与激情让这所农村小学驶上高标准发展的快车道。杨瑞清老师也被人们誉为新时代“陶行知式的乡村教育家”。

我们身边也有这样的老师，虽没成为名师、教育家，但也是一直秉承着“无私奉献，执着追求”的精神信念，积极地投身于教育事业。课堂上精心讲解、寓教于乐；课堂外耐心辅导、循循善诱。他们关爱每一位学生，尤其是对“问题学生”，做到“不抛弃，不放弃”。当他们因“桃李满天下，芳香溢人间”而脸上露出自信与满足的笑容时，我们便明白，只有无私的奉献、不懈的追求，才能拥有无限的快乐！教育因奉献而出色，生命因追求而精彩。

资料链接

（1）请观看 2019 年 9 月 10 日的 CCTV13《朝闻天下》栏目，关注“守护三尺讲台，见证乡村巨变”的报道，真切感受蒋浩老师一家三代克服种种困难坚守大山，实现梦想的工作与生活的情景。

① 致敬“改革先锋”于漪老师！重温她的故事和她曾经说过的话［N］. 中国教育报，2018－12－20.

（2）孔子知识渊博，有弟子三千，有七十二贤人，他曾带部分弟子周游列国十四年，克服了艰苦的条件，开创了私人讲学之风。请阅读《孔子传》（北京国际文化出版公司，2000 年出版）中关于孔子带领弟子周游列国的内容。

第五天　以文化人，培育英才

受多元文化和多元价值观的影响，学生们的思想也变得复杂，这就需要我们教师以文化人，给予及时、正确的思想引领。2017 年 10 月 18 日，习近平总书记在中国共产党第十九次全国代表大会上的报告指出：文化是一个国家、一个民族的灵魂。文化兴国运兴，文化强民族强。没有高度的文化自信，没有文化的繁荣兴盛，就没有中华民族伟大复兴。

的确，没有先进文化的积极引领，没有人民精神世界的极大丰富，没有全民族创造精神的充分发挥，一个国家、一个民族不可能屹立于世界民族之林。教师是文化繁荣和传承的推动者，作为新时代的教师，我们该怎样如何进行以文化人，为国家培育英才呢？

案例学习

下面，我们走进蔡元培先生的故事：

蔡元培先生出任北大校长后，提出了著名观点——大学教育的目的是育人而非制器："教育是帮助被教育的人，给他能发展自己的能力，完成他的人格，于人类文化上能尽一分子责任；不是把被教育的人，造成一种特别器具。"这样的风气，不仅感染了北大学子，也带动了整个北京的学府。

蔡元培先生出生在封建社会，却是现代教育的奠基人。他是新文化运动的倡导者和领袖之一，提出了中西合璧的教育理念，塑造了真正意义上的北大。梁漱溟评价蔡元培："蔡先生一生的成就不在学术，不在事功，而只在开出一种风气，酿成一大潮流，影响到全国，收果于后世。"1940 年 3 月 5 日，蔡元培先生长眠于香港。毛主席发来唁电："学界泰斗，人世楷模"，我们应记住，蔡元培曾以一人之力，领导一所大学，让一个时代，乃至一个民族的教育，发生了巨变①。

价值分享

文化是人们赖以生存的精神家园，先进的文化能推动社会的发展。我们中华民族有五千多年的优秀传统文化，汲取优秀传统文化的滋养，确立起文化自信，让自己的育人大志

① 先生编写组．先生［M］．北京：中信出版社，2012：1－5．

扎根中国沃土，才会有无穷的动力、无限的生机，自己的一言一行，教育教学行为，才会发挥以文化人、润物无声的作用。蔡元培先生之所以能够在以文化人方面起到了不可估量的作用，成为新文化运动的倡导者和领袖，在于他开放的眼界和胸襟，更在于他真正继承和践行“君子不器”，为国家培育了大量的人才。

知行合一

作为新时代的教师，我们该怎样从自身做起，坚定文化自信，以文化人，为国家培育英才贡献力量呢?

1. 热爱传统文化，寻找精神支撑

《论语》《孟子》《老子》等传统经典凝结着古圣先贤们的智慧，蕴含着中华民族深厚的文化积淀，“仁义礼智信”“温良恭俭让”“四海之内皆兄弟”等做人做事的思想滋养着一代又一代的中华儿女，是“天子以至于庶人”真正安身立命的精神支柱，是人之所以为人的依据。作为文化传承者的教师，我们应该礼敬优秀传统文化，广泛阅读这些经典，汲取向善向上的能量，安顿身心，涵养性情，寻找到实现中国梦的精神力量。虽然我们可能达不到蔡元培先生那样的高度，但我们可以“心向往之”，从自身做起，传承经典，做一个有文化底蕴的老师，在心灵深处不断提升自己的心灵品质，做好每一件事，修好自己每时每刻的心。这样才能做到以文化人，进而立德树人。

2. 坚定文化自信，做“站”起来的中国人

中国有坚定的道路自信、理论自信、制度自信，其本质是建立在五千多年文明传承基础上的文化自信。中华优秀传统文化是我们民族赖以生存、发展的“根”与“魂”，古圣先贤追求这样的境界：“为天地立心，为生民立命，为往圣继绝学，为万世开太平。”今天，新时代赋予传统文化新的时代内涵，我们一线教师对中国优秀传统文化认同、学习，主动取其精华，深入挖掘中华优秀传统文化蕴含的思想观念、道德规范、人文精神，做到正心诚意，格物致知，涵养君子之风，活得自信，有尊严，有气度，成为有“骨气”、有“底气”的新时代教师，做“站”起来的中国人，继而薪火相传，熏陶、影响学生，让他们成人成材。

3. 增强社会责任感，提升社会素养

教师应当具备的对于社会、国家、民族、人类未来等方面的观点、态度和价值观，这些统称为“教师的社会素养”。人们赋予教师“人类灵魂的工程师”的美称，教师的社会地位愈来愈高，愈来愈不容忽视，我们教师自带“光环”，应该清醒地认识到身上的责任，明白我们所要培养的是中国特色社会主义事业的劳动者和接班人。早在 20 世纪初“五四”青年爱国运动开始时，鲁迅先生就提出了“立国必先立人”和“重塑国民性”的教育思想。21 世纪的今天，当举国都在为实现中华民族的“复兴梦”而努力奋斗的时候，提升公民素养成为实现美丽“复兴梦”的巨大人文工程。我们一线教师要努力提升自己的社会素养，自觉将社会主义核心价值观融入我们的工作、学习、生活中，践行示范引领，担起育人的职责。

资料链接

《先生》（中信出版社，2012 年出版）这本书以最负盛名的近现代教育家为主角，揭示中国教育的宏观走向和个性榜样，梳理中国教育百年间的重大事件、观念嬗变，旨在溯源问脉，固本图新。请阅读关于蔡元培先生的内容。

第六天　一周回顾：立志为先

古往今来，立志成才是亘古不变的话题。本周我们围绕“立志”展开了一系列的交流、分享，阳明先生说：“夫学，莫先于立志。”做学问最重要的是先立志。正所谓“志不立，天下无可成之事。”立志是做事的根基。立志首先就要从“心”开始，心里要有一个清晰的自我定位，明白自己为什么而奋斗，想成为怎样的人，这样才能风雨兼程，熬得住寂寞，耐得住清贫。

人各有志，追求升官发财是立志，当科学家、教师、医生是立志，当搬运工、清洁工也是立志。人的志向有长远的，有短期的；有利于人类社会发展的，也有无益于社会进步的。但是，只要是能时刻把祖国和人民放在心中的志向就是远大的。习近平主席在一次与师生的座谈交流中回忆起学生时代，饱含深情地说：“教过我的老师很多，至今我都能记得他们的样子，他们教给我知识、教给我做人的道理，让我受益无穷。”我们就要立志做一名好老师，用扎实学识、仁爱之心激发学生的求知欲望，引导他们系好“人生的第一粒扣子”。

“三军可夺帅也，匹夫不可夺志”，既然立下了远大的志向，就要付诸行动，矢志不渝，励志弘毅。圣贤伟人们无不遵循此道。马克思的一生就是这样的。1835 年，17 岁的马克思在他的高中毕业作文《青年在选择职业时的考虑》中这样写道：“如果我们选择了最能为人类而工作的职业，那么，重担就不能把我们压倒，因为这是为大家作出的牺牲；那时我们所享受的就不是可怜的、有限的、自私的乐趣，我们的幸福将属于千百万人，我们的事业将悄然无声地存在下去，但是它会永远发挥作用，而面对我们的骨灰，高尚的人们将洒下热泪。”马克思一生饱尝颠沛流离的艰辛、贫病交加的煎熬，但一直坚守初心，为人类解放的崇高理想而不懈奋斗，成就了伟大人生。

而今，实现中华民族伟大复兴的中国梦是我们所有人共同的梦想、共同努力的方向。教师不但要真学、真懂、真信社会主义核心价值观，还要结合学生的身心特点，将其创造性地融入日常教育教学工作中，带头践行社会主义核心价值观，做践行社会主义核心价值观的榜样，用一言一行去感染学生，让学生在日常生活中受到熏陶，使学生真正将其内化于心，外化于行。教师还要在学生人生观、世界观上好好下功夫。蔡元培先生特别重视公民世界观、人生观教育。由他担任总教习的南洋公学特班走出的李叔同、黄炎培、邵力子等近代知名学者，在追求民主的时代浪潮中，都成为“桢干之才”，为民族进步、文化发展贡献出各自的力量。正如习近平主席在北京师范大学的讲话中所说：“老师对学生的影响，离不开老师的学识和能力，更离不开老师为人处世、于国于民、于公于私所持的价值观。”① 我们只有谨记习近平主席的谆谆教导，才能真正做到以文化人，为国家培养有用的人才。

思维导图

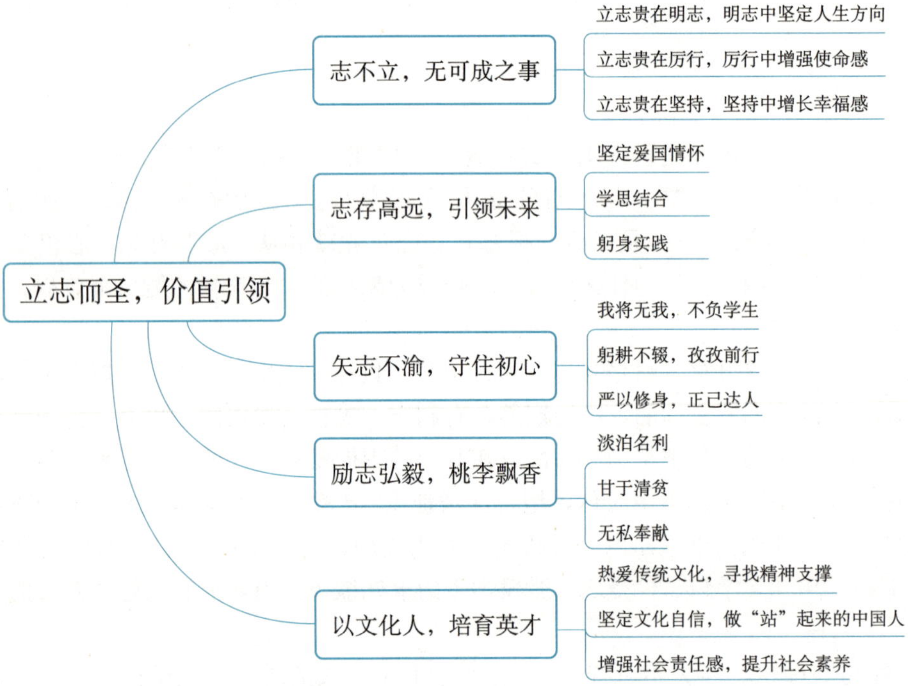

第七天 实践反思：在心里种下大树的种子

“志之不立，犹不种其根而徒事培壅灌溉，劳苦无成矣。”（王阳明《示弟立志说》）意思是志向立不起来，就好像植树，不深埋其根，只是培土灌溉，辛辛苦苦一场也不会有什么收获。

① 习近平同北京师范大学师生代表座谈时的讲话．新华网，2014－09－10.

“国将兴，必贵师而重傅”。当今伟大的新时代所蕴含的机遇既是国家的，也是学校的，还是每一位人民教师的。作为教师的我们要在这个新时代不忘初心，挑起教书育人的重任，让“志向”这棵大树生根发芽、枝繁叶茂。

选择了做教师，就要坚定理想信念。我们一定要在坚定理想信念上下功夫。如果国家是大海，人生是小舟，那么理想信念就是引航的灯塔。要想培养出有理想信念的学生，我们教师就应先坚定理想信念：为中华民族的伟大复兴而教。这也是一种崇高的信仰。于漪老师常说，自己一个肩膀挑着学生的现在，一个肩膀挑着祖国的未来。她始终意识到自己重任在肩，要终生努力，做“合格”的教师。无论青年教师，还是刚入职的教师，抑或有经验的教师，当手捧书本站在讲台上时，当学生亲昵地和你打招呼时，当学生围在你身旁小鸟一般和你聊天时，面对学生的一张张笑脸，一双双真诚的眼睛，理想信念会在你心中“扎根”，继而旺盛生长。教师只有坚定理想信念，才能承担起教书育人的历史使命。

选择了做教师，就选择了奋斗不息。空谈理想信念，而不付诸实践，一切都是水中望月，雾里看花。作为新时代的教师，我们要把民族复兴的重任扛肩上，在心里种下大树的种子。我将无我，不负学生，不负人民重托，从立德树人、严谨治学、爱生如子等方面努力践行教书育人，为此而不断努力奋斗，担当起新时代的“筑梦人”，成为共筑中国梦、实现中国梦的磅礴力量。在教育教学工作中，要把教书育人和自我修养结合起来，引导和帮助学生把握好人生方向，引领学生筑梦、追梦、圆梦；面对当今科技的快速发展，信息时代带来的知识爆炸，教师的职业能力素养和渊博知识储备就显得尤其重要，既授人以鱼，又授人以渔，既给学生传授知识，又为学生启迪思想，培养其正确的人生观、价值观、世界观，这就是新时代教师的职责所在。

选择了做教师，就要增强自身的综合素质。俗话说，打铁还需自身硬。面对思维活跃、视野开阔的学生，我们教师应做到“博学之，审问之，慎思之，明辨之，笃行之”(《中庸》)。在平时的工作中，做有心人，在综合能力、创新思维、知识素养等方面下苦功夫，练就一身硬“本领”。2013 年 9 月 9 日，习近平主席向全国广大教师致慰问信中指出：“百年大计，教育为本。教师是立教之本、兴教之源，承担着让每个孩子健康成长、办好人民满意教育的重任。”只有自己全面发展了，才能培养出更多有活力、有创造力的健康成长的接班人。这样，不仅能成就我们的人生，更能成就学生的精彩。

著名教育家陶行知先生说：“捧着一颗心来，不带半根草去。”2014 年 9 月 9 日，习近平同北京师范大学师生代表座谈时讲到，今天的学生就是未来实现中华民族伟大复兴梦的生力军、主力军，而广大教师就是打造这支民族复兴“梦之队”的“筑梦人”。作为教师，我们应该在心中种下“筑梦”这棵大树的种子，并付诸教育实践中。当学生真心体会到老师的爱，就会感受到教师的“大”，就会“亲其师”，从而“信其道”，也正是在这个过程中，教育才会实现弘文化人。

第七周 大道至善，以德立身

师者，人之模范也。

——汉代·扬雄《法言·学行》

执笔人：蒋帮民（山东省邹城市第一实验小学）

第一天 笃守善道，做学生的行为导师

常有家长说："孩子不听我的，就听老师的。""老师的话就是圣旨！""只要不听话，我就说这是老师说的，立马乖乖的。"……课间，总会有学生围拢过来，你一言，我一语，把他们的小秘密、困惑、悲伤、将来要干什么……悄悄地告诉我们。

你瞧，是不是有家长和孩子的信赖、尊敬在里面？这信赖、尊重来自我们的言传身教。只有用高尚的、积极的人生信仰激励学生，才能培养出品德高尚、人格健全的对祖国、对社会有用的人才。"君子莫大乎与人为善"，这个道理该让学生明白，我们更要践行。若我们不能笃守善道，怎能引导学生尚德崇善？

案例学习

今天，我们来讲讲爱因斯坦的故事：

20 世纪 60 年代，普林斯顿大学的一位学生因接到采访爱因斯坦的任务而激动不已。

他查阅了所有爱因斯坦的访谈资料，竟发现向爱因斯坦提出的那些问题没有一个是真正懂科学的人提出来的，他暗暗发誓：一定要问爱因斯坦一个真正的科学问题，挖出爱因斯坦的真正智慧。

他跑到图书馆查阅资料，凌晨两三点时，一个奇妙的问题打动了他。他把这个问题工工整整地抄下来，对折再对折后小心翼翼地放在自己的衣兜里。

第二天下午两点半，他敲开了爱因斯坦的楼门，跟着爱因斯坦进入了客厅。

爱因斯坦刚坐下，他便问："作为当代最伟大的科学家，您觉得什么是这个时代最重要的科学问题？我不要您有答案，我只想知道这个年代最重要的科学问题是什么。"

爱因斯坦说："嗯，这是个好问题。"这个年轻人认为自己所提的问题难倒了爱因斯坦，便高兴地等着。

爱因斯坦闭着眼睛，时间似乎过得很慢。大约 15 分钟后，爱因斯坦看着年轻人，眼睛里闪烁着光芒。他说："年轻人，如果真有什么这个时代最重要的科学问题，我想就是这个世界是善良的，还是邪恶的。"

"先生，这是一个宗教问题呀！"

爱因斯坦说："不是。因为如果一个科学家相信这个世界是邪恶的，他终生都会去发明武器、创建壁垒，创制伤害人的东西，创造能把人隔得越来越远的墙壁。可假若一个科学家相信这个世界是善良的，他终生都会去发明联系，创设链接，创建能让人联系得更紧密的东西。"

这个答案影响了很多人，后来这个年轻人用网络把人们联系在了一起，他成了互联网的创始人之一。

价值分享

什么是这个时代最重要的科学问题？善恶观。它决定着一个人行为的方向，决定着一个人学习、工作和生活的色彩。

善是什么？我想，利于他人、社会的品行就是善。那善的最高境界是什么样的呢？老子说：“上善若水。水善利万物而不争，处众人之所恶，故几于道。”在老子看来：水利于万物，不争功利，不索取任何好处，只讲奉献，这是善的最高境界。

尚善是最伟大的力量，善良的人才会乐于为人类谋幸福。我国古代就突出了“善良教育”，启蒙教材《三字经》开篇就是“人之初，性本善”。学校是教育人的地方，我们身为老师，首先要坚信善良的力量，笃守善道，这样才能在学生的心田撒播善良的种子，培植“善”的思想，引导他们明善恶、知美丑，树立正确的善恶观。这是我们的责任。善不可失，恶不可长。否则，不仅一生难以得到真正的幸福——有意义的快乐，还会给自己、社会带来麻烦。

知行合一

如果我们相信未来是善良的，终将能迎来百花吐艳的春天。但如果我们相信未来是灰暗的、邪恶的，是不是不堪设想？道德当身，我们应以水为师，要有帮助学生“长善”的修为。

1. 知善向善

我们要有高尚的精神追求，踏踏实实地教书育人，因为学生的品行与我们密不可分。19 世纪，加拿大蒙特利尔麦吉尔大学的学生威廉·奥斯勒总感觉身边的小事没有意义，生活枯燥乏味，致使成绩每况愈下。老师发现了他的问题，便推荐他阅读哲学家卡莱里写的一本启蒙读物。书中有这样一句话出现在他眼前：首先要做的事不是去看远方模糊的目标，而是做手边最具体的事情。这让他明白了理想需要一点一点地实现。他开始埋头读书，不再好高骛远，毕业后耐心地对待每位患者，因心地仁慈，医术高明，被授予爵士爵位。可见，巧妙的引导能陶冶学生道德情操，我们“尚德怀善、砥节砺行”的修为就体现在这平日的教育教学中。

2. 积善成德

在学生眼里，老师是规过劝善的使者，不厚此，也不薄彼，要有公平地对待每一个学生的修为。法国电影《再见，我的小学老师》中的布埃尔老师看到两位同学争吵不休时，不是强硬地把他们拉开，各打五十大板，而是耐心地跟他们讲，人都不满足自己的现状，矮的想变高，金发的想要黑发，但最重要的是我们不但要接受自己的现状，还要能友善地看待别人的现状，若因此发生争吵应主动向对方道歉。如果小时候不能正确地对待争论，长大后就可能走上打架斗殴的路。这是对“善人者，人亦善之”的诠释，也是老师“长善”的修炼。

要培养出善良的学生，我们自己要有德有行，以此方能帮助学生成为懂得尊重、满怀善意、有担当的人。2019年9月18日，田龙根据自己的经历编导的微电影《师生情》在武汉市常青树实验学校放映。影片中的童老师得知学生周斌因家境贫困退学后，决定资助他完成学业。他告诉周斌，学校已了解了他家的情况，不仅免除所有的学费，每学期还给予生活补贴，不过要保密。重返校园的周斌更加勤奋刻苦，考上了清华大学。十年后才知道是童老师一直在默默地帮助自己。这时得了重病的童老师难以支付手术费，周斌悄悄地承担了全部医疗费；为帮助有困难的孩子完成学业，他在母校开设了助学基金。只有善良的老师，才会教育出懂得感恩的学生，因此我们不仅要满怀善意，还要有施之以行的修炼。

3. 读书明德

经典是促进我们修德和修业的良方，可点亮我们的心灯。读《论语》，你会发现孔子把“崇德向善、学以致道、安贫乐道”等作为教师的标准，把师德提到“仁”的高度；读《孟子》，则知教育就是扩充学生固有的“善”，视“得天下英才而教育之”为“君子三乐”之一；“致良知”则是王阳明追求的教育理想……这些含着墨香的文字记载着古圣先贤的育人思想、育人情怀、育人智慧，都是经典。我们应成为职业的读书人，因为我们的知识、求知的渴望和阅读爱好是我们教育力量的源泉。

资料链接

（1）法国电影《再见，我的小学老师》中的学生来自村镇的各个地方，这是主人公布埃尔老师最后一年教书，但他关心每一位学生：课上读法国大诗人兰波的诗集；课下和学生一起踢球；带他们徒步去巴黎，教他们坐地铁……这部电影会让我们明白“善良的心就是黄金，就是太阳”，会告诉我们如何在日常教学中培植我们自己的“善”。

（2）《大学》是我国古代关于教育的著作，有“道德启蒙教材”之称。它历经两千多年，至今仍是提升道德修养的必读之书。让我们读一读《大学》吧！

第二天　德行兼修，做学生成长的楷模

“学为人师，师垂典则；行为世范，范示群伦”，这句话在告诉我们什么呢？老师是学生的镜子，学生是老师的影子。

在教育教学过程中，我们不仅在用学识教书，更要明白，我们时时刻刻在用我们的行

为、品性影响学生。所以，我们要做一个德行兼修的老师，通过修炼让自己成为“生命的觉者”，成为君子，成为学生成长的楷模。

案例学习

今天我们读一个王阳明讲学的故事：

有位地方官员非常喜欢听王阳明讲学，每次都听得如痴如醉。一个月后，他非常遗憾地对王阳明说：“您讲得真好！可惜我不能天天来听，作为地方官员，每天都会有好多政事缠身，哪里有时间修行呢？”

“我没有让你放下工作修行啊！”王阳明说。

这位地方官员一听，非常吃惊，问道：“难道工作中也可以修行吗？”“工作即修行！”王阳明斩钉截铁地回道。“我愚昧得很，”该官员既迷惑又惊奇，“难道您让我一边工作，一边温习您的学说？”

王阳明说：“心学不是悬空的，只有把它和实践相结合，才是它最好的归宿。因此，我常说要事上磨练。你要断案，就从断案中学习心学。比如，在你判案时，心要无善无恶，不可因对方无礼就恼火；不可因对方说话委婉就高兴；不可因讨厌对方的请托就存心惩罚他；不能因同情对方的哀求而屈意宽容他……这就是良知，良知就是自己知道而别人不知道。你必须认真省察克治，心中万不可有丝毫偏离而枉人是非。如果抛开事物去修行，反而处处落空，得不到真谛。”这位官员听后豁然开朗，满心欢喜[①]。

价值分享

《大学》中讲：“自天子以至于庶人，壹是皆以修身为本。”意思是说：不管你是做什么的，你扮演什么角色，人人都应把修养品性作为根本。只有这样才会有正确的行为、良好的习惯，与人为善，自带光芒。

于漪曾说：“什么是教师？教师就是给学生点亮人生明灯的，当然首先要自己心中有太阳。教师心中没有太阳，怎么把阳光洒到学生的心中？”

学生如娇嫩的花儿，他们的成长离不开太阳。德行兼修会让我们心里充满阳光。在向学生解“疑难之惑”、授“为学之方”、传“做人之道”时，把德性、知性的光洒进他们的心田。于是，我们就能从一朵花里，看到生命的庄严，看到美，看到善良。在不断的内察、自律、学习中，提升我们的育人素养，引领着学生前行的方向。

知行合一

如何在工作中修行呢？专心致志地投入到眼前的工作，心无旁骛，在工作中修炼我们内察、反省和自律的能力，修炼我们的定力。

---

① 耿定向．王阳明全集之卷七新建伯文成王先生守仁［M］．北京：线装书局，2015：308－309.

1. 莫以教谋利

“师者，君子也，苟以利教，苟以谋利，则失道。”2019 年 8 月 19 日，辽宁省某实验中学三名教师因有偿补课，学校给予行政记过、降低岗位等级、取消两年评优晋级资格并全校通报批评的处分。类似的新闻报道并不少见，有些教师甚至向家长索要财物。如此追名逐利，不仅违反了《中小学教师职业道德规范》，破坏了教师的形象，而且让家长和学生对教师失望、对教育失望，影响了学生的健康成长。古人讲的“名为招祸之本，利乃忘志之媒”“静以修身，俭以养德”，就是告诉我们要淡泊名利，要有定力，不被利惑。

2. 莫忽视细节

我们在学生面前的行为，不管是有意的，还是无意的，不管是自觉的，还是不自觉的，都具有示范作用，是不可或缺的“教育力”。有些教师言行不一，甚至认为课上接打手机、随手扔粉笔头、用教鞭敲击讲台、因个别学生违反校规校纪而责备全班同学等都是小事。其实教育贵在“耳濡目染”，重在一个“小”字。比如，要求学生不迟到，预备铃一响，我们就应已等候在教室门口；要求学生升旗时穿校服，我们就应穿正装；要求学生轻移坐凳，我们就应轻拿轻放黑板檫、作业本……身为老师，我们要谨言慎行，时时有自我修炼的意识，以提高我们的育人能力。

3. 莫乱发脾气

我们要学会控制自己的情绪，不可对学生乱发脾气。一则学生心理脆弱，容易受伤；二则我们一人发怒，全班学生都会受到伤害；三则会影响我们的个人形象，失去学生对我们的敬爱，以至学生不再亲师信道。把坏情绪关在教室或办公室门外吧，面对学生的不良表现，首先让自己冷静下来，然后了解事情的来龙去脉，用执行班规和校规校纪、严慈相济代替乱发脾气。荀子说：“怒不过夺，喜不过予。”善于控制情绪是一个人有道德修养的体现，我们在平日的教育教学中要好好修炼，不能被不良情绪左右。

4. 提升亲和力

我们和学生相处时，不可总板着面孔，要提升我们的亲和力。内心柔软，才会面带微笑，即使没有笑容，目光也是慈祥的。当我们回顾校园生活、回忆起我们的老师时，是不是一想起那些和蔼可亲的老师，瞬间心里暖暖的？即使是小学生也知“冷暖”，若把他们当作朋友，给予他们无微不至的关怀，就能获得他们的信任，他们成长的点点滴滴都能给我们带来快乐。如此，我们的心也会更加柔软。

资料链接

《近思录》的作者是宋代朱熹、吕祖谦，对我们的教育教学工作具有指导意义、借鉴价值。“近思”二字取自《论语》：“博学而笃志，切问而近思，仁在其中矣。”请重点阅读《近思录》中为学、致知、克己、教学卷。

第三天 善施教化，做学生成长的引路人

"善施教化"来自《孔子游春》，据记载：孔子带弟子到泗水河畔游赏时发出"水是真君子"的感叹，借观水谈水启发弟子如何做人。这个故事是对"随风潜入夜，润物细无声"的最好解读。

苏霍姆林斯基说："世界上没有才能的人是没有的。问题在于教育者要去发现每一位学生的禀赋、兴趣、爱好和特长，为他们的表现和发展提供充分的条件和正确引导。"你看，我们要在平日的教育教学中修炼启迪、感化学生的能力，提升"善施教化"的素养。如此，方能成为学生成长的引路人，方为为师者之大德。

案例学习

今天我们读的这个故事发生在蔡元培先生任北大校长期间。

有位学生对成功充满渴望，对未来充满憧憬，却屡屡碰壁，沮丧的他希望能够得到指点，便给蔡元培先生写了一封信。蔡元培先生回了信——约他到办公室面谈。

这位学生如约而至。蔡元培先生微笑着说："来，快坐下，我给你泡杯茶。"边说边把茶叶放进杯子里，倒上水，放到他面前。温和地说："这可是极品绿茶，朋友特地从南京给我带来的，你也尝尝。"

他忙激动地端起茶杯，水面上漂浮着几片茶叶，水惨白，没有丁点儿绿色，喝到口中也没有一点儿茶的味道，像白开水，不禁眉头一皱。蔡元培先生似乎完全忘记了约他来的目的，自顾自地谈一些不着边际的话题。他极不情愿地听着，等蔡元培先生稍一停顿，忙起身告辞。

蔡元培先生若有所思地说道："急什么，把茶喝了再走，这可是一杯极品绿茶。千万别浪费了。"

他无奈地、礼节性地喝了一口。瞬间一股浓郁的香味沁入心脾！他愣住了，吃惊地打量着茶杯：茶叶已沉到杯底，茶水如翡翠般夺目。而且整个办公室里都能闻到这清新的香气！

蔡元培望着他，满含深意地问道："你明白了吗？"

他茅塞顿开，喊道："我明白了，您的意思是说，想追求成功就要像这绿茶一样，不能只停留在表面；凡事都要静下心来，认认真真、踏踏实实地沉浸下去。"

价值分享

蔡元培先生的这个故事，让我想到了陶行知先生的一句话："培养教育人和种花木一

样，首先要认识花木的特点，区别不同情况给以施肥、浇水和培养教育，这叫因材施教。”

《学记》中讲：“君子知至学之难易，而知其美恶，然后能博喻，能博喻然后能为师。”意思是老师只有懂得人求学有难有易、天资有高有低，才能够因材施教，广泛地晓喻。

俗话说“一把钥匙开一把锁”，每个学生的秉性、兴趣爱好、接受能力、意志品质、家庭环境等都不相同。一千个学生，就有一千副模样，我们要知道这些。此外，还要善于发现学生思滞不通、独事不就的地方。此后才能量体裁衣，善引博喻，让每个学生所具有的那些各不相同的兴致、情感、智慧都表现出来，焕发出他们的精神力量。

知行合一

没有说教，只有一杯绿茶，蔡元培先生的引导尽在其中，让我们充分感受学生那种悟道后的欢喜、明道后的开朗、明理后的脚踏实地。好老师会借用生活中蕴含的真、善、美施教。

1. 要有慧眼

敏锐的目光是好老师最宝贵的特质之一。我们若能观察到学生内心活动中最细微的表现，让他们的欢乐、忧伤、疑惑、恐惧、困窘等都逃不过我们的眼睛，就能发现他们的特点，就能发现他们的所需及教育的契机。解放他们的双手和头脑，给他们自由发展的空间和时间，围绕生活做教学、做指导，为他们的爱好寻找出路，为他们的志向提供辅助，让每个学生都有机会，都有舞台，都能散发光芒，都能享受到受教育的幸福。

2. 善于倾听

老师要有倾听的意识和习惯，不仅听学生的话语内容，还要善于倾听话语背后隐含着的思想、心情和需求，然后给予热情的呵护和耐心的教导。子游、子夏问孝于孔子，孔子立足于他俩的实际情况，给予不同的教诲：“子游能养而或失于敬，子夏能直义而或少温润之色，各因其材之高下与其所失而告之，故不同也。”从而使他们都能扬长补短，获得最佳发展。善于倾听的老师不但能在课堂上给予学生准确中肯的评价，引导学生及时修正自己的思考方向，还能提升自己传道授业解惑的能力。

3. 善言善语

我们的语言在教育学生的过程中起着不可估量的作用，课堂教学、评价学生、组织活动等，无一不用到语言，我们的工作就是笔耕舌耘。陶行知先生说过：“教育孩子的全部秘密在于相信孩子和解放孩子。相信孩子，解放孩子，首先要赏识孩子。”赏识一般靠什么？靠语言。你看，我们是不是得加强语言修养？一是让我们的语言具有感召性、鼓励性、启发性；二是提升语言运用的技巧，保护好学生的自尊心、好奇心、求知欲，即便批评也要充满激励。

4. 要有自信

我们老师要能通过赛课、学校组织的各种活动坚定“传道授业解惑”的信心，方能引导学生沿着求真理、悟道理、明事理的方向前进。再说一个蔡元培先生的故事，此事也发生在他任北京大学校长期间。有一次，他问学生："5 加 5 是多少?"学生以为校长所问必有奥妙，都不敢回答。好一会儿，才有一个学生说："5 加 5 等于 10。"蔡元培先生笑着说："对！对!"并鼓励他们不要崇拜偶像![1] 自信好比是人的胆量，有了它，学生才会有勇往直前的力量，才会把学到的知识、处事之道运用于学习、生活中。充满自信，才会让我们拥有育人智慧，才能提升我们善施教化的能力。

资料链接

印度电影《地球上的星星》中的尼克老师善于发现问题，能够积极采取措施，把深处暗黑世界的伊夏救了出来，经过一系列的努力让绝望的伊夏获得了信心、获得了大家的认可，收获了快乐。这部影片会告诉我们如何关注每一位学生，如何因材施教。

第四天 教育情怀，促进师生相长

什么是教学相长呢?《学记》云："学然后知不足，教然后知困。知不足，然后能自反也；知困，然后能自强也。故曰教学相长也。"

应该如何理解"教育情怀"呢？视教育如初恋情人，不会貌合神离，能呵护一辈子；不会朝秦暮楚，能守护一辈子；不会这山望着那山高，能执手一辈子。无论身在何方，心中总牵挂着自己的课堂、学生。在教育教学过程中时时处处以学生的成长为中心，自觉地提升个人素养，将"明明德"的内在修为发挥到极致，在引导学生除旧布新的同时，逐渐达到人格至善的境界。

案例学习

于漪老师对教育事业无限热爱，她的教育情怀体现在课堂，体现在对学生、对老师的关注关怀中。

20 世纪 70 年代，电视直播了于漪老师执教的《海燕》。为一睹于漪老师上课的风采，人们不约而同地守在了电视机旁。

有水平的老师什么样？于漪老师认为一个班教好一二十个学生不稀奇，要教好每个学生，那是千难万难。好老师要有走进学生生活世界和心灵世界的能力。

为了研究学生的心灵世界，她曾研究周杰伦和"还珠格格"。因为他们吸引了很多初中和高中的学生。于漪老师不但听周杰伦的歌，还和学生们讨论。于漪老师对学生们说，

① 阳锡叶．我愿意用一生传承文明［N］．中国教育报，2013-09-10（16）．

她喜欢韩红的《青藏高原》，可学生们却说太注重抒情。她喜欢腾格尔《天堂》中唱出的浓浓乡情，可学生们也不同意。于漪老师问她的学生周杰伦的歌好在什么地方，学生告诉她周杰伦的歌好就好在学不像。在于漪老师看来，不能随便对孩子说“不”。教育学生要多正面引导，让他们“饮琼浆”，对他们“灌醍醐”，这样学生才有精神养料。

于漪老师教过77届的两个毕业班，原本底子薄弱的学生竟全考上了大学。她因此被评为特级教师。退休后，她逐字逐句地审阅了上海12个年级的语文教材和教参。为让青年教师尽快成长，她首创了师徒“带教”法。一批批青年教师在她的培养下脱颖而出，形成了全国罕见的“特级教师”团队。她主张教育思想和教学实践同步创新，为推动全国基础教育改革发展作出了突出贡献[①]。

价值分享

于漪老师用“站上讲台就是生命在歌唱”的精神解读着“教育情怀”。

泰戈尔说：“教育的终极目标是培养学生面对一丛野菊花而怦然心动的情怀。”为了让每个学生看到美、爱护美，我们要先能发现美、珍惜美，时刻以精心呵护的态度对待一切有生命和美好的事物——每丛玫瑰、每棵小树和每只小鸟……并让这种细心关怀变为习惯。

此外，我们还要有走进每一个学生心灵世界的能力及细致入微的洞察能力。在与学生共做、共学中方能适时给他们的心灵滴灌知性与德性，引导学生成长。与此同时，我们的教育情怀也会得以滋养。正如杨绛所说：“一个人经过不同程度的锻炼，就获得不同程度的修养，不同程度的效益。好比香料，捣得愈碎，磨得愈细，香得愈浓烈。”

知行合一

若让学生面对一丛野菊花有怦然心动的情怀，我们心中要先植入一丛丛野菊花。每天都怀着散发芬芳的教育情怀，该是多么惬意的事。

1. 陶冶情操，育人为乐

我们应能通过自己的言行影响学生对待生活、生命的态度。有一次，延安自然科学院一位年纪较小的学生，看到附近百姓的羊跑到他们集体种的菜地里吃菜，心里急了，跑上去抓住羊就打。徐特立先生恰好路过这里，他急忙走过去，把羊牵出菜地，然后对这位学生说：“羊是老乡家的，不能打坏了，再说打羊也不能解决问题，应该劝羊的主人把羊管好。无论干什么事都要开动脑筋，要注意效果和方法。”一席话说得那位学生心悦诚服，满口称是[②]。我们把自己对人对事的真实情感流露出来，不仅可以影响学生，还可以陶冶教育情操，锤炼教育行动，享受教育的快乐。

---

① 李孜．老师界骄傲 于漪被授予“人民教育家”国家荣誉称号［N］．中国教育报，2019-09-17．

② 王云风．徐特立在延安［M］．西安：陕西人民教育出版社，1991：62．

2. 叩问课堂，乐教乐学

好教而后能恒教，好为而后方能恒为。而今媒体发展迅速，大量信息铺天盖地地涌向学生，他们了解了更多知识的同时，也产生了更多问题，因此我们要有“知识恐慌”“技艺恐慌”的意识。为了把语文教好，于漪老师拜众人为师，两把尺子伴随她的人生：一把尺子量别人的长处；一把尺子量自己的不足。每次上完课，她都写“教后记”，记下学生的闪光点和自己备课的不足，用以发现备课的漏洞。于漪老师曾说：“你把自己所教学科的知识点、整体框架、来龙去脉都吃透，怎么教都可以把学生教好。”她的每堂课都成了“公开课”①。师乐教而弟子乐学，教乐乐，学乐乐，可谓是教学相长，乐在其中。我们应像于漪老师那样加强授课能力的修炼，以此丰盈我们的教育情怀。

3. 提升心理素养，耐心施教

学生的很多问题，其实是我们或家长教育方法不当造成的。一天早上，石庄小学的张老师检查作业时，发现班里的石润没交，问他原因，他却吞吞吐吐。这让张老师大为恼火，没注意到石润的委屈，也不听他的解释，而是厉声喝道：“重做两遍，下午放学前交上，否则，叫家长。”石润哭了，而张老师却还继续埋怨家长不负责任，中午休息时，他才得知石润没写作业的原因——做值日时右手受伤了，这让他非常后悔，深感自己愧对为人师表。加强心理素养的修炼，就可避免发生这样的事。如遇到学生啃指甲、不愿开口说话、迟到、打架等，就不会妄加论断，而是用心观察，将学生呈现出的问题放在具体的环境中进行分析，耐心地寻找科学有效的途径，帮助学生解开心结。

资料链接

《孩子们，你们好》是苏联教育家阿莫纳什维利的著作（教育科学出版社，2005 年出版）。作者叙述了种种与众不同的把儿童吸引到教学和教育过程中来的方式方法。推荐大家阅读本书第二章中的“课间休息的教育学和儿童的顽皮”“未来一代人的榜样”“学校是你的”“成长的台阶”及第三章“在课上欢笑赶走了睡神”。这些内容会让大家深切地感受到一旦成为富有教育情怀的老师，就可以让教育拥有诗的模样。

第五天 衷心哺育，做师道的守护者

为什么古人称老师为师父？原来古人认为人有三命：一为父母所生之命；二为师造之命；三为自立之命。父母生其身而师造其魂，而后自立其命。所以老师是再生父母，一日

① 李孜．老师界骄傲 于漪被授予“人民教育家”国家荣誉称号［N］．中国教育报，2019－09－17．

为师终身为父，是为师父。这个称谓里是不是有敬重、有感恩、有传承呢！

哪个人的成长过程中没有老师的关心和教诲？有没有过被别人看上两眼，就知道我们是老师的经历？求知求真，已把教和育融入我们的言行；精心陈酿，是岁月积淀了我们教师的模样。师道之重不言而喻吧。谁不想在人们的记忆中留下美好？那就守护师道吧！

案例学习

今天我们来读读加拿大埃德蒙顿一所小学的老师讲评拼图作业的故事。

老师用赞赏的目光浏览了学生的作品，然后请他们谈谈做这项作业的收获和体会。

学生 1：我拼图时，先看了看包装上的图画，心中有个轮廓；然后拼外框，接着从外向内，这样拼得比较快。

老师：很好。认识问题先从概貌入手，然后去了解细节。就像我们要了解一座陌生的城市，用地图，比逐条街去走要快得多。

学生 2：我用了很长时间也没拼好，后来请爸爸妈妈和奶奶帮忙才拼好的。

老师：很好。这是一种团队合作，记住：如果你遇到自己难以解决的问题，可以向别人求助。

学生 3：把最后一片放进拼图的那一刻，我最高兴。

老师：很好。享受成功总能让人非常愉悦。

学生 4：看着面前一大堆杂乱无章的图片，我根本找不到规律，试了很多次也没能拼出图案，让我非常急躁、郁闷，索性把它们装起来，直到现在也没打开。

老师：很好。放弃也是一种选择。人各有长处，你肯定有别的专长。

学生 5：我试着拼了一部分，可看着还剩下的 200 多块，我再也拼不下去了，不过，我发现包装纸上的画很好看。

老师：很好。谁能事事都成功呢？虽没亲手拼成，但你却懂得欣赏别人的成果，这也是一种美好的品质。

学生 6：我好不容易拼好了这一块，一不小心碰到了另一块，图画就又乱了，这让我非常气恼。

老师：很好。每一块图与周边的图都是和谐的、默契的。这告诉我们成功与周围的环境是分不开的。就如同你们之间要处好关系。和谐是福。

…………

价值分享

每个孩子的体会和感受都不一样，可这位老师总是先说“很好”，然后再从他们的经历中，找出值得让他们在今后的生活中珍惜和体会的哲理。

苏霍姆林斯基曾说：“真正的教育者不仅传授真理，而且向自己的学生传授对待真理的态度，激发他们对于善良事物受到鼓舞和钦佩的情感，对于邪恶事物不可容忍的态度。”

大家看，我们是不是应是内在品质的高尚者？行为举止的文明者？各种关系的协调者？拒绝私利的坚守者？严谨治学的求知者？循循善诱的智者？这样的我们是不是才能成为学生生活的导师和道德的引路人呢？

《学记》云："善歌者，使人继其声；善教者，使人继其志。"意思是说：善于唱歌的人，能使人感动而不知不觉地跟着唱；善于教育的人，能让人听懂他所讲的道理、继承他的志向，并为此不懈努力。我们眼里有学生，心里装着学生，努力做学生生命中最喜欢的老师——鼓励、推动他们不断前行的老师，让每一位学生因反省之念、感恩之心焕发光彩，增长自己的智慧、才干。那时，我们定会与守护师道的自己不期而遇。

知行合一

要想学生好学，我们必须好学；要想学生讲诚信，我们必须守信；要想学生彬彬有礼，我们待人接物应有礼有节……我们是学生心灵的明镜，在品行、学识、尽心和善教等几方面都做得好，自然能守护师道。

1. 要讲公正

老师能时刻看到班里的每一位学生，不偏爱，这难道不是一种美德吗？不因关注其中的一位学生，让其余的学生黯然失色，而是每一个学生都在我们的"眼里、心里"。学生若受到不公正、不公平的待遇，而且是来自他信任、亲近的老师的时候，会非常痛苦，心里会留下难以磨灭的伤痕。我们要把自己的精力、才能和知识，公正、公平地给予每个学生，并存以同样的期待。比如在座位安排、课堂提问或评选班干部中，如果我们给予个别学生某些"特权"，则会使我们的威信荡然无存，学生之间的友爱、互助、合作的精神也会被破坏殆尽。因此我们要有端平"一碗水"的修炼。

2. 要有平等意识

著名教育家叶圣陶认为，师生之间应该建立朋友一样的关系，他说："无论是聪明的、愚蠢的、干净的、肮脏的，我们都应该称他们为小朋友。我要做学生的朋友，我要学生做我的朋友。"你看，师生关系是平等的。学生从老师那儿获得知识、能力，明白做人的道理；同时，老师也会从学生那儿学到很多东西，悟到很多人生哲理。如果认为老师就是站在讲台上讲讲课，组织学生考考试、对对答案，就能掌控学生的悲欢，那就错了。把学生当作朋友，师生关系就会多一份温暖，多一份关爱，多一份和谐亲密。

3. 要言而有信

卢梭曾说："做老师的只要有一次向学生撒谎撒漏了底，就可能使他的全部教育成果从此为之毁灭。"讲诚信的教师，才能培养出讲诚信的学生。在英国南部的一所小学里，一位老师被调任一个较差班的班主任，孩子们大都很调皮，爱捣蛋。老师说："孩子们，如果你们能把学习成绩提上去，我就吻校外放牧场里的一头大猪。"从那刻起，纪律好了，孩子们的学习积极性也提高了。若有孩子淘气，其他的孩子就会提醒他——你是不是不希望看到老师吻那头大猪？半年过去了，他们的学习成绩果然提高了。于是，老师带着这群孩子穿过公路，来到放牧场，轻轻地吻了一头特大特肥的猪。孩子们在猪圈外笑得前仰后合，吻了猪的老师也和他们一样大笑。无论是在教育教学活动中，还是班级的日常管理，不论事情大小，我们都应坚守“言出必行”的原则。

4. 从真实出发，寻找真实的真谛

最好的支持——以一个“共同经历者”的身份去理解学生，给学生树立榜样。完全以旁观者的姿态去说教、指导，多多少少都会给人以“站着说话不腰疼”的感觉。我们面对学生时，是否能从他们的角度出发，给他们最恰当的教育呢？电影《无问西东》中，梅贻琦校长有这样一段话：“什么是真实？做什么，和谁在一起，你看到什么，听到什么，有一种从心灵深处满溢出来的、不懊悔也不羞耻的平和与喜悦，那就是真实。”这段话是讲给吴岭澜的。吴岭澜英文和国文满分，物理却不及格，这让他失落迷茫。直到听到梅校长这番意味深长的话，才让他看到了真理的曙光，意识到真实的真谛，毅然遵从自己内心的真实感受。我们可以常常这样问问自己：是不是在了解真实学情的基础上备课上课的？教学方式是不是真能让学生喜闻乐见？课堂上是不是能关注到每一个学生的真实想法？有没有真诚地传道授业解惑，让每一个学生都有收获呢？

资料链接

（1）总有一天，每颗种子都会长成参天大树，听听赵蕾演唱的歌曲《我愿做你这样的树》吧，当你听到“你是这时光里的树，长在我心灵的深处……”时，有没有被感动到？“让时间在身体里发光，每片叶都有太阳热度”，这是不是在歌唱我们的梦想？“我愿做你这样的树，落地生根爱着脚下热土……只为给人水流花开的幸福……让自己强大将阴凉捧出，每个微笑都是送出的祝福……”听着听着，守护师道尊严的你，有没有会心一笑？

（2）若有时间，和同事一起看一看电影《无问西东》吧，可谈谈各自所获。

第六天　一周回顾：明德亲民

学生每天都在亲身感受我们的行为举止，在他们的心灵深处会产生最为细腻的情感反应，他们的纯洁而又非常敏感的心灵需要我们给予最审慎的呵护。

我们的第一要务是什么？明德亲民，止于至善。就是弘扬光明正大的品德，并将这种品德推己及人，去亲近、影响我们的学生，使他们除去旧日的染污而日新其德。

对于学生来说我们就是范例。要把学生培养成什么样的人，我们就应是什么样的人。那我们该是什么样的人呢？

我想我们应是善良的，这善良会给学生带去光明。

我们应是公正的，不因家长的地位高低而区别对待学生，不因谁的成绩好、谁性情活泼就展露笑容。

我们应是温柔的，不乖戾，不粗暴。

我们应是有趣味的，能让学生感受到花的芬芳，小河的欢快，鱼儿的忧伤与淘气。

我们应学识渊博，比如授课有方……

这样的老师能以德立身、以德治学、以德施教、以德育德，学生怎会不信服、不喜欢呢？

好老师才能教出好学生。1917 年朱自清考入了北京大学，为提醒自己保持高尚的节操，他把自己的本名“朱自林”改为“朱自清”，大学毕业后在清华大学任教。当时他患上了严重的胃病，却无钱治疗，那时物价飞涨，他那点薪水仅够买三袋面粉，而这三袋面粉要养活一大家子人，哪还有钱治病？一天，吴晗手中拿着一张纸，在呼吁大家签名。朱自清就问：“签什么名啊？”吴晗将纸打开，上面写着一行大字：抗议美国扶日政策并拒绝领美援面粉。“宁可饿死、病死，也不领取这种侮辱性的施舍。”他毫不犹豫，郑重地签上了自己的名字①。朱自清先生的民族大义、是非观念，让人们对他崇敬一辈子。

我们教书就是为了让学生明理，这个“理”就是人生之理、社会之理、国家之理。我们要引导学生明白事理，学会做人。据《史记·老子韩非列传》记载：大约在公元前 521 年的春天，孔子前往洛阳拜老子为师。他风餐露宿，日夜兼程，终于走到了洛阳。第二天，便迫不及待地徒步去拜望老子。一见老子，便恭恭敬敬地行弟子礼。进入大堂，孔子再拜后才坐下。老子见他如此真诚，就直言不讳地说：“我曾听说，一个真正会做生意的人，是不外显的，他会把自己的东西藏得严严实实，好像一无所有。只有那些暴发户才喜欢到处显摆，真正有钱的人是不会攀比的。同样的道理，真正的君子，他的德行虽然很高，但他大智若愚，不会随意炫耀自己的学问。可是你孔子动不动就谈‘礼’，虽显得好学，可似乎也有卖弄学问的嫌疑。你必须把骄傲的神色去掉，把多欲的心志改掉，不能总摆出一副很有学问、乐意求教的模样。否则，对你没有什么好处。”孔子欣然接受了老子的教诲，并万分推崇，他曾说：“爱之，能勿劳乎？忠焉，能勿诲乎？”（《论语·宪问》）意思就是，爱他们，怎能不让他们经受磨炼呢？对他们忠诚，怎能不严加教诲呢？看到弟子宰予白天睡觉，孔子训斥他：“朽木不可雕也，粪土之墙不可杇也。”（《论语·公冶长》）经过孔子的批评教育，宰予改正了缺点，勤奋读书。

陶行知先生说：“千教万教教人求真，千学万学学做真人。”你看我们的工作是多么重要，关乎人之生命，关乎圣学之传承，关乎民族、国家的希望和命运。我们怎能不把尚德修身作为毕生的追求呢？回顾孔子、孟子、王阳明、陶行知的育人故事……他们用自己的言行诠释着修身应以德为要为先，此是安身立命之本；同时又在给我们指明了“明德育人”的方向和路径，引导我们成为学生追求知识的典范、弘毅笃行的模范、正己立人的楷模。

---

① 庄丽君．世纪清华［M］．北京：光明日报出版社，1998．

思维导图

- 大道至善，以德立身
  - 笃守善道，做学生的行为导师
    - 知善向善
    - 积善成德
    - 读书明德
  - 德行兼修，做学生成长的楷模
    - 莫以教谋利
    - 莫忽视细节
    - 莫乱发脾气
    - 提升亲和力
  - 善施教化，做学生成长的引路人
    - 要有慧眼
    - 善于倾听
    - 善言善语
    - 要有自信
  - 教育情怀，促进师生相长
    - 陶冶情操，育人为乐
    - 叩问课堂，乐教乐学
    - 提升心理素养，耐心施教
  - 衷心哺育，做师道的守护者
    - 要讲公正
    - 要有平等意识
    - 要言而有信
    - 从真实出发，寻找真实的真谛

资料链接

人民教育家于漪所著的《教育的姿态》（山西教育出版社，2014 年出版）分为“椎心的忧思，竭诚的期望”“让生命之花绽放”“寻找教师之根”“一辈子学做教师”等 6 个专辑。推荐重点阅读“寻找教师之根”“一辈子学做教师”这两个专辑。

第七天　实践反思：吾日三省

2016 年 9 月 9 日，习近平主席在北京市八一学校考察时讲：“广大教师要做学生锤炼品格的引路人，做学生学习知识的引路人，做学生创新思维的引路人，做学生奉献祖国的引路人[①]。”我们肩上扛着民族的希望，承担着让每个孩子健康成长、办好人民满意教育的重任。面对为人师表的职业操守，我们一定要有成为好老师的追求与修炼。

曾子曰：“吾日三省吾身：为人谋而不忠乎？与朋友交而不信乎？传不习乎？”（《论语·学而》）我们有没有做到教书和育人并重？陶行知曾说：“教师不应该专教书，他的责任是教人做人；学生不应该专读书，他的责任是学习人生之道。”他在告诉我们一个不重视育人的老师，不是好教师；不重视育人的教学活动，不是最优化的教学活动。如何把教书和育人结合起来呢？首先，课堂是我们教书育人的沃土；其次，还要延伸到课堂之外，如学校组织的春季运动会、歌唱祖国、我是小雷锋等活动，还可组织学生参加社会活动，如参观烈士纪念馆、诊断街头错别字等。

我们有没有做到言传和身教并举？要求学生做到的，我们要先做到；要求学生不能做的，我们一定不做。我国著名教育家张伯苓先生特别注重言传身教。一次，他发现有个学生手指被烟熏黄了，便严肃地劝告那个学生：“烟对身体有害，要戒掉它。”没想到那个学生有点不服气，俏皮地说：“那您吸烟就对身体没有害处吗？”张伯苓对于学生的责难，抱歉地笑了笑，接着将自己所有的烟全部取来，当众销毁，还折断了自己用了多年的、心爱的烟袋杆。此后，他与这位同学共同戒烟。张伯苓先生用实际行动改变着他的学生[②]。

我们是不是能在“实践与反思”中不断成长？我国著名教育家陶行知先生《每日四问》的故事不知你是否读过，最后一问是陶行知先生问自己的道德有没有进步，若有，进步了多少。因为道德是做人的根本。若根本坏了，即使一个人有些学问和本领，也不会成为对社会有用的人。社会的稳定和国家的发展，需要人人讲公德，要“建筑人格长城”。在学校里，除了要学习文化知识，更重要的是学习做人，学做“真人”。孔子常问自己：“默而识之，学而不厌，诲人不倦，何有于我哉？”我们也不妨每天这样问问自己：教育教学中说的、做的、想的合理吗？有效吗？有没有争议？还可以更好吗？是不是用真诚感化学生？是不是用善良温暖学生？有没有用美德丰盈学生的心灵？……

在实践中反思，会让我们的行动具有方向，会让我们对自己的言行保持警觉，会让我们的教育行为由更多的“随意”走向“有意”，会让我们的行为具有约束力、改造力，会让我们的行为拥有灵魂。

想想看，我们能不修德、修业吗？尚德修身，涵养心性，要内外兼修，需踏踏实实，需天天坚持；不是被迫的要求，而是一种内需和自觉的行动。“德行，内外之称，在心为德，施之为行”。（郑玄注《周礼·地官·师氏》）化茧成蝶，做道德的“灯塔”，才能担负起传道之责、授业之责、解惑之责。以修身治教行大道，承载起传承人类文明、传播知识、传播思想、传播真理、塑造新人的时代重任。成为学生人生道路上的合格导师，真心实意地爱护他们，使其具有社会责任感，树立以服务社会为己任、为己荣的理想信念。

---

① 傅义洲．习近平在北京市八一学校考察时强调 全面贯彻落实党的教育方针 努力把我国基础教育越办越好［EB/OL］．(2016-09-09)［2019-12-03］．http：//www.gov.cn/xinwen/2016-09/09/content_5107047.htm.

② 张伯苓与学生共同戒烟［N/OL］．人民政协报，(2014-07-31)［2019-12-03］．http：//cppcc.people.com.cn/n/2014/0731/c34948-25373442.html.

资料链接

《致教师》是新教育实验发起人朱永新先生的著作（长江文艺出版社，2015 年出版）。书中阐述了由教师的职业、人生、人性等现实中存在的各种问题和困惑而引发的深刻思考：教育生活中，各类烦琐的问题究竟有没有根本性的解决方案？教师成长中，优秀的教师是否有迅速拔节的诀窍？这本书能一一为你找到答案。

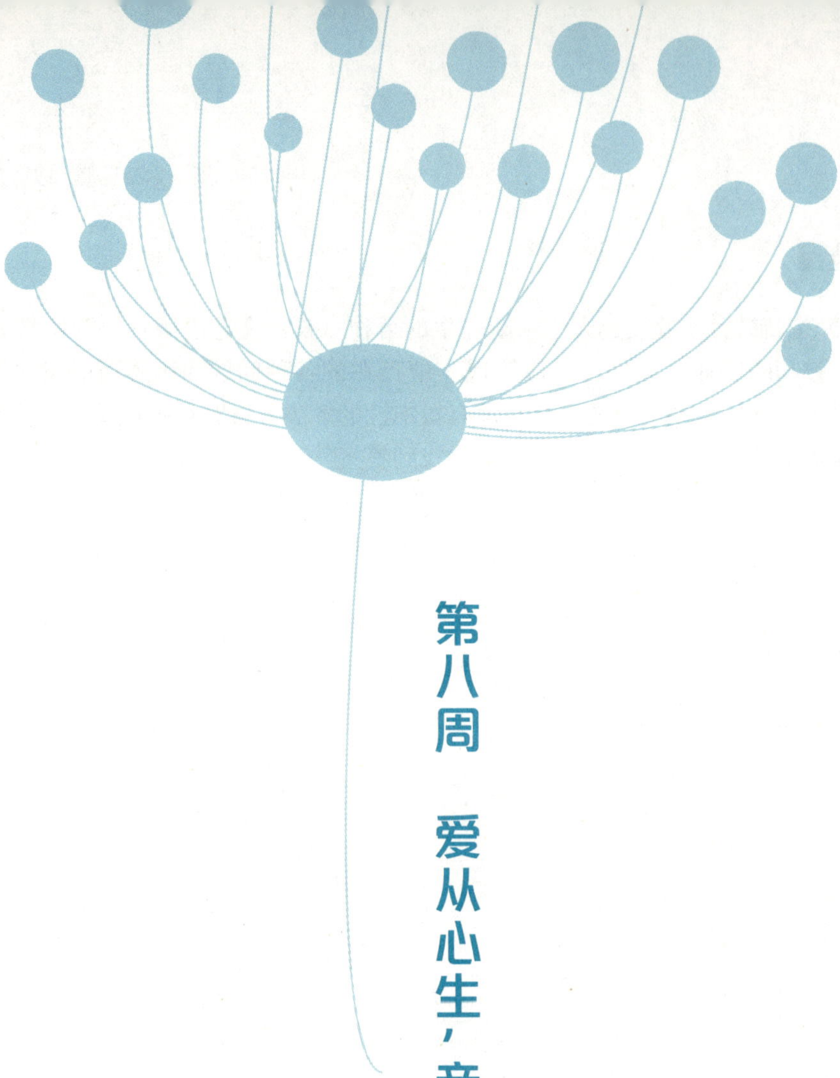

第八周 爱从心生，亲民爱生

爱人者，人恒爱之；敬人者，人恒敬之。

——《孟子·离娄章句下》

执笔人：任广卉（山东省邹城市第一实验小学）

第一天 点亮爱的心灯

苏格拉底曾言：“每个人身上都有太阳，主要是如何让它发光。”又曾说：“教育不是灌输，而是点燃火焰。”

其实，每位老师心中都有一盏爱的心灯，我们要设法将其点燃，并促使它明亮起来，普照学生，用爱的光芒去激发学生成长的欲望、求知的心力，让学生的心灯也因此点燃。当每一位学生心灯被点燃的时候，我们这盏爱的心灯也会愈发耀眼。

案例学习

苏霍姆林斯基刚参加工作时，一个名叫斯捷帕的男孩由于过分顽皮，在一次玩耍中无意把一盆全班十分珍爱的玫瑰花给碰断了。对此，苏霍姆林斯基大声斥责了这个学生，并要求这个闯祸的孩子吸取教训。事后班上孩子们又拿来了三盆这样的花，苏霍姆林斯基让孩子们用心轮流看护，唯独斯捷帕没有获准参加这项集体活动。不久这个学生变得话少了，也不那么淘气了。年轻的苏霍姆林斯基当时想，这倒也好，说明自己的训斥对这个学生起了作用。

可是在他斥责这位学生几周之后的一天，发生了一件不愉快的事情。这天放学后，苏霍姆林斯基因事未做完，还留在教室里，斯捷帕也在这里，他准备把作业做完回家。当发现教室里只有老师和他两人时，斯捷帕便觉得很窘迫，急忙准备回家。苏霍姆林斯基没有注意到这种情况，无意中叫斯捷帕跟自己一起到草地上去采花。这时斯捷帕表情迅速变化，先苦笑了一下，接着眼泪直滚了下来，随后跑着回家了……

看着学生远去的背影，想着学生流下的眼泪，苏霍姆林斯基的心被狠狠揪了一下，原来自己的责罚，竟然使学生如此的难受。他后悔，心疼……那颗爱学生的灯就这样被点燃了。从此，他生活中最重要的事情便是“爱孩子”①。

价值分享

法国罗曼·罗兰曾说：“爱是生命的火焰，没有它，一切变成黑夜。”我们心中那盏爱的心灯一旦被点燃，整颗心就亮了。倘若每一个人都能够在心中点亮一盏爱的心灯，既照亮了自己，又照亮了学生，那么整个世界就亮了。在那个明亮的世界里，将会充满光明和温暖。

① 塔尔塔科夫斯基．苏霍姆林斯基的一生［M］．唐其慈，等译．北京：教育科学出版社，1986.

夏丏尊先生在翻译《爱的教育》时说："没有爱，就没有教育。"爱，是教育的秘诀，是教育的捷径。唯有爱学生，才能赢得学生的爱，学生才能"亲其师，信其道"。在育人工作这个大舞台上，我们要努力把自己的生命和学生们的生命融合在一起，和他们一起在心中点亮爱的心灯。

知行合一

爱的心灯一旦被点燃，便有了爱学生的动力，便树立了教育学生的信心。要想将这盏爱之灯点燃、点亮，作为老师的我们该做些什么呢？

1. 感恩润心

我们应该感恩与每一位学生的遇见。为什么呢？没有学生，哪来的教师这份职业？没有学生的进步，我们的职业自豪感又从何谈起？我们的工作是学生给的，同时，在工作中学生总能让我们感受到快乐：那一张张纯真的笑脸，总能唤起我们对儿时的记忆；那一声声"老师"，总让我们如沐春风；那一句句贴心的话语，总让我们心生温暖……

2019 年教师节的表彰大会上，被习近平主席亲切接见的代表——陈立群，现在在贵州的一所普通中学做校长。他在汇报工作时便特别指出："要感恩过去的宏志生，现在的苗族孩子，是他们丰富了我的人生阅历，是他们提升了我的办学理念，是他们充实了我的精神世界。"正是这样一种心态，促使着他用"爱与责任"帮助处在相对薄弱教育环境中的学生。

我们要时刻记得：因为有了学生，我们才觉出职业的神圣；因为有了学生，我们才有动力不断学习并获得新知识；因为有了学生，我们在教育他们如何做人做事的同时，便也洗礼了自己的心灵；因为有了学生，我们才永远有一颗童心，用成熟纯净的眼光去看纷繁复杂的社会。以诚感人者，人亦诚而应。当我们怀揣着一颗感恩的心面对学生时，你内心那爱学生的小火苗便会慢慢燃起。

2. 换位思考

孔子曾说："己所不欲，勿施于人。"换位思考，就是设身处地为他人着想，即想人所想，理解至上。人与人之间少不了谅解，谅解是理解的一个方面，也是一种宽容。所谓教师与学生的换位思考就是教师站在学生的角度上去思考问题，想一想如果我是学生我会怎么想、怎么办。每逢学生出现认识或行为上的偏差时，当我们蹲下身子去看学生，你会发现：学生产生某种想法、做某件事并不是情理难容；要是自己碰到这类事，也可能会产生类似的想法或做法。当你真正理解了学生，心中便慢慢升起对学生的爱。

从此刻起，试着蹲下身子当老师，给学生一个信任的眼神、一个满意的微笑、一个真诚的欣赏，同时在这诸多琐事中，也涵养了自己的身心。

3. 享受过程

教育，是一场爱的修行，我们何不好好享受？课堂上，学生积极的发言，不同的看法，让我们读出了灵性；他们激烈的争论，执着的眼神，让我们悟出了坚持；他们端正的坐姿，闪烁光芒的双眸，让我们感受到了信任。当学生对知识的把握从模糊到清晰时，你是不是会有一种成就感油然而生？当学生手舞足蹈地来到你身边，急切地说“老师，那道难题我想出来了”时，你是不是与学生同样激动？当学生流下悔恨的热泪，愧疚地说出“老师，我错了”时，你是不是在欣慰之余还有丝丝感动……在教育过程中，这种享受随时、随处可遇。

享受教育的过程，分享学生的每一点进步，与学生共欢乐，和学生同发展。让我们在享受教育的过程中，燃起耀眼的爱之光，照亮学生，也照亮自己。

资料链接

“我想给孩子们带来快乐，而孩子们的快乐，对于我就是最大的幸福。”这是苏霍姆林斯基在《把整个心灵献给孩子》中所写的一句话。这本书记述了作者五年期间与一个班的31名学生朝夕相处的平凡岁月。读这本书，你能感受到一颗热爱教育工作、热爱儿童的火热的心。有时间读一读吧，一定会让你受益匪浅。

第二天　会爱很重要

教育之道，贵于教师有爱，但我们必须明白，比爱更重要的是：会爱。用心贴心，缔造融洽的师生关系，才能成为被学生所尊敬的老师。尊重、平等、赏识、宽容……都能提高教师的人格魅力，都是营造和谐育人氛围的技巧。那到底怎样才是会爱，我们又该如何去践行？

案例学习

有人说：“教育的全部秘诀就是爱。”那是不是我们教师付出爱，就能教育好学生，让学生得到健康成长呢？

青年女教师——王老师，是我同事女儿小丽的班主任，在她们之间发生了这样一件事：

一次自习课上，小丽与班里的一位男同学传纸条，恰巧被器重她的王老师发现了。在王老师的心里，小丽可是一个特别有潜力的优秀生。这一次居然发现她在传纸条，而且传纸条的对象还是一位男生，难不成在早恋？这可了得！急性子的王老师直接将小丽叫到了办公室，劈头盖脸就是一顿批评。结果小丽哭着回到了班里。

第二天，王老师接到了小丽的一封信，大体意思是：王老师，我知道您那么狠狠地批评我是为了我好，但是您的这份爱压得我喘不过气，让我几近崩溃，每一天我都感觉自己过得好累好累。平日里，为了让您满意，我努力做好每一件事，我也怕辜负您对我的期望，只要一有时间，我就拼命学习。昨天，我只是在问同学问题的过程中在纸条上写了两句玩笑话而已，您就如此大动干戈，不问缘由就训了我一顿……说实话，我太伤心了，我也有自尊，有思想，我再也不想接受您的摆布，我只想做快乐的自己，以后您就别管我了。

这位王老师爱学生吧？但这种爱学生能接受吗？简单粗暴的方式，反而使学生无法承受这沉重的爱。这不禁让我想到了 2019 年暑假热播的动画电影《哪吒之魔童降世》中哪吒的师傅太乙真人，这位“中国好老师”，用自己的实际行动演绎了如何更好地爱学生。

太乙真人很爱哪吒，明知哪吒是“魔丸转世”，却仍旧愿意成为他的师傅。因为爱，所以在开启教育之路后，想尽各种办法引导徒弟向善、传授徒弟仙术、改正徒弟的错误行为。他一改往日惯用的教学方法，抓住哪吒的性格特点，先是激发其兴趣：江山社稷图中，大笔一挥先带着哪吒展开一番神奇的游历，一颗求知的种子便深深植根于哪吒的心里，真正变“要哪吒学”为“哪吒要师傅教”；面对哪吒这位奇才，太乙真人又给了他自由的空间，在哪吒放纵时又及时制止，让其在正确的轨道上运转自如而不失控。这种“因材施教”的爱，才是真正的会爱啊！

价值分享

回到现实中，那个有时聪明，有时犯傻，有时善良，有时又魔性大发的哪吒，不正是我们口中的“熊孩子”吗？面对这样的学生，我们应该向太乙真人学习，既不能用爱将其束缚住，又不能因为爱他、怜悯他，就任其自由发展，而应效仿太乙真人：因为爱他，所以坦然接受他的与众不同；因为爱他，所以寻找出适合他的教学方法，调动他的学习积极性！

苏霍姆林斯基说过：“请你记住，教育——首先是关怀备至地，深思熟虑地，小心翼翼地去触及年轻的心灵。”作为教师的我们仅凭一颗爱心，盲目施爱，是远远不能胜任教育工作的。我们不仅要有一颗善良的心和对学生真挚的爱，还必须具有适当的教育策略和教育技巧。根据每一个学生的特点，从现实出发，对症下药，采用不同的方法，用适合他们的方式，并让他们乐于接受，才是真正的“会爱”！总之，不断积累爱的技巧，在成长中感受育人的幸福。

知行合一

教育是一种通过产生爱心共鸣，达到心心相印的情感体验，这样才能取得良好的效果。老师只有热爱学生，尊重学生，与学生平等相处，才能赢得学生的尊重、信任，教育才能实施。那作为教师的我们，到底怎样才能让自己“会爱”呢？

1. 会爱就要先了解学生

学生的身体状况、学习情况、性格特点、家庭情况、兴趣爱好等，作为教师的我们都应该有所了解。了解学生的所有相关信息是爱他们的表现，是会爱的前提，能更快更有针对性地帮助学生。仅仅只是了解学生，还远远不够，还应该心中装着学生，时刻关注学生的一切动向。要铭记，我们教的不是考试的机器，是活生生的人。只有眼里有学生，心中有学生，才谈得上爱学生；也只有深入了解、关注学生以及学生的成长，才能有的放矢地给予学生恰当的爱。

2. 会爱就需走进学生的内心

英国教育家罗素曾说："凡是教师缺乏爱的地方，无论品格还是智慧，都不能充分地或自由地发展。"因此，我们教师仅仅完成日常的教学工作，了解学生的一些基本特点是远远不够的，还应该走进学生的内心世界，关注学生的各种情绪波动，了解学生的情感体验。这不禁让我想到了这样一个故事：

有天早晨，苏霍姆林斯基看到幼儿园的一个小朋友跑过来把玫瑰花摘下来，拿在手里，往外走。苏霍姆林斯基亲切地问小女孩原因，孩子天真地回答："我奶奶病了，病得很重，我告诉她学校里开了这么大的玫瑰花，她不相信，我摘下来拿回去让她看看，看完就送回来。"苏霍姆林斯基听了内心深受震撼，领着小女孩到花房里又摘了两朵玫瑰花："这两朵花一朵是奖励你的，因为你是一个有爱心的孩子，另一朵送给你妈妈，她养育了一个你这样的好孩子。"①

苏霍姆林斯基并没有直接批评小女孩不爱护花草，而是用心静静地去观察她的言行举止，然后感同身受地去倾听，同时又抓住了这一契机给她以鼓励，在学生的心里播下了爱的种子。瞧，关注了学生，走进了学生的内心世界，似乎世界都变得美好了。

3. 会爱就要放大学生的优点

每位学生都有自己的闪光点，作为新时代的教师，我们要有一双善于发现的慧眼，并适时、适度地对学生的长处给予赞美，树立学生的自信心。

著名教育家陶行知有一个"四块糖果"的故事，相信大家都不陌生。王友拿泥巴砸同学的事件，陶先生完全打破了以往教育常规的模式，在了解完事情的经过后，一直寻找学生行为中的积极因素，挖掘学生的优点，采取了"赏识"的策略，使学生真正认识到了自己的错误。这个故事是赏识教育的典范，更是教育智慧的楷模。

总之，要对学生进行正面的客观评价，避免揭露学生的短处，并根据每个学生的情况制定适合学生的个性化方案，让学生在张扬个性中，发挥潜能，茁壮成长。

资料链接

扎着两颗丸子头，顶着玩世不恭的烟熏妆，很丑却也很萌，他就是电影《哪吒之魔童降世》中的小哪吒，那个让太乙真人和李靖夫妇操碎心的"魔丸"。虽是一部动画片，却燃爆网络，也引发了许多关于教育的思考。有兴趣的老师，不妨抽出点时间，与孩子一起观看。

---

① 林华民．世界经典教育案例启示录［M］．北京：农村读物出版社，2003：108.

第二天 做“长大的儿童”

一个好教师意味着什么？苏霍姆林斯基曾说道：“首先意味着他热爱孩子，感到跟孩子交往是一种乐趣，相信每个孩子都能够成为一个好人，善于跟他们交朋友，关心孩子的欢乐和悲伤，了解孩子的心灵，时刻都不忘记自己也曾经是个孩子。”

作为教师的我们不仅要“传道授业解惑”，更重要的是始终以一颗纯净的心去面对儿童，跟儿童亲近、交流。那怎样才能站在儿童的角度去思考和解决问题，怎样才能走进儿童的生活和心灵世界呢？

案例学习

我国著名的儿童教育家、情境教育的创始人李吉林老师，一直把自己视为“长大的儿童”。李老师曾经教过一个叫成成的学生，他的父母都在农村，他常年跟着奶奶在城里生活，在连续上了两个二年级后，进入了李老师所带的二年级情境教学实验班。

这立刻引起了李老师的关注，在开学前两天他主动找到成成。成成的年龄比班里的同学大，个头也比别人高许多。初次见他，成成那躲躲闪闪的眼神，不禁让李老师心头一颤，她立刻意识到成成已因连续两次留级而深感自卑。

看着小成成低着头抠手指头的样子，李老师想：成成此时他需要些什么呢？他需要同学们的尊重，需要老师的关怀，需要大家对他的肯定。因此在成成到班级上课的前一天，李老师郑重其事地向全班同学宣布：“明天咱们二（1）班这个大家庭要来一名新同学，他叫成成，比你们大两岁，以后他就是你们的大哥哥，谁也不许喊他留级生！”第二天，当李老师亲切地揽着成成，微笑着向大家介绍时，当全班同学都真诚地鼓掌欢迎成成时，原本微微低着头、不敢看大家的成成，慢慢抬起头来，露出了腼腆的笑容。那一刻，李老师也笑了。

李老师总是站在成成的角度去思考问题。当他正确回答出一些简单的问题时，李老师便真诚地、发自内心地赞美他；当他写完一篇错字连篇、语句不通的日记时，李老师会开心地说“能按时完成作业，真好！”；当上观察小鸭子的作文课时，李老师特意让他当小助手，只为树立他在班里的威信，只为能让他对自己有信心，只为他能早一天扬帆起航……就这样，小成成变成一个阳光少年儿：作文写得越来越生动，学习态度愈发认真[①]。

① 宋晓梦．李吉林：给孩子有“情”的教育［EB/OL］.（2019-07-19）［2019-12-05］. http://www.jsenews.cn/rmzt/2019Y/ljl/mt/201907/t20190719_6268998.shtml.?_t=b1574909637.

价值分享

成成的故事只是一个缩影，从教六十余年的李老师成就了很多很多“成成”，也成就了自己。这是为什么呢？其实她成功的秘诀就在于她爱儿童，她有一颗童心，就像她说的那样：“如今我已不是儿童，但喜似儿童，我只不过是个长大的儿童。我多么喜欢自己永远像儿童！因为我是他们的老师和朋友。”

童心是爱的源泉。李镇西老师说：“一个优秀的教师，一刻也不应该忘记自己曾经是个孩子。”

知行合一

做一名长大的儿童，能为我们的生活增添许多乐趣；做一名长大的儿童，能让我们融入儿童的世界，永葆教育青春；做一名长大的儿童，能让我们的爱永远回荡在教育的天地。作为一线教师，理应像李吉林老师那样做“长大的儿童”。

1. 用爱滋润童心

教育的基础是爱。苏霍姆林斯基曾经有一个十分精彩的比喻，他说：“教师要像对待荷叶上的露珠一样，小心翼翼地保护学生的心灵。”这种呵护就是爱。这些爱，可能是学生向你问好时，你那会心的一笑；是学生生病时，你说的那句“好点了吗？天冷了，注意多穿点衣服……”；是学生回答问题时，你竖起的大拇指；是送学生放学回家时，你目送的眼神……你爱儿童，儿童才会乐意接受你的教育，爱是打开儿童心扉的钥匙。

2. 乐于变成儿童

陶行知先生曾说：“发现你的小孩，了解你的小孩，解放你的小孩，信仰你的小孩，变成一个小孩。”他在告诉我们要站在儿童的角度去感知世界、思考问题，走进他们的心扉。先把自己“变成小孩”，或者说变成“长大的儿童”，以理解的眼光看待儿童的顽皮、他们之间的冲突，再与他们交流、解决问题，尊重儿童的人格；与儿童共忧患、同悲喜，与儿童一起玩耍、一起观察、一起探究世界的奥秘……

3. 常忆童年往事

时刻提醒自己曾经也是一个儿童。童年是妙不可言的，我们老师也有快乐的童年：跳皮筋、推铁环、扔沙包、过家家、弹弹珠、捉迷藏……都曾使我们迷恋、激动。如果我们在对待贪玩、调皮的孩子时也能回忆一下我们的童年，那么我们就会对孩子多一份理解，也能正确地引导孩子。

4. 做发展的儿童

我们还要用发展的眼光看孩子，用发展的眼光看“童心”。老师要保持童心，不能完全沉醉于自己儿童时代的那颗童心，而是要用发展的眼光看待儿童和“童心”，这就要求教师研究社会变化对儿童造成的影响，研究儿童的“童心”有了哪些变化，紧跟上时代的步伐。

资料链接

李吉林老师在《我，长大的儿童》中自述："我仍然像儿童一样，常常睁大眼睛看着这多彩的世界，用儿童的心灵去感受，去体验，心里想着许多问题……我常常就是这样，像孩子般怀着一颗好奇心去设计教学，童心帮助我想出许多办法。"有兴趣的老师可以读一读她的这篇文章。

第四天 仁者爱人

孔子提出"泛爱众，而亲仁"，孟子曰："亲亲而仁民，仁民而爱物"。把"仁"提到了更高的境界，更高的道德层次。爱是广泛的，由爱亲，推及到爱众人、爱百姓，由爱人类，推及到爱万物，就是仁爱，这也是中华民族优秀的道德精神。仁爱是老师最高尚的德，老师最伟大之处是"推己及人""仁民而万物"。为了更好地育人，我们更应该内心充满仁爱。

案例学习①

张桂梅，云南省丽江市华坪女子高级中学书记、校长，华坪县儿童福利院院长（义务兼任）。

1994 年末，张桂梅因丈夫去世，申请调到地处边远的丽江市华坪县中心学校，在教学中，她深深感受到贫困山区的孩子们对知识的渴望，决定为山区孩子的教育奉献余生。

1997 年，张桂梅被调到华坪县民族中学。那里的学生家庭经济困难，冬天还穿着单薄的衣服，张桂梅不仅为他们捐衣物，还用工资为贫困学生购置避寒物品。12 月的一天深夜，一个男生突发高烧，当张桂梅看到这位学生寒冬腊月还盖着薄毯子时，当即含着热泪把丈夫留下的唯一纪念物——毛呢大衣，送给了这位学生，并且连夜把他送到医院，替他付了住院费。张桂梅在病床前整整守了 10 个小时，她俨然成了这个孩子的母亲！

20 多年前的一个画面让张桂梅终生难忘：一座高高的山上坐着一个女孩，身旁放着一把镰刀和一个箩筐，望着远方发呆……她下车询问女孩怎么了，女孩哭着说："想读书，可家里穷，要让我嫁人。"女孩的话深深烙在了张桂梅的心里。她了解到，这里的女孩辍学的理由各种各样，归根结底是因为贫困，因为教育观念落后。"培养一个女孩，最少可以影响三代人。如果能培养有文化、有责任的母亲，大山里的孩子就不会辍学。"一个"疯狂"的想法在张桂梅心中越发清晰："我想为这些大山里的女孩建一所免费的高中！"

---

① 她倾尽所有给了山里女孩一个大世界——记云南省丽江市华坪女子高级中学党支部书记、校长张桂梅．人民教育，2020（17）．

为了这个“疯狂”的梦想，她开始四处奔走筹款，风吹雨淋，被冷落，被唾骂，却只筹得一两万元。直到 2007 年，张桂梅在赴京参加全国第十七届人大会议期间，一篇题为“我有一个梦想”的采访报道让更多人理解了她的“女高梦”。2008 年，在中央和各级政府以及社会爱心人士的支持下，华坪女子高级中学正式挂牌成立。这是全国第一所全免费的女子高中。

她更忘我地工作。身患疾病的她，每年寒暑假，坚持到贫困山区家访，把“知识改变命运、文化摆脱贫困”的理念带进大山。她对自己近乎苛刻，100 多万元的工资、奖金全部投入教育。十多年间，她走了 11 万多公里山路，家访过 1 300 多名学生，只为说服家长送孩子上学读书。张桂梅的精神深深影响了一批批人，带出了一个个“张桂梅”——有位老师刚做完肿瘤手术，就对张桂梅说：“医生说能穿衣服我就回来，我不请假……”；有位老师结婚，上午还在学校上课，中午举行完典礼，就又赶回学校……

这“超人”般的意志和付出，是张桂梅对教育事业的热爱，是她对大山女孩的期许，她用教育扶贫斩断了贫苦代际传递，奇迹般改变着大山女孩的命运！她爱山区里的孩子，她把全部身心献给了祖国西南贫困山区的教育和福利事业，诠释了人民教师的“仁爱”精神。

价值分享

《论语·阳货》中记载：子张问“仁”于孔子。孔子曰：“能行五者于天下，为仁矣。”“请问之。”曰：“恭，宽，信，敏，惠。恭则不侮，宽则得众，信则人任焉，敏则有功，惠则足以使人。”即为人庄重，待人宽厚，做人诚实，做事勤勉，善待他人。我们老师可将此段话作为培养仁爱之心的信条。

老师只有内心充满对学生的爱，始终怀有仁爱之心，才会事事从学生的发展出发，处处为学生着想。老师的仁爱在于爱护别人，而不是爱护自己；老师要为人师表，要先正己，才能去正人，要先爱人，才能爱己。

知行合一

仁爱是一种非凡的气度，是一种对己对人、对事对物的接纳和包容。热爱教育，热爱学生，献身教育，忠诚工作，是老师仁爱的重要体现。

1. 恭敬于事

首先要尊重学生的人格，学生是独立的个体，在人格上与老师是平等的。当我们需要学生帮忙时，记得提醒自己用征询的口吻礼貌地问学生：“可以借老师一支红笔用吗？谢谢。”当学生课上答错问题时，记得说一句鼓励的话语：“多么爱思考的学生！相信再给你点时间，会有更棒的答案。”当想要批评犯错的学生时，不妨试着先心平气和地与学生聊一聊……其次，认真对待教学工作中的每一个环节，认真对待教育过程中发生的每一件事情，如：用心去备好每一堂课，工整地写好每一次板书，仔细批改每一位同学的作业，谨慎选择教育学生的方式……不管是学生，还是工作中的琐事，每一次都怀着一颗“恭敬”

之心去面对，慢慢地便能提升自己“恭”的修为。

2. 宽以待生

“宽”是看别人的态度，有气度、不计较、不追究。老师面对的是正在成长中的学生，他们的心智都未成熟，犯错误是在所难免的。若遇到学生迟到，不写作业，丢三落四，交头接耳，冲动打架，甚至顶撞老师时，我们是大动肝火，使劲批评学生吗？这样的做法伤人伤己。我们可以把这些当成是一种修炼，先努力发现每个学生的独特性，肯定学生的闪光点，赏识学生、鼓励学生，同时不断暗示自己“教室是出错的地方”“学校是允许学生犯错的地方”，练就一颗宽容的心。

3. 守信于生

“信”字对老师而言就是对待学生要讲诚信，守信用。讲诚信要求老师言而有信，答应学生的事情必须做到。在宋庆龄当了国家副主席后，有一次，承诺“六一”儿童节那天与幼儿园的小朋友们一起过节日。可天公不作美，天气突变，刮起了大风，下起了大雨。同学们都以为宋庆龄奶奶不会来了，但她却冒雨前来赴约，只因“既然我说了，就得守信”。“学高为师，德高为范”，作为老师的我们更要以信用赢得学生的敬重。

资料链接

关于“仁爱”的思想，主要体现在《论语·里仁》。仁爱是儒家思想的核心内容，在孔子看来，仁爱可谓是做人的根本，那到底什么才是“仁爱”呢？让我们用心读一读吧。

第五天 爱的期待

教育是一种慢的艺术，需要教师有足够的耐心。只要相信学生，并付出时间、精力，付出汗水、心血，带着信任与祝福，带着从容与优雅，给学生以心灵的力量，那么真的就“一切皆有可能”。让我们陪着学生静静地体味成长的快乐。

案例学习

霍懋征老师，曾经教过一个叫何永山的小男孩。这个男孩是学校有名的“捣蛋鬼”，班主任、校长都拿他没办法。无奈之下，学校准备将其送走。霍老师听说后总觉得这样做不太合适，她相信这个孩子能变好。于是她再三恳求校长，终于将何永山留下了。

为了让何永山更快融入班集体，霍老师看到他身高体壮的长处，打算让他当卫生小组长：“小山，愿意当组长不？你选三个同学，再加上我，咱们一起去打扫咱们班的卫生区，如何？”何永山一听，高兴地大声答应了。从那开始，何永山总是第一个到达学校，为同学们准备好卫生工具，而且干得非常认真。这个“无药可救”的孩子，开始有了责任感和荣誉感。

一次，何永山生病了，好几天没来上课。霍老师担心他，便亲自去他家里探望。这次探望，让霍老师心头一颤，原来这孩子家境如此的困难。当孩子病好如初，到学校上课后，霍老师找到何永山：“以后中午就在学校吃饭吧，钱，我来出！”听到这话的何永山先是一愣，随即饱含泪花地说：“老师，这怎么能行？”“你正是长身体的时候，就这么定了！”就这样，霍老师用爱慢慢感化着这个“捣蛋鬼”。甚至帮助何永山破例加入了鼓号队。儿童节那天，霍老师专门给何永山买了白衬衫、蓝短裤。穿着新衣服，背着大鼓，何永山斗志昂扬地走在鼓号队里。那一天，何永山第一次受到了大队辅导员的表扬，而且是当着全校同学的面。

慢慢地，何永山进步了，变得遵守纪律、团结同学了，也越来越爱学习了，不久便光荣地加入了少先队。

2004年的春节，霍老师接到一个电话，电话里传来激动的声音：“我可找到您了。您就是我的亲娘啊！”霍老师一下愣住了，问：“您是不是打错电话了？”“没错，霍老师，您就是我的亲娘，没有您也不会有我的今天。”“那您贵姓？”“我姓何。”“你是何永山。”“是我，是我。”第二天，这个直呼她娘的何永山，带着老婆孩子来谢师恩，给霍老师拜年。

价值分享

看到这个故事不禁让人感动！是霍懋征老师对何永山的信任与爱，创造了奇迹。很多时候，只要我们相信学生会越来越好，只要我们多一些美好的愿望，多一些耐心的等待，多一份坚持，多一份信任，学生真的就能变成我们想要的样子，而我们也在这个过程当中品味到了教育慢的艺术。

著名的“皮革马利翁效应”告诉我们：热切的期许与称赞能够创造奇迹。我们要对学生有足够的信任与赞美，他们才能获得精神上的支持，获得积极向上的内驱力，变得越发自信。期待是一种爱，是一种强大的力量。

知行合一

我们要坚信相信的力量，坚信期待的力量，静静地等待每一束花开。那到底该如何让自己拥有一颗相信学生的心呢？

1. 调整心态

作为教师的我们，首先应该明白教育是一个长期的过程，绝不可能一蹴而就。这就要求我们调整心态，放下急功近利，放下紧张焦躁，悉心呵护学生，耐心等待学生，让他们慢慢地成长，我们静静地守候。只要谨记，学生是待雕琢的璞玉，只要我们认真、耐心地去雕琢，总会有所收获。时时刻刻关心学生、爱护学生，相信生活因教育而美好，生命因教育而精彩。

2. 多点耐心

耐心是教师的必备修养之一。作为一名教师，我们应该耐心等待，给学生充足的时间；耐心指导，给孩子搭梯建桥；耐心寻找，发现学生身上的闪光点；耐心教育，找到打开学生心灵的钥匙。唯有耐心，因势利导，才能在每个学生得到不同发展的同时，我们也修炼了自己，当想要对学生发脾气时，暗示自己所面对的是一群心智未熟的学生，可以用深呼吸的方式训练自己，让自己平静下来。平时练练书法，听听音乐，读读书，以此来涵养心性。

3. 勇于放手

教育学家夸美纽斯说："在品格以及整个人的教育领域内，只有一条途径可以接近学生，这就是对他的信任。"信任是一种以心换心的教育。作为教师，我们面对的是正在成长中的学生，他们作为独立的个体，在人格上与教师是平等的，他们需要我们的关心，需要我们真诚的信任。

许多教师总是担心学生做不好，不相信学生的能力，总是不放心，喜欢插手学生的事情。实际上，每一个学生都有他们自己的想法，总有自己决定一些事情的欲望，而且只要是他们想做的总会全力以赴地去执行。所以相信学生，适当地大胆放手，多一份支持，支持他们自己决定，自己去做；多一些信任，信任他们的判断，信任他们的能力。

资料链接

（1）教育学生就像是牵着一只小蜗牛漫步在人生的路上，慢养也能教出优秀的学生。读一读张文亮的文章《牵一只蜗牛去散步》，感受教育中慢的艺术，写一写自己的感悟。

（2）著名语言学家吕叔湘曾做过一个比喻，他说："教育的性质类似农业，而绝对不像工业。"叶圣陶先生在《教育与人生——叶圣陶教育论著选读》一书中发表了自己的看法，题目是"教育是农业——吕叔湘先生说的比喻"，有兴趣的老师可以读一读。

第六天 一周回顾：教育，我的挚爱

苏联教育家赞科夫说："当教师必不可少的，甚至几乎是最主要的品质就是热爱儿童。"我国著名教育学家夏丏尊说："教育上的水是什么？就是情，就是爱。教育没有了情和爱，就成了无水之池。任你四方形也罢，圆形也罢，总逃不了一个空虚。"也就是说，师爱是教育的基础，是教育的生命，是教育的灵魂，是师德的重要体现。

作为老师的我们首先要点亮自己爱学生的那颗心灯。面对学生，也许我们不能立刻去爱他们，但是经过我们对自身不断地涵养，通过与学生不断地碰撞，这盏爱的灯火总会被点燃，而且会愈发明亮。

当我们的内心充满爱时，应明白会爱很重要。了解学生，尊重学生，走进学生的内心世界，放大学生的优点……在工作中去尝试不同的方法，让自己越来越会爱吧！

我们要善于跟学生交朋友，关心他们的欢乐和悲伤，了解他们的心灵，时刻都不忘记自己也曾经是个孩子。就像情境教育家李吉林老师一样，把自己当作长大的儿童，始终怀揣着一颗童心，只有抱着这样的想法，才配做小孩子的老师，才能丰富我们爱学生的内涵。

爱学生的最高境界应该是培养自己的仁爱之心。“泛爱众，而亲仁”“亲亲而仁民，仁民而爱物”……这些语言都在告诉着我们“仁爱”是什么。同时我们也明白了什么是教师的仁爱，以及该如何培养我们教师的仁爱之心。爱护别人，而不是爱护自己；为人师表，正己正人，爱人即是爱己。

教育是一种慢的艺术，是静待花开的过程。我们深爱着学生，一次又一次地付出着，可能暂时看不到成果，但只要我们多一些美好的愿望，多一些耐心的等待，多一份坚持，多一份信任，学生会越来越好。相信学生，他们便真的能带给我们惊喜，甚至创造出奇迹。

曾经无意中看到这样一首小诗，很是感动：

教育是一首诗，
诗的名字叫热爱，
在每个孩子的瞳孔里，
有一颗母亲的心；
教育是一首诗，
诗的名字叫未来，
在传承文明的长河里，
有一条破浪的船[①]。

太形象了，教育者就是这样：凭着满腔的热爱，为着学生的未来，行驶在浩瀚的大海。“爱”是维系许许多多教育工作者继续前行的精神灵魂。著名教育家朱永新说过：教育，我的至爱。正是爱这个原动力促使一代又一代教育者为之努力，为之含辛茹苦。陶行知、于漪、魏书生等就是这样的代表。我相信这样的人还有很多很多。

师爱是不求回报的、无私奉献的，她伟大而又神圣；师爱与血缘无关，与利益无关，她纯洁而又高尚；师爱是教育学生的情感基础，是产生教育力量的源泉。这种爱，根植于教师的内心，外显于教师的言行；这种爱使学生铭刻于心，最终达到“育人”的根本功能。想成为真正的师者，一定要懂师爱、会师爱。

---

① 朱永新．教育是一首诗．https：//dwz.cn/7BQ77PQl?u=a19e15c347c9e697.

思维导图

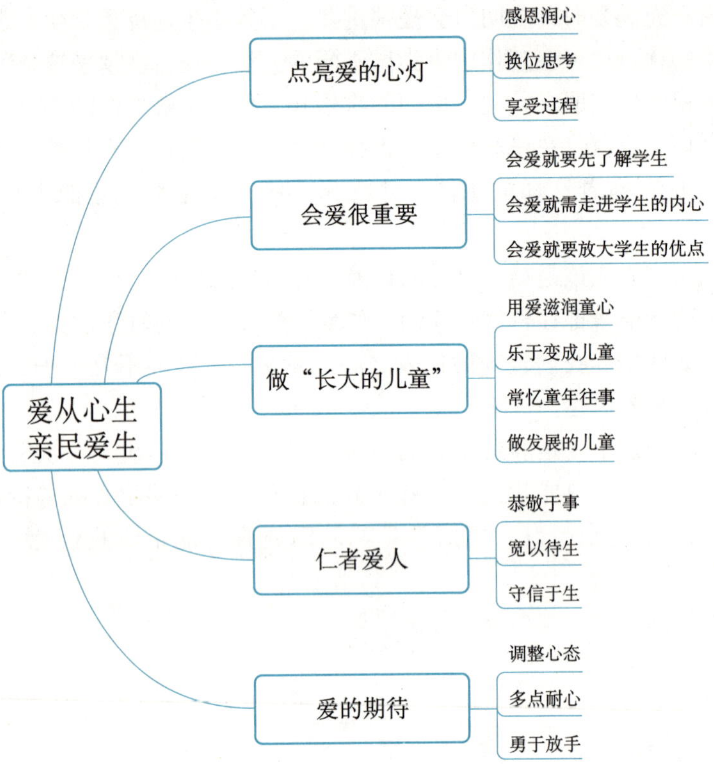

第七天 实践反思：为了爱，用心爱

俄国伟大作家托尔斯泰曾说：“如果教师只爱事业，那他会成为一个好教师。如果教师只像父母那样爱学生，那他会比那种通晓书本，但既不爱事业又不爱学生的教师好。如果教师既爱事业又爱学生，那他就是一个完美的教师。”

既然如此，我们对学生的爱做得如何呢？这一问题值得所有的教师去反思。面对生病的学生，面对不交作业的学生，面对迟到的学生，面对学习成绩不好的学生……我们对学生说了些什么，又做了些什么呢？

美国教育心理学家古诺特指出：“身为老师，我具有极大的力量，能够让孩子们活得愉快或悲惨，我可以是制造痛苦的工具，也可以是启发灵感的媒介，我能叫人丢脸，也能叫人开心，能伤人也能救人！”

所以，为了爱，需要我们更用心：

当小苏珊因为化疗头发全掉光时，安娜老师安排全班同学戴上有特色的帽子，这小小举措是多么细心，化解了患病学生的痛苦和尴尬。

美国伊利诺伊州罗克爱兰市中学女教师露丝·布劳奇一句“写得不错”的作文评语，点亮了马尔科姆·达尔科夫写作的心灯，鼓舞着他一路向前，最终成为专业作家。

非洲加纳库马西寄宿学校的一位老师，拿出一张带黑点的白纸让学生们观察，并问他们看到了什么，当学生们一致喊出“黑点”后，告诫学生应把目光集中在白纸上，生活是无限美好的，不应只关注那些令人烦心的小事。这位老师用心的教导，成就了科菲·安南，这位曾经的联合国秘书长。

……

这些爱虽细微，却是细水长流，将学生的心田滋润，让学生们在师爱的滋养下茁壮成长！

爱就一个字，说起来容易，做起来却很难。它需要我们教师付出自己的时间，付出自己的耐心，更重要的是付出自己的爱心。教师心中如果没有爱与感动，就不会有无私的奉献，就不会有对职业的坚定信念，就不会有追求卓越的理想！

作为教师的我们，给予学生的爱绝不能因为种族、权势、贫富、智商、性别、年龄等各种因素而有所不同，我们的爱应是平等的，应是博大的，只有这样，才可能与学生产生情感上的共鸣，才能启迪他们的心智，创造生命的奇迹！

师爱是人类最高尚的情感之一，师爱是无私的、是奉献的。出于本能，所有的人都会爱自己的孩子，而身为老师的我们，时刻关爱着别人家的孩子，便是神圣的、伟大的。这份爱，与血缘无关，与利益无关，它是一种责任，一种智慧，这种爱，蕴含着巨大的力量。对于我们自身而言，爱，让我们勇敢面对各种困难，坦然接受各种压力；对于学生而言，爱，可以影响他们一生，甚至可以改变他们的命运，创造教育的奇迹。

唯有爱，我们的教育活动，才变得有意义！

唯有爱，教育才是一项伟大的事业，教师才是人类灵魂的工程师！

第九周　砥砺前行，日新之路

大学之道，在明明德，在亲民，在止于至善。

——《大学》

执笔人：庄建华（山东省邹城市第一实验小学）

夏金良（河北省廊坊市大厂县第一回民中学）

第一天 金之在冶，化茧成蝶

阳明先生在《与王纯甫书》中说："譬之金之在冶，经烈焰，受钳锤，当此之时，为金者甚苦。然自他人视之，方喜金之益精炼，而惟恐火力锤煅之不至。既其出冶，金亦自喜其挫折煅炼之有成矣。"

金子之所以珍贵，光彩四射，是因为它经过了千锤百炼。同样，蝴蝶之所以美丽，不仅因为它破茧成蝶时的华丽，更因为它在蜕变的过程中所承受的艰辛与痛苦！化茧成蝶意味着生命的再次成长。其实，我们每个人都是一个蛹，都渴望有一天能够化茧成蝶。在我们初为人师，踏上三尺讲台的第一天，望着孩子们天真可爱的笑脸，我们一定对未来充满憧憬，希望自己在教育这片沃土上培育出艳丽的花朵，施展自己的才华。那如何才能成就自己的教育梦想呢？

案例学习

今天，我们走进季羡林先生的故事：

这一年，德国的冬天格外的冷。柏林一所大学食堂的厨师们发现最近出现了一件有趣的事情——绝大多数学生每到吃饭的时候都迫不及待地赶到食堂的窗口打饭，以免来晚了吃不到热菜热饭，可是有一个瘦弱的中国男孩却总是最后一个到食堂，然后买最便宜的饭菜，独自一边读书，一边咀嚼。

时间一长，热心的厨师们就和这个名叫季羡林的年轻人成了好朋友。这时，大家才知道季羡林生活窘迫，所以自尊心极强的他不得不避开用餐的高峰，选择在没人的时候用最便宜的饭菜充饥。

说这些话的时候，季羡林的脸上始终带着平淡的笑容，好心的厨师们听完之后，鼻子有些发酸，大家都被这个年轻人的坚韧打动了，纷纷出谋划策，让他在大学外找一些兼职来做，这样一来就可以大大缓解他的经济压力了。

没想到季羡林苦笑着摇摇头说道："我兼职打工，的确可以让自己的生活过得舒服一些，但是我的祖国现在贫弱异常，她需要的是我们这些学子更快更多地学到能让国家富强的技术和知识。不去打工，只是我自己生活拮据，却能尽快地学到更多有用的知识，从而尽早回国尽力。"

听了季羡林的话，大家都沉默了。在随后的很长一段时间里，食堂的厨师们总是尽量多地给这个坚强的中国男孩留一些热菜，然后看着他一边吃饭一边埋头苦读。

如此的付出，如此的勤学，成就了季羡林先生的人生辉煌，他精通几国语言，集文学家、语言学家、东方学大师于一身，被称为国宝。

价值分享

不经历风雨，怎能见彩虹。没有人能够随随便便成功。“蚕眠桑而茧结，蜂饱花而蜜成。盍观之花乎？含蕊久则其苞更大，其色更鲜，其谢较迟。”（清·张行简《塾中琐言》）季羡林先生的成功源于他辛勤的付出，自我成长，不屈不挠地前行。

不经一番寒彻骨，怎得梅花扑鼻香。仲尼厄而作《春秋》；屈原放逐，乃赋《离骚》；左丘失明，厥有《国语》；孙子膑脚，《兵法》修列。由此可见，成功总是和磨难、挫折同行。只有经得起生活给予的艰辛考验，胜利的果实才更香甜。

知行合一

读了季羡林先生的故事，或许我们会敬佩，或许我们会羡慕，或许会对照自己，现在这么好的条件，作为教师，我们该怎样做才能如季老先生一样，让自己的人生精彩起来？

1. 在坎坷中要有主见

人都有梦想，为实现梦想而奋斗是幸福的。可是人的成长不会一帆风顺，前行的道路往往充满了坎坷，此时，不应该害怕苦难，不是遇到挫折就调整方向，而是应该坚定正确的方向，并为之而努力。第四届全国道德模范及提名奖获得者龚全珍被习近平主席亲切地称为“老阿姨”，她将“为人民服务”视为活着的唯一宗旨。新中国成立后，她先后在新疆军区、江西省莲花县任教，虽历经艰辛，但她一直坚守在三尺讲台。教书育人是她最为珍视的工作，在她心目中，教育好下一代就是为人民服务。让孩子们都能读得起书，好好读书，是她多年不变的牵挂。如今，她的愿望实现了①。我们只有访雨寻云地远足，才会走出属于自己的一条光明大道。

2. 在挫折中寻找机遇

“天降大任于斯人也，必先苦其心志，劳其筋骨，饿其体肤”，经历过风雨的洗礼才能见到夺目的彩虹。在平时的教育教学工作中，老师们会遇到不听话的学生，用了好多方法教育，效果都不尽人意。还会遇到不理解人的家长，好心好意做的事有可能换来的是家长的误会。刚刚走上岗位的新教师，面对班级管理，有时会束手无策，事情或许会变得很糟糕。当遇到这些挫折，我们要学会调整自己，反求诸己，静心分析原因，平定自己的情绪，把这些当成自己成长的一个机会、一次发展的机遇。如此，挫折便会变成成长的资本。

3. 在磨砺中强大

困难和挫折对我们来说是一种危机，也是一种挑战。一个人在面临这些危机的时候，

---

① 并蒂莲花，暗香盈世——甘祖昌将军和夫人龚全珍的故事［EB/OL］.（2017-08-02）［2019-11-18］. http://www.xinhuanet.com/politics/2017-08/02/c_1121421638.htm.

如果紧紧把握机会，就会成长。面对挫折，别像温室中的花朵，害怕风雨，应该像梅花傲雪怒放，像竹子“任尔东西南北风”，让自己栉风沐雨更强大。感动中国2018年度人物之一钟扬长期致力于生物多样性研究和保护，援藏16年，长期的高原工作让他积劳成疾，多次住进医院，但他都没有停下工作。多年来，钟扬为西部少数民族地区的人才培养、学科建设和科学研究作出了重大贡献。2018年4月，中宣部授予钟扬“时代楷模”称号。生活总会让我们遍体鳞伤，但是后来，那些受伤的地方一定会变成我们最强壮的地方。我们的工作也不会一直一帆风顺，总会有你意想不到的困难出现，让你陷入事业低谷，只要自己经受住考验，磨炼自己，定会守得云开见月明。

4. 在苦难中胜利

蝴蝶有破茧之痛才能翩翩起舞，石灰有焚烧之痛才留清白在人间。教师的成长也需要很多的努力，唯有吃苦耐劳，以勤补拙，才能让自己真正走向成功。苦可以折磨人，也可以锻炼人。“芭蕾脚”象征艰苦奋斗的历程，华为集团CEO任正非用“芭蕾脚”作为华为三十年奋斗的隐喻，时刻的危机感促使他不停为华为未来的竞争力作准备，带领华为走向辉煌。一个人如果在身体上不怕劳累，心理上不怕折磨，事业中不怕起伏，奋斗中不怕艰险，那还有什么理由不成功呢?

资料链接

2019年励志影片《无手老师》是根据青海省湟中县汉东乡下麻尔村小学回族教师马复兴的感人事迹拍摄的。主人公马复兴是一位自幼失去双手、身残志坚的乡村教师，他坚守着“一个都不能少”的信念，把一个个失学辍学的孩子找回学校；生活拮据，却把大部分收入补贴学校、资助学生。他用实际行动感化着每一个学生，感动着每一个人。有时间可与同事一起观看此部影片。

第二天 贵能改过

《论语·雍也》里有句话：“不迁怒，不贰过。”这是孔夫子对弟子颜回的评价。那何为“不贰过”呢？就是犯过的过失不再重犯。人不可能没有过失，作为老师的我们亦是如此。但我们应该努力做到有了过失及时改正，并在改过中不断成长，不断汲取前进的力量。

案例学习

李镇西老师，曾写过这样一篇文章：《罚站任安妮——我永远的痛》，文中讲述了他亲身经历的故事。

一位名叫任安妮的女生，经常迟到，甚至影响了班风。所以在一个冬天的早晨，又一次迟到的任安妮被李老师罚站了十五分钟。

后来班上没有一个人迟到——从教育效果来看，可以说是“立竿见影”。但任安妮却没来上课，听说她回家后哭得非常伤心，觉得一点面子也没有了。过了几天，任安妮都没来上课。终于有一天，李老师从她母亲的口中得知，任安妮要休学了。李老师暗暗高兴：总算甩掉一个包袱！因为学习成绩差的任安妮，每次统考都将李老师班的平均分拉下一大截！

半年之后，任安妮返校复学，到下一个年级学习。在校园碰到李老师时，她总是羞怯而有礼貌地和李老师打招呼：“李老师好！”后来，学期中考试刚刚结束最后一科时，和任安妮同住一个院子的沈建平同学找到李老师：“李老师，任安妮今天早晨……死了……”李老师无比震惊，带着几个学生到殡仪馆与任安妮告别。

在那里李老师才知道，任安妮是一个白血病患者，而且任安妮的母亲告诉李老师，任安妮死之前还说“想李老师、想同学们”“要回到原来的班上”。李老师听了心如刀绞，忍不住恸哭起来……

价值分享

任安妮的死与罚站没有什么关系，但李老师为什么要背负着“永久的痛”呢？其实让李老师痛的不仅仅在罚站本身，而是他感到罚站伤害了学生的自尊。所以，李老师在文中疾呼：“任何时候，我们都不应该以伤害学生的尊严作为代价，去换取所谓的‘教育效果’！”

《荀子·修身》曾说：“见善，修然必以自存也；见不善，愀然必以自省也。善在身，介然必以自好也；不善在身，菑然必以自恶也。”

其实“人谁无过？过而能改，善莫大焉”（《左传·宣公·宣公二年》），意思是：人哪有不犯错误的？只要能及时改正自己的错误，就是最好的了！

知行合一

人无完人，金无足赤。作为老师的我们，一旦在教育学生的过程中有了过失该怎么办呢？

1. 及时发现

有“过”不可怕，可怕的是自己根本没有发现过失。《礼记·中庸》中说：“闻过而终礼，知耻而后勇”，意思是一个人认识到自己的过错即是完成礼仪的时候了，认识到羞耻后便接近勇敢了。

想要及时发现自己的过失，首先要重视自我反省。每晚入睡前，想一想面对那一个个可爱或顽皮的学生，我的教育方法是否恰当？有没有对学生的身心造成伤害？曾子尚有“吾日三省吾身”，我们更应该反躬自省、时时警诫自己。其次是听取他人的意见或建议。

战国时期，齐王采纳邹忌的建议，终让“燕、赵、韩、魏皆朝于齐”；汉高祖刘邦的一生从未停止过纳谏，于是从一介草莽，一步步成为我国第一位农民皇帝；唐太宗一直持有“君有违失，臣须直言”的态度，常常听取魏征的谏言，才为“贞观之治”打下了坚实基础。在我们周围有很多经验丰富的“老”老师，当自己把握不好尺度或是不知对错时，应虚心听取他们的想法。

2. 勇于面对

韩愈曾在《五箴》中写道：“人患不知其过，既知之，不能改，是无勇也。”意思是人最怕的就是不知道自己的过失，而知道自己错在哪里却不改，说明他是个没有勇气的人。人谁能无过？犯了过错，勇于承认，勇于担当，才是我们该有的态度。并且对于老师来说，敢于承认自己的过失，敢于面对自己的过失，也会潜移默化地影响到学生。人民教育家于漪，曾经做过一件事让她后悔不已：一位女同学不认真做操，老师反复纠正都不理睬，情急之下，一直告诫学生不能喊学生外号的于老师，自己却喊了。事后于老师勇敢地面对自己的过失，真诚地向这位同学道歉。

3. 不断反思

“过而不思，其过愈显；过而思之，思而改之，善莫大焉。”思过是对自身的一种审视，是不断纠正自我、完善自我的必经过程。

通俗地说，就是有了过失之后不要轻易地原谅自己，而是拷问自己的心灵①：我为什么会犯这样的过失呢？这样的过失是出于一时的感情冲动，还是有着必然的思想根源？这样的过失事先能不能够避免……只有深刻剖析发生问题的原因，才能让自己的内心清醒，才能明确下一步改正的方向，如：经过罚站任安妮这件事后的李镇西老师，便再也没有犯过类似的过失。他认真反思自己，诚实地对待自己的工作，勇于解剖自己和否定自己。在每一次失误后，他都不断拷问自己的灵魂，不断把教育的失误变成教育的财富，把自己的反思、心得体会写成一篇篇随笔，最终成就了事业。

4. 知过必改

知过、思过，更要改正过失。空气动力学教授西奥多·冯·卡门，被人们尊称为“超音速时代之父”。一次，学生钱学森研究的一项成果突破了他对相关科技的一项结论，向其汇报时，他一时无法接受，十分生气地说：“你讲错了。”后来卡门教授经过连夜思索，发现自己错了，于是第二天一早，亲自找到钱学森，先是向钱学森深深地鞠了一躬，然后充满歉意地说：“昨天你的汇报是正确的，我的看法是错误的。”

作为老师的我们，一旦有了过失，必须即知即改、立行立改，绝不能藏着掖着、捂着盖着，否则可能会对学生造成更大的伤害，也会让自己停滞不前。所以从此刻起，请勇于直视自己的过失，善于把教育失误变成教育财富，这是教育者成长的必经之路。

---

① 李镇西．教育的智慧［M］．青岛：青岛出版社，2014.

资料链接

《吕氏春秋·审分览·任数》中记载了孔子在被困陈、蔡一带时，曾误会颜回偷吃米饭一事。“君子之过也，如日月之食焉；过也，人皆见之；更也，人皆仰之”，在《论语》《孔子家语》中也记录了一些关于孔子自己改过及教导弟子改过的故事，为了更好地教育学生，作为老师的我们不妨用心读一读，并思考：我们该如何改己过，又该如何引导学生改过？

第二天 见贤思齐，日日新

子曰：“见贤思齐焉，见不贤而内自省也。”（《论语·里仁》）什么样的人是贤人呢？品德、学识出众的人。这句话的意思是看到贤人就向他学习，希望能和他一样。这是儒家修身养德的座右铭，我们在工作和生活中也应牢记这则教诲，看见别人做得好的地方要主动取长补短，争取让自己也可以做得像别人那样好。

案例学习

明朝嘉靖年间，有一年的除夕，一位年迈的老人，负笈担囊，冒着漫天大雪，在乡间的一条路上踯躅前进。他是谁？为什么要在除夕晚上赶路？这位老人叫董沄，是当时著名的学者、诗人。他当天要赶到余姚阳明洞拜王阳明先生为师。

为什么要拜年纪比自己小十多岁的王阳明为师呢？原来两年前，他不辞跋涉之劳，到会稽（绍兴地区）一带游历。听说王阳明在讲学，忙去听课，进了门，行了拱手礼后坐到了上位。他的气度让王阳明惊异，以礼敬重他。连听了几次，曾让他困惑的事理，而今居然都迎刃而解，心中似被明灯照亮一般。他被阳明先生博大精深的良知学折服了，当面提出要拜王阳明为师。与董沄老人同来的几位诗社友人都婉言劝阻；王阳明也再三推辞，不肯收他为弟子。

董沄回到家后，仍旧念念不忘与王阳明恳谈的情景，拜师的念头经常泛起。

两年后，这位 70 岁高龄的老人冒着雨雪来到王阳明身边，要再拜他为师。王阳明还是不肯接受。董沄说：“当年孔子不惜拜几岁的儿童为师。在学问上无长幼之分，不管你接不接受，我是一定要拜。”王阳明感到实在拗不过董沄，只好同意。除夕之夜，两人促膝而谈，守岁于书舍。当时，董沄的一位老朋友也曾劝他：“你这么大年纪了，也很有名气，何必如此呢？”董沄却说：“我从吾之所好为之。”并且改号为“从吾道人”，以示不改初衷。此后，董沄与王阳明常围坐在烛光下，切磋学问，交流思想，探讨人生[①]。

① 李桂奎．千秋师道［M］．广州：广东教育出版社，2017：51－52.

价值分享

古稀之年拜师求学、笃信力行、好学不倦的董沄老人实在让人钦佩。

孔子曰："三人行，必有我师焉。择其善者而从之。"（《论语·述而》）这句话表明了孔子"不耻下问"的学习态度和不断提高自身道德修养的坚定信念。

"见贤思齐"是我们修身、进学的最好方式之一。怎么学？向谁学？荀子讲："学莫便乎近其人""学之经莫速乎好其人"（荀子《劝学》）。荀子告诉我们要去找贤人，特别是身边人为榜样，主动向这些人靠拢和学习。

知行合一

董沄 70 岁仍然"见贤思齐"，主动拜阳明先生为师，为我们树立了学习的楷模。如何践行"见贤思齐"呢？

1. 见贤思齐，向身边的贤人学习

孔子说："能近取譬，可谓仁之方也已。"（《论语·雍也》）求"贤"无须好高骛远，从身边开始，从当下做起，择善而从。我们身边的老师，有的学识丰富，有的教学方法运用自如，有的教学理念先进……榜样就在身边，贤人就在眼前，当下向他们看齐。下班了，有些老师们没有急着回家，要批阅作业，要准备明天的课，要和淘气孩子的家长沟通……他们身上体现出来的事事落实、敬业奉献、勇于担当的美好品质，值得我们学习。此外，身边各行各业中那些助人为乐、诚实守信、孝老爱亲的好人，都是"贤人"。把他们立为心中的标杆，汲取力量，以增强"立德树人"的责任感和使命感，用实际行动向他们看齐。

2. 见贤思齐，以时代楷模为榜样

"见贤思齐"，学习先进，贵在内化于心，外化于行。要见思想、见精神、见行动。2017 年 8 月 1 日，以黄大年同志为榜样，习近平主席强调 3 个"学习"：学习黄大年同志心有大我、至诚报国的爱国情怀。在他心里，国家至上、民族至上、人民至上，祖国需要就是最高需要，服务国家就是最好归宿。黄大年同志勇于创新，取得了一系列重大科技成果，填补了多项国内技术空白。学习黄大年同志教书育人、敢为人先的敬业精神。他用行动阐释了"教学和育人相统一""言传和身教相统一"，做到了"潜心问道与关注社会相统一"。学习黄大年同志淡泊名利、甘于奉献的高尚情操。"非淡泊无以明志，非宁静无以致远。"其所思所行，如同一股清流，让学术变得单纯，让人生更加纯粹①。以当代楷模为榜样，见贤思齐，向使命聚焦，就能让我们获取前进的动力。

3. 见贤思齐，关键在于自觉践行

见贤思齐，关键在自觉。现实生活中，大多数人懂得"见贤思齐"的道理，但大多数

---

① 崇德向善，见贤思齐［EB/OL］.（2017-08-01）［2019-11-06］. http：//sh.people.com.cn/n2/2017/0801/c373056-30555918.html.

人又常常会忘记这个道理。于漪老师一生敬重两位教育家：我国的陶行知和苏联的苏霍姆林斯基，一辈子学做老师，而今她成为我们人人敬仰的“人民教育家”。2017 年度“中国好校长”获得者——南通通州区实验小学校长王笑梅在读师范时，非常崇拜当时闪耀在南通教坛的明星——南通教育的五朵金花：李吉林、陈锡珍、亓浦香、杨秀兰、张育新，见贤思齐，不断求索，把“办家长满意的学校，做孩子喜欢的老师”作为职业追求，走出了一条“当名教师也当名校长”的路，近百篇学术论文散见于《人民教育》《上海教育科研》等国家、省级期刊，出版个人专著《儿童作文的本义：嬉乐作文让儿童乐并成长着》，她已成为“学术场域”的领路人①。法国作家卢梭说过：“榜样！榜样！没有榜样，你永远不能成功地教给儿童以任何东西。”当榜样在我们心中起到示范引领作用时，我们就应当及时、自觉地对标先进、学习先进、争当先进。

资料链接

张民生、于漪编著的《教师人文读本》（上海辞书出版社，2006 年出版）一书分为上下两册，推荐大家阅读上册第三单元“夫子循循然善诱人名师”，书中有先辈、前辈和同辈等楷模的故事，他们的真诚、守信、博学、崇德……是我们立足于世的根基，是我们生活的坐标，也是我们为人师表的基础。

第四天 诤友互助，责善日新

大成至圣先师孔子十分重视交友，也乐于交友，他把多交贤友视为君子“三乐”之一。我们也都需要朋友，因为朋友之间可以相互切磋、相互劝勉，做到“朋友切切偲偲”（《论语・子路》）。“益者三友：友直，友谅，友多闻。”（《论语・季氏》）这里所说的“直”，就是指朋友正直的人品，就是诤友。人常说“人生得一知己足矣”，可是诤友比知己还要难求。我们该如何交诤友、惜诤友呢？

案例学习

今天，我们读一个王安石与苏轼的故事。

年少成名的苏轼经常卖弄才华，王安石想敲打敲打他。一次，王安石因怀念家乡写起诗来，他写道：“西风昨夜过园林，吹落黄花满地金。”这时宋神宗召见他，他便放下笔进宫去了。苏轼看到王安石写的诗，认为他写错了，已是秋天，怎么可能吹落黄花满地金

---

① 王笑梅．梦想的翅膀——我和李吉林老师的故事［J］．人民教育，2011（23）：56－59.

呢？便在后面写了两句：“秋花不比春花落，说与诗人仔细吟。”王安石回到书房看到苏轼留下的诗，很不高兴，恰好得知黄州府缺少个团练副使，第二天便上奏书。就这样苏轼左迁黄州团练副使。

离京时王安石携苏轼的手说：“老夫幼年寒窗灯下日久，染成陈疾。今觅得一偏方，须用瞿塘中峡之水服之。塘在蜀，老夫几欲差人往取，未得其便，兼恐所差之人未必用心。子晓桑梓之邦，倘尊着往来之便，将瞿塘中峡水，携一瓮寄与老夫，则老夫衰老之年，皆子所延也。”

光阴迅速，大约一年后的重阳节，东坡端坐于书斋，忽然想到后园栽种的黄菊，刚要起身前往，恰好陈季常来访，便开心地拉其同往后园看菊。只见满地铺金，枝上全无一朵。苏轼一时目瞪口呆，半晌无语，才晓得当年改王安石的诗是错误的，不禁万分羞愧，悔恨自己的浅薄狂妄，方悟让自己到黄州任团练副使是为了教育自己。

回京时，想起王安石要他带一坛瞿塘中峡水的话来，觉得只有将此事办好，才能赎自己轻慢妄言的罪过。苏轼因专心于赏景吟诗，等想起取水一事，早已过了瞿塘中峡，不禁愁眉紧缩，属下劝说：“三峡相连，并无阻隔。上峡流入中峡，中峡流入下峡。本是一江水，咋分好和歹？”无奈之下，苏轼只得取下峡之水。

回京后，苏轼拜见王安石。王安石见苏轼没了浮夸之气，非常高兴。苏轼奉上带来的一瓮水。王安石略试，便说道：“又来欺哄老夫！这是下峡的水，为什么说是中峡的水呢？”苏轼大吃一惊，忙问：“您是怎么分辨出来的？”王安石笑了笑，说道：“读书人千万不可轻举妄动，需得细心察理，老夫要不是亲自到过黄州，看过菊花，怎么敢讲黄花落瓣？这瞿塘水性，出于《水经补注》，上峡水性太急，下峡又太缓，只有中峡水性缓急适中。用三峡水泡阳羡茶，上峡味浓，下峡味淡，中峡就处于浓淡之间。现在白空碗中的茶半天才看得见茶色，所以知是下峡水了。”苏轼佩服之至，忙说明原委。

王安石告诉他：“为人第一谦虚好，学问茫茫无尽期。”苏轼逐渐沉下心来学习，写下《念奴娇·赤壁怀古》等许多传世经典，成为一代文豪，这与王安石对他的勉励有很大的关系。

王安石与苏轼在政治立场上虽然不同，但当“乌台诗案”发生时，已经辞官的王安石挺身上书朝廷，营救苏轼。①

价值分享

《说文解字》解释说：“诤者，止也，止其失也。”如果你有一种朋友，敢于与你争辩是非对错，能够向你直陈利弊得失，指出安乐背后暗藏的危机，让你时刻保持警醒与冷静，不断进取，在前进的道路上防止迷失自我，该是何等的幸运！

真正的朋友是一生的财富，诤友更为可贵，他们往往敢于直接指出问题和不足，推心置腹，以高度负责的态度，敦促朋友改过从善；不会把个人利益或“朋友义气”放在首

① 《警世通言》之《王安石三难苏学士》。

位，他希望通过朋友间无私真挚的砥砺，使朋友不断成熟、不断进步。在他心里，你就是他，他就是你，诚如古人说：“砥砺岂必多，一璧胜万珉。”人生，有一诤友，堪珍；人生，成一诤友，堪傲。

知行合一

古人云：“故近朱者赤，近墨者黑；声和则响清，形正则影直。”朋友对我们的影响至关重要。

1. 交诤友，可正人生

诤友，如同一面镜子，可正人生。不论你位高位低、是富是贫，诤友都能说真话、敢批评、敢指正。宋朝诗人张咏做湘东太守时，偶得“独恨太平无一事，江南闲煞老尚书”之句。溧阳知县萧楚才看到后，提笔将“恨”字改为“幸”字。张咏不悦，认为这样违背了他的本意。萧楚才当即批评说：“当今小人当道、奸佞横行，大人位高权重、功勋卓著，已成众矢之的，你居然说‘恨太平’，恐招杀身之祸。”这一字之改，不仅救了张咏一命，也给诗句增添了内涵。张咏听后大悟，与其结为好友。从此，二人成为至交。面对诤友的批评不要排斥，应欣然接受。

2. 交诤友，长善救失

古人讲“姑息之爱，言多顺耳；德义之爱，言多逆耳”（明末清初·张履祥《初学备忘》），“忠信进德，惟尚友而急贤”（朱熹、吕祖谦《近思录·为学》），找一个赞美你的朋友，不如找一个挑你刺的朋友。郝天护发现钱学森在国外发表的论文中有一处错误，便写信告之。没想到，钱先生不但给他回了信，还对他表示感谢，并鼓励他把意见形成文字。于是他将自己的观点写成文章，由钱先生推荐发表于《力学学报》。这段渊源让他们结下了诤友情。钱老 96 岁高龄时，他们仍保持联系。在钱老的帮扶下，郝天护更加努力，科研成果日渐丰硕①。

3. 交诤友，亦做诤友

“平生知心者，屈指能几人”，若把诤友作为人生知己，人生还有何求？明末清初著名理学家张履祥在《初学备忘》中讲：“惟人亦然，严正者，益我德者也；狎昵者，长我慝者也。”生活中，我们对待诤友要至诚。古有魏征与唐太宗的故事，便是千古诤友的典范，他们虽是君臣相称，但彼此间真挚、高尚、互为“人镜”的友谊，更是后人朋友间值得学习的诤友楷模。交诤友、做诤友，不仅要有虚怀若谷的胸怀，正视错误和改正错误的自觉和勇气，还要识大体，坚持做人做事原则。

---

① “不”字之中显境界［EB/OL］.（2016－03－23）［2019－10－14］. http：//www.81.cn/big5/zggfs/2016-03/23/content_6972921.htm.

资料链接

（1）《中学生的第一本交友书》（花山文艺出版社，2007 年出版）的作者是刘英俊。本书向读者介绍了友情和朋友的重要性，并指出了如何正确健康地交友。有时间请读一读，还可推荐给你的学生。

（2）法国电影《触不可及》几乎会让你整场开怀大笑，最后却让你蓦然飙泪，黑与白，老与少，贫与富，这是超越种族与阶级的诤友情，剧情细腻，感人至深。有时间可约朋友一起看看。

第五天　师生同心，互学日新

理想的教育是什么模样呢？师生在平等交流中生成智慧火花，在思维碰撞中唤醒各自的潜能，共创奇迹，在相惜、相助、相学中不断成长。

“闻道有先后，术业有专攻”，作为老师，我们只不过是比学生早学了几年，学习的经历多了那么一点，但这不能说我们比学生强。我们也不是什么都知道，什么都明白，也需向他们学习。

案例学习

今天我们读一读王阳明诚收王艮的故事。

王艮原名王银，七岁读书于乡塾，但因家贫无法完成学业，只得跟父亲到山东做生意，常随身携带《论语》《大学》等书，遇到问题，逢人就问。他一边经商，一边为学，后来提出了“格物”说，即“格物”必先“正己”。

一天，一个常听王阳明讲学的江西吉安人听到王银讲“格物”，非常吃惊，因为这与王阳明的“良知”说很相似。王银知道后也深感意外：“竟有这样的巧事！王公论‘良知’，我讲‘格物’，这难道是老天的安排？我要会一会他。”于是他立即动身，直奔江西（此时王阳明在江西做巡抚）。

王阳明出门迎接，请他坐上座，他也毫不客气。一番辩论，渐被折服，把座位移到侧边，心悦诚服地说：“我不如也。”于是行弟子礼。回到馆舍后，王银反复思考论辩过程，感到多有不合，有些后悔，认为自己太轻率了。第二天，又去见王阳明说：“我昨天拜师有些草率了，今天再次与你进行论辩。”

王阳明一听，称赞道：“好啊，你是个不轻信盲从的人。”接着，王阳明又让他坐上座。两人辩论了很长时间，对一些问题穷根究底。王银彻底心服，他又走下座位，磕头便拜，甘称弟子。王阳明也很激动，他对弟子们说："当年我擒拿朱宸濠时心平如水，今天被这个人撼动了。他是真正的学者、圣人，有疑则疑，获信则信，一丝不苟，你们都不如他。"王阳明先生给王银改名王艮，字汝止。

此后，王艮大有长进。王阳明先生去世后，他回到泰州，创立传承阳明心学的泰州学派，深受人们爱戴。

价值分享

张载在《经学理窟·义理篇》中讲："常人教小童，亦可取益；绊己不出入，一益也；授人数次，己亦了此文义，二益也；对之必正衣冠，尊瞻视，三益也；尝以因己而坏人之才为之忧，则不敢惰，四益也。"

意思是普通人教育小孩，也会有收获：一是可约束自己，不让自己三心二意、随心所欲；二是常教别人，自己也了解了文章的内容；三是面对学生要衣冠端正，因而会越来越讲究礼仪；四是时常感到自己水平低下，担心因此误人子弟，因而努力读书，不敢懈怠。

我们工作的源头活水是什么？是与学生的互动互学，这也是我们"学而不厌、诲人不倦"的动力。课堂不只是教师展示的场所，它也是学生思考的场所，是师生实践互学的场所。在引导学生不断除旧布新的同时，老师也在不断地更新知识、提升着个人修为。

知行合一

教学，就是师生在教与学的过程中，相互交流、相互启发、相互补充，在教育园地里师生达到共享、共进和共长，共同弹奏真善美的乐章。

1. 师教生学，互促共进

"善教者则不然，视徒如己，反己以教，则得教之情也。所加于人，必可行于己，若此则师徒同体。"（《吕氏春秋·孟夏纪·诬徒》）视生如己，设身处地施教，方可心志相同。社会在迅速发展，知识领域在不断扩展更新，教材也在改革更新，学生的认识水平也具有了更高的起点，他们所关注的知识领域难道我们都懂吗？孔子曾向项橐揖礼请教，是多么可钦可敬啊！茅以升曾说："学生提难题，这是一种特殊形式的'挑战'。老师在这种情况下，就不得不'应战'。一个难题从提出到解决，学生提高了，老师也跟着学生一起提高，这就真正做到了'教学相长'。"向学生学习会让我们与学生之间的关系更为亲密，学生求知的渴望会愈加强烈，同时也增长着我们的智慧和学识。

2. 教学成功，源自师生互动

于漪老师说："当崇高的使命感和对教材深刻理解紧密相碰，在学生心中弹奏的时刻，教学艺术的明灯就在课堂里高高升起。"掌握多种教学方法，在课堂教学中尝试，才能在学生的反馈中不断改进，才能兼容并蓄，适时适机而用。再说一个孔子的故事——四子侍坐。孔子和颜悦色地与其弟子谈论理想志趣："以吾一日长乎尔，毋吾以也。"意思是不要因为我的年纪比你们稍长一些就不敢说话，不要顾忌，想说什么就说什么。孔子教育学生不居高临下，非常风趣幽默。他不多说一句话，更不呵斥，而是在交流中，用冉有和公西华的谦逊温和来教育子路，用子路的果敢自信来鼓励冉有和公西华。像朋友一样引导学生明白自己的行为习惯、礼仪修养应该如何定位和规范。这样的育人素养来自学生，来自平日的教学实践。课堂是师生双方自主互助教育的场所，是老师修炼的地方。

3. 学育相长，高徒出名师

对学生而言，我们的督促能让学生砥砺前行，顺利完成学习任务；对我们来讲，学生对知识的渴望也促使我们不断地自我完善。雷夫·艾斯奎斯在霍伯特小学担任五年级的老师达 20 多年，是美国最具影响力的教师。他的学生几乎都来自贫困家庭。在第 56 号教室里，学生每天提前 2 小时到校，放学后数小时内仍不愿离去。长大后，他们纷纷进入哈佛、耶鲁等常青藤名校就读。雷夫·艾斯奎斯的著作《第 56 号教室的奇迹》不但畅销，还被拍成纪录片。他被《纽约时报》尊称为“天才与圣徒”。可他却说：“我遇到了优秀的学生，使我成为了优秀的老师。”师生同心，互学日新，方可互相成就！

资料链接

（1）如何改善班风，打造无惧教室？怎样以信任取代恐惧？如何成为孩子们可靠的肩膀？纪律为何必须合乎逻辑？……想不想也让自己的教室变成学生温暖的家，让孩子变成爱学习的天使？答案尽在雷夫·艾斯奎斯所著的《第 56 号教室的奇迹》（中国城市出版社，2009 年出版）。推荐大家阅读第一部分：家最温暖。

（2）请读读《论语》中“四子侍坐”章，并与同事分享一下你的心得体会。

第六天　一周回顾：见证成长

没有人天生优秀。“性相近，习相远”，每个人都是依靠学习，不断成长。“学而时习之，不亦说乎”，在学习过程中，我们成长，我们成熟，我们见证自己的美好，我们也见证世界的多彩。这一周我们围绕成长的话题展开讨论，开启了我们的日新之路。

与己同行，需要执着，需要无畏。我们要力求进步，自觉奋发向上，即便穿岩凿壁，也面无惧色，第一天是“化茧成蝶”的自我修炼。然而人非圣贤孰能无过？通过第二天的讨论，我们会在“闻过则喜，知过不讳，改过不惮”中日新；“罪己责躬不可无，然亦不当长留心胸为悔”（朱熹、吕祖谦《近思录·致知》），与己同行，是修正，也是和解，我们还要学会悦纳自己，在引导学生正确客观地看待自己的不足，面对自己的过失能够不断自我完善，自信前行。

“见人贤，即思齐”，通过修炼，让“见贤思齐”成为习惯，人不日新必日退，这是第三天的讨论内容。

与他同行，需要宽容，需要有成人之美的涵养。“他”是诤友，诤友的责善是我们第四天讨论的内容。“人之情，爱同于己者，誉同于己者，助同于己者，学业之章明也，道术之大行也。”（《吕氏春秋·孟夏纪·巫徒》）电影《我和我的祖国》中的“八一”飞行表演队中的吕潇然，在 2015 年抗战胜利 70 周年阅兵前夕被任命为歼- 10 编队备份飞行员。这让事事争先的她很不服气。阅兵当天，编队从基地起飞，吕潇然的 09 机伴飞。在抵达基准点前，08 机出现状况，指挥部命令 08 机脱离编队，09 机补充。吕潇然此时却没有接受命令，而是指导 08 机排除了故障，帮助队友完成飞行。她成就了队友，也达成了内心的自我和解。

与众同行，需要至诚，需要奉献与付出，需要满腔热忱。“独行快，众行远”，众志成城，大家一条心，不管经历多少风雨，都能迎风前进；不管经历多少失败，都不言弃；大家视彼如己，为了共同的事业，乐于接受岁月的洗礼，向着共同的目标，拼搏进取。这是团队的共同修炼。

我们成长，我们提升，我们修炼，皆为一大事来，皆因立德树人的崇高使命，方可担当育人使命。奉献我们的心，是为了让世界花团锦簇，让这个世界，因我们而阳光明媚！

思维导图

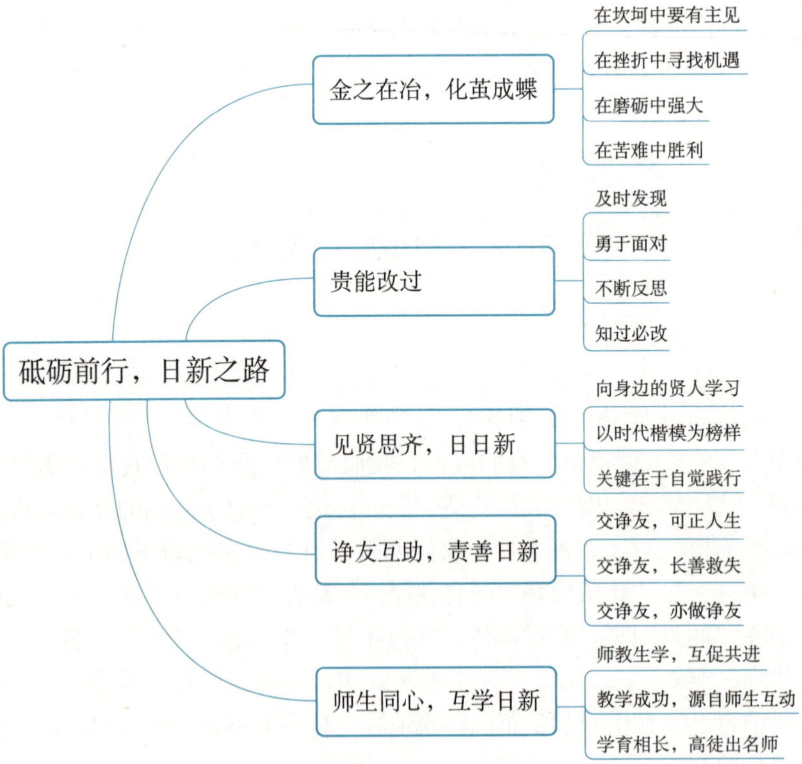

资料链接

《学校的挑战——创建学习共同体》（华东师范大学出版社，2010 年出版）一书，佐藤学著，由钟启泉翻译。全书为读者提供了“课堂革命”的国际视野，而且用大量鲜活的案例展示了“创建学习共同体”的理念、要诀与技术。

第七天　实践反思：留下我们的育人故事

孔子与其弟子们游春观水的故事、蔡元培先生的“一杯绿茶”、陶行知先生的“四块糖果”……他们的教育理念、教育思想、教育智慧，直到今天，仍给予我们很多思考，很多启迪。

我们不能停下修炼的脚步。于漪老师曾说：“一辈子做教师，一辈子学做教师。”在做中学，在学中做，学无止境，我们要不断提升书写、教学语言、分析学生、解读教材、引导启发、教学评价、教育科学研究等能力，修炼我们的专业素养。泰戈尔说：“水本无华，相荡乃成涟漪；石本无火，相击而生灵光。”本没有花纹的水，在相互冲击后产生了涟漪；本没有火花的石头，在相互碰撞后就会迸发出耀眼的光芒。在与榜样、诤友和学生的不断碰撞中完成我们自己的修炼。

其实，把工作、生活中的故事如实地记录下来，就是一种很好的修炼。因为这会引发我们对自己教学行为的反思自问。无论是调皮捣蛋的学生，还是尊敬师长的学生，无论是懒散拖拉的学生，还是勤奋好学的学生，他们都在帮助我们不断成长。如有的学生总是不能按时完成作业，针对这一现状采取措施，若一招不灵，则要再换一招，不能一条道走到黑，要追寻根源，不断调整。同时根据学生的变化寻找其闪光点，即便如昙花一现，也要抓住这个教育契机，使其成为转变学生的关键。同时学生也是我们的镜子，看见他们的问题，也就看见了我们教书育人方面存在的问题。

课堂是孕育故事的主要场所。于漪老师曾这样说：“我不断地反思，我一辈子上的课，有多少是上在黑板上的，有多少是教到学生心中的。”日本兵库县高砂市立北滨小学的田中老师在上《空气与水的性质》的公开课时，他首先抛出一个问题：飞枪的子弹为什么会飞？学生相继发言后，各学习小组归纳各组的见解；接着进行压缩空气实验，当学生看到压缩后的白烟逐渐变浓时，他们情不自禁地欢呼起来；当学生看到被压缩的海绵像果汁软糖时，个个惊讶得张大了嘴巴，同时几乎所有的学生对塞进果汁软糖的变化又充满了好奇。田中老师料事如神，把事先准备好的果汁软糖拿了出来，一一发给学生，孩子们在兴奋、感动中兴致勃勃地进行着果汁软糖的实验，验证着各自的判断。最后要求全体学生表述课堂发现——几乎所有的学生都在兴奋地描述果汁软糖的实验①。教育不是灌输知识，我们要用心研读教材，有了自己的心得，才能与学生交融，尽我们所能将开发宝库的钥匙交给他们。而这一过程中师生的一次次开怀大笑、思维碰撞、质疑解疑……都在演绎我们的育人故事。

砥砺前行，日日新，成为好老师，其实并不难。“知是行的主意，行是知的功夫；知是行之始，行是知之成。”那一场场师德模范报告会、一次次家访……都会留下温暖岁月的教育故事。每个故事都记载着我们自我锻造、自我提升的历练过程。蓦然回首，在修炼中我们已学会舍得，愿不计名利地将自己的青春奉献给三尺讲台；已学会坚持，即使遇到风雨，也会以我之真诚成就学生之幸福；已学会感恩，感恩一切遇见……教书育人就是一场修炼，细细回味其中的故事，可以帮助我们更好地为学生服务！

资料链接

《修炼——百名特级谈教师专业发展》（上海教育出版社，2018 年出版）由上海市特级教师、特级校长联谊会和上海教育杂志联合编写。书中记录了特级教师（特级校长）专业成长中的困惑、求索和收获。他们的责任感、使命感和敢于创新的精神值得我们学习。推荐大家阅读《以诚心教，以素心活》《来自三个“第一次”的修炼》《修炼其中，成就其外》《为了更好，不断修炼》《永远行走在自我修炼的路上》，既能获得更多的修炼途径，还能修炼内功。

① ［日］佐藤学．学校的挑战——创建学习共同体［M］．钟启泉，译．上海：华东师范大学出版社，2010：101-102.

第十周 遇见自己，遇见幸福

——教师幸福三部曲

执笔人：王宁宁（北京开放大学）

第一天 什么是教师的幸福

幸福是一个永恒的主题，幸福生活，幸福人生，是每一个人都在思考和追求的目标。什么是幸福？确实是仁者见仁，智者见智。教育的本质是以人为本。显而易见，人的幸福与教育有着密切的联系。新时代，教师要把立德树人作为教育的根本任务，坚持德育为先，培养学生积极乐观向上的品格，关注学生的人生幸福。

太阳唤醒大地，教师唤醒灵魂。学生的幸福来自教师幸福的滋养与引领。那么，什么是教师的幸福呢？

案例学习

我们一起来看看我国近代人民教育家陶行知先生的幸福观。

陶行知有一句教育名言："人生天地间，各自有禀赋。为一大事来，做一大事去。"陶行知先生非常重视国民教育，认为教育是共和国的保障，因此，他把毕生精力都投入到教育这一大事中来。1923 年，他组织了平民教育促进会，编写《平民千字课》，奔波于全国十几个省市，致力于平民教育。他把《平民千字课》作为教材送到平民百姓家里，劝家家户户都要识字读书。他活动的经费多数都是自己写书的稿费。

一次，陶行知得到了 1 万多元稿费，拿回家锁在柜子里，承担着所有家务的妹妹看见了，问他：家里有老有小，钱也不多，能不能留 1/4 给家里用？陶行知想了想，温和地说：我要去南京劳山脚下办晓庄师范，这钱要作为办学的经费。我们家虽穷，粗茶淡饭还能维持。中国 34 000 万农民非但没有饭吃，更没有文化。用这钱去办学校，是为农民烧心香，是尽我们的绵薄之力去帮助他们。你在家里省着点用，算是帮我去办大事吧！妹妹理解了他，默默地点了点头。

1927 年，陶行知办起了晓庄试验乡村师范，开展乡村教育活动。1930 年 4 月，国民党反动政府武力封闭了这所学校，还通缉陶行知。1932 年，陶行知在上海先后创办了山海工学团、晨更工学团、劳工幼儿园，继续推行中华普及教育运动。

陶行知先生以"捧着一颗心来，不带半根草去"的爱国之心努力践行平民教育，30 年如一日矢志不移，其教育的幸福感源于"爱满天下"之思想。

价值分享

陶行知用自己几十年的所作所为回答了什么是教师的幸福人生。他积极致力于平民教育，不仅创办晓庄试验乡村师范学校，创办第一个乡村幼稚园燕子矶幼稚园，还创立了至今仍非常适用的博大精深的生活教育理论，强调“教育是立国之本”，虽然他对幸福问题没有作过系统的专题论述，“但从其浩瀚的思想体系中我们处处可以窥见对幸福的宏论，陶先生本人终身也都在实践着幸福教育，幸福问题可以说是贯穿其教育思想的一根主线”。①

陶行知认为“教育是大事业，有大快乐”。他的幸福观体现在关注大众疾苦、关注平民教育，他倾尽毕生精力扶持平民教育，追求的是让更多人民接受更好的教育，实现人生幸福的家国情怀和崇高境界。习近平总书记说得好：教师不能只做传授书本知识的教书匠，而要成为塑造学生品格、品行、品味的“大先生”②。

知行合一

随着现代物质生活的满足和社会的进步与发展，人们开始更多关注精神层面的幸福感。教师的幸福感问题，一直受到教育研究者和普通大众的瞩目与关注。教师幸福与否不仅影响到教师的自身专业成长、职业发展和价值实现，同时会影响到学生和学校的健康发展以及教育事业的宏图伟志。

教师职业与教育事业密切相关，教师的教育教学实践活动渗透着深刻的教育思想及与人相关的德性伦理。教师的职业幸福感是教师在从事教书育人的教学实践过程中，以及在实现人生价值、追求职业理想的过程中，逐渐形成的对教师的职业生活持有的一种稳定的、愉悦的工作体验与精神状态。幸福感是一种内在的心灵体验，也是一种积极的生命态度和对人生经验充满正能量的主观体悟。

陶行知先生很好地将自己的教师职业和国家教育事业结合起来，开展了大量教育实践活动，创立了完整的教育理论体系，对我国教育的现代化作出了开创性的贡献。

1. 教师的职业幸福是教师幸福与学生幸福的统一

陶行知先生说：“教师的成功是创造出值得自己崇拜的人，先生之最大的快乐，是创造出值得自己崇拜的学生。”陶行知说出了教师的心声，就是教师的最大快乐是培养出“青出于蓝而胜于蓝”的学生。这也是传承了中国儒家所倡导的“己欲立而立人，己欲达而达人”思想。教师的幸福就是桃李满天下。

优秀的运动员背后一定有优秀的教练员，比如中国最优秀的女子排球运动员朱婷，得益于最优秀的教练员郎平的精心培养和教导，所谓强将手下无弱兵。优秀的学生有赖于优秀的教师的悉心培养，优秀的学生也成就了优秀的教师，二者相辅相成。比如人称复圣的颜回，十三岁拜孔子为师，终生追随老师，是孔子最优秀的门生。颜回位列孔门七十二贤之首，他兼具孔子和老子的长处，既可以追随孔子主动求学，做有为之事，传承儒家仁学，又能够做到如老子一样“无为而治”“志存高远”，不愿意当官，而是帮助孔子删述“六经”，把自己的一生都贡献给了儒家信仰和儒学著作。再如深居简出的鬼谷子老师，他的举世闻名，也因为他带出功名卓著的优秀学生，其中最有名的就是相亲相爱的谋略家苏

---

① 刘晓波，吕德雄．幸福教育——论陶行知教育思想的幸福观［J］．中学政治教学参考，2013（18）．

② 习总书记在全国高校思想政治工作会议讲话［N］．人民日报，2016－12－09．

秦与外交家张仪，相恨相杀的名将庞涓与军事家孙膑。

孔子的幸福观是由己及人至“天下人”的整体幸福观，传承至今，教师的幸福是由多方面构成的统一体。首先，教师幸福与学生幸福，是紧密联系的，是相互统一的。教师的幸福会潜移默化引导和影响着学生，学生的幸福又深化、丰富和升华了教师的幸福。

2. 教师的职业幸福是物质幸福与精神幸福的统一

受儒家文化影响，我国知识分子的幸福观是物质和精神兼备的幸福，既有对物质生活幸福的认可，也有追求纯粹精神之乐的幸福。孔子说：“饭疏食，饮水，曲肱而枕之，乐亦在其中矣！不义而富且贵，于我如浮云。”吃粗粮，喝白水，弯着胳膊当枕头，仍可以从平淡的生活中找到乐趣；用违背道义的手段获取富贵，对我而言就如同天上的浮云。孔子还说：“富而可求也，虽执鞭之士，吾亦为之，如不可求，从吾所好。”儒家并不排斥物质幸福，但是如果物质生活与精神生活不可兼得，儒家则提倡“安贫乐道”，这里的“道”，不是物质的，不是富贵的，而是精神层面的。因为物质所换来的幸福感是短暂的、肤浅的；而精神的幸福才是长久的、深刻的。

马克思对于幸福的论述非常丰富，他以实践的思维来重新诠释人、理解人，很好地阐释了人的全面发展理论。马克思主义幸福观认为，幸福是同物质生活、精神生活融合在一起的。一方面，物质生活是个体获得幸福的物质基础，是个体得以生存和发展不可或缺的条件；另一方面，精神生活是个体获得幸福的思想源泉，可以丰富和升华个体的物质生活。

可见，教师的物质生活是生存基础，是基本条件，精神生活是教育目的，是事业追求的结果。任何一个伟大的教育家或思想家不可能只有完全的物质生活或者只有单纯的精神生活。没有基本物质生活的支撑，精神生活无法持续；没有精神生活的价值追求和境界升华，物质生活会变得枯燥乏味，人生将会失去意义感和价值感。

3. 教师的职业幸福是创造幸福与社会幸福的统一

马克思曾经说：“任何一个民族，如果停止劳动，不用说一年，就是几个星期，也要灭亡。”① 劳动是人类生存的基础和根本保障，也是人类获得幸福的来源和动力。马克思主义哲学实践论肯定“实践活动是人类获得幸福的手段”。马克思的幸福观包含着深刻的理论逻辑：实践是现实的人实现幸福的基础，是人的根本存在方式，人也只能在实践中获得幸福。

习近平总书记提出的“幸福都是奋斗出来的”②，与马克思的幸福观是一脉相承的，“奋斗幸福观”是对马克思主义理论中国化的重要发展和体现。新时代倡导的实践观和劳动观就是新时代是奋斗者的时代，是全民“撸起袖子加油干”的时代。新时代倡导的以人民利益为中心、以实现人民幸福为目标的幸福观，与儒家仁爱幸福、推己及人、为人着想、天下为公的传统文化中的价值取向不谋而合。

创造与实践是教师把握幸福的最佳途径和手段。教师通过不断的教育教学实践、开展

---

① 马克思，恩格斯．马克思恩格斯选集：第4卷［M］．北京：人民出版社，1995：580.

② 国家主席习近平发表2018年新年贺词．新华网，2017－12－31.

各种教学活动来保证物质需求和满足精神需要，并在教育实践等活动过程中充分发挥出自己的主观能动性与创造性，从而在教育教学过程中实现自己的价值，享受实践成果，满足精神愉悦，感受到实践活动带来的幸福。

教师的职业幸福就是过一种有价值的生活，教师不仅能够通过教书育人创造个人的幸福和学生的幸福，同时因为教师是从事“大事业”的职业群体，承载着巨大的社会文化责任，教师所创造的幸福也包括社会整体的幸福。教师是一个具有高度的社会责任感和高尚的职业道德的职业，所以教师的职业幸福需要教师自觉地、主动地将在职业实践活动中创造出的幸福融入社会整体的幸福中去。

资料链接

（1）请阅读陶行知 1924 年作的《自勉并勉同志》，学习并体会“人生天地间，各自有禀赋。为一大事来，做一大事去。多少白发翁，蹉跎悔歧路。寄语少年人，莫将少年误”的含义。

（2）请阅读习近平总书记关于“奋斗幸福观”的相关论述，体会“新时代是奋斗者的时代”“幸福是奋斗出来的”等思想内涵，思考教师如何将自己的职业幸福与时代幸福紧密结合。

第二天 教师的幸福在哪里

陶行知先生说：“我们做教师的人，必须天天学习，天天进行再教育，才能有教学之乐而无教学之苦。”[①] 所谓教学之乐，源于教书育人、成人之美的幸福观。陶行知是一个觉醒得比别人都快而且彻底的人民教育家。陶行知先生的幸福观是从不断的教育实践中总结提炼出来的，是在坚守教书育人初心、持之以恒学习、树立新观念、励精图治、精益求精的过程中生成的。

案例学习

我们再来看看陶行知老师的幸福在哪里。

1932 年国民党反动派查封了南京晓庄学校，师范附属小学被迫停课。附小的同学们自发办起了“儿童自动学校”，由学习好的学生当老师，连校长、工友也由学生担任。整个学校秩序井然，书声琅琅。

---

① 陶行知．陶行知全集：第三卷［M］．成都：四川教育出版社，1991.

消息传出，教育家陶行知写了一首诗称赞说：有个学校真奇怪，大孩自动教小孩；七十二行皆先生，先生不在学生在。

受到赞扬，同学们都很高兴。可是有个年仅八九岁的小同学却找到陶行知，毫不客气地提意见："照先生的写法，我们学校算不上'真奇怪'。"

陶行知一点都不生气，反而和颜悦色地问："小朋友你只管说，我的诗错在哪里呀？"那孩子指着第二行说："小孩就不能教大孩吗？我们学校里，就有年小的成绩好，做大龄同学老师的。要是像先生写的只是'大孩自动教小孩'，有什么'真奇怪'？"。

"说得对，说得对。"陶行知诚恳地认错检讨说："小朋友，非常感谢你的指正，我马上就改。"说完，把"大"字改作"小"字，成了"小孩自动教小孩"。然后又问："这样改行不行？"

小孩咧嘴笑了："先生改得真快真好！"

陶行知也会心地笑了。

陶行知的幸福就在与学生的互动之中，就在教师日常的教育生活之中。陶行知主张生活即教育，生活教育就是教学做合一；生活与生活一摩擦便立刻起到教育的作用；摩擦者与被摩擦者都起了变化，便都受了教育。

陶行知告诫教师不可轻视小孩子的情感。"他给您一块糖吃，是有汽车大王捐助一万元的慷慨。做了一个纸鸢飞不上去，是有齐白林飞船造不成功一样的踌躇。他失手打破了一个泥娃娃，是有一个寡妇死了独生子那么悲哀。他没有打着讨厌的人，便好像是罗斯福讨不着机会带兵去打德国一般的怄气。他受了你盛怒之下的鞭挞，连在梦里也觉得有法国革命模样的恐怖。他写字想得没有得到优，仿佛是候选总统落了选一样的失意。他想你抱他，一会儿您偏去抱了别的孩子，好比是一个爱人被夺去一般的伤心。孩子的感情是绝对不可以轻视的，伤害到孩子的结果只会使自己的劳动成果付诸东流"。

价值分享

教育是完善人、解放人、实现人的活动，因而教育对人的幸福负有不可推卸的责任。教师在胸怀教育大事业大幸福的同时，更多的时候需要俯下身来，珍视学生的情感，在点点滴滴的小事上去循循善诱，去获得触碰孩子心灵的生活教育的小幸福。陶行知的教育幸福观与孔子的教育幸福观如出一辙。陶行知向小学生认错的故事和"昔孔子，师项橐"（《三字经》）的故事，都是高高在上的老师不耻以孩童为师，为天下人称赞的"乐学"态度和"乐道"精神。教师只有"乐学"，具有内在的动力，主动获取知识，思考并应用于实践，才能坚守"乐道"，永葆追求理想的热情和坚守信念的执着，才能不怕困难与挫折，甘于平凡，从大处着眼，从小事做起，乐此不疲，矢志不渝，最终在尽心尽责的职业生涯中和在日常教学的师生互动中获得职业的幸福，享受教师的荣光。

知行合一

教师职业既是一个光荣的受人尊重的职业，同时也是一个平凡而普通的职业。教师职业的幸福除了来自教师自身对于教育大事业的深刻理解和倾情投入，更多的来自教育教学过程中孩子们（学生们）的不断觉悟与幸福生长。就如上述陶行知向小学生认错的小故事，陶行知很好地诠释了现代教师职业的多样化特点，既是传道授业解惑的老师，善于激励学生的师长，也是知错就改的朋友，还是平易近人的家长。陶行知以学生为主体，春风化雨般的教育方式，不仅是学生德行操守的榜样，也是每一位教育工作者的引领者和示范者。

1. 教师的幸福来自学生的进步与成长

一个幸福的教师才有可能培养出幸福的学生。陶行知的观点是学生与教师是共同体："要学生做的事，教职员躬亲共做；要学生学的知识，教职员躬亲共学；要学生守的规则，教职员躬亲共守"，"你的教鞭下有瓦特，你的冷眼里有牛顿，你的讥笑中有爱迪生。你别忙着把他们赶跑。你可不要等到坐火轮、点电灯、学微积分，才认识他们是你当年的小学生"。

无论我们是幼儿园教师，还是小学、中学或大学教师，教师首先要在自己内心认同教师职业，喜欢教书，热爱学生，在从事教育实践过程中，学生的进步与成长是教师幸福的源泉。

当学生独立思考勇于提出有价值的问题时，当学生团结友爱为班集体作出贡献时，当学生在老师的指导下找到多种解题思路时，当学生大声朗诵自己原创的立意新颖的文章时，当学生通过不懈努力提高了成绩时，当学生的综合素质得到全面发展时，当学生考上心仪的学校时，当老师付出的心血获得家长和学校的认可与嘉奖时，当学生毕业后仍念念不忘老师时……作为教师，心中一定会升腾起别人无法体察的欣慰感、自豪感和幸福感。

可以说作家是为作品而活着，教师是为学生而活着，教师的生命可以在学生那里得以传承和延续。如果没有学生的进步与成长，也就没有教师职业的价值与意义。教师所从事的职业是崇高的培养人的教育事业，投资孩子就是投资更加美好的未来。

北京东城第二幼儿园李岩园长曾说过一个实例，老师跟小朋友一起玩游戏"怎样让柿子变得好吃"。老师在游戏里发现了孩子对这个世界独特的解读能力和独有的文化，备受感动。一般成人喜欢把涩柿子跟其他水果放在一起，或者放在阳光下晒，以让涩柿子变软、变甜，我们有很多这样的方法。但是当幼儿园老师跟小朋友一起来讨论这个方法时，小朋友就说："为什么不等他甜了再摘下来呢?"是啊，我们成人知道柿子甜了软了就不好摘了，我们知道很多很多的问题，但是，小朋友问的问题却更本质。我们为什么要绕一个弯子，把涩柿子摘下来再想办法把它变甜变软，为什么我们不能等它成熟了再摘呢？就像我们对小朋友的教育一样，我们为什么要急功近利，为什么要让他们马上去懂得和习得一些知识呢？还有的小朋友说把涩柿子与巧克力和棉花糖放在一起，老师猛的一听会觉得不可思议，为什么孩子们会这样想。小朋友们会说，因为棉花糖是软的，巧克力是甜的。他们会去讨论事情的本质，你想把柿子变软变甜，就把它跟软的、甜的东西放在一起。这也透露了教育的真谛，你要想把幼儿培养成什么样的人，你就把幼儿与什么样的人放在一起，慢慢地来熏染。如果我们期待孩子是善良、乐观、积极向上、幸福的，那我们教师作为幼儿的一个重要示范者和引领者，就必须把我们自己的生命气质熏染成像棉花糖一样柔软、像巧克力一样香甜，然后再去影响看上去还青涩的儿童，在这个过程中，把儿童的心也慢慢变得更软、更甜、更纯、更幸福。

联合国教科文组织总干事马约尔说得好："我们留下一个什么样的世界给子孙后代，在很大程度上取决于我们给世界留下什么样的子孙后代。"而"子孙"小时候是在幼儿园、小学，长大了在中学和大学，教师需要拥有对未来整个人类社会关怀的心胸与视野，那就一定要从自身做起，把自己变得善良变得幸福，并把这种善良和幸福传递给学生。对学生来说，学会知识很重要，但更重要的是让他们学会善良，具有获得幸福的能力。

2. 教师的幸福来自默默奉献的平凡工作

近代著名思想家梁启超在《最苦与最乐》一文中说："大抵天下事从苦中得来的乐才算真乐。人生须知道有负责任的苦处，才能知道有尽责任的乐处。"梁启超告诫我们：人生在世，人人必须尽责，尽责虽苦却乐。

年逾九旬的龚全珍就是一位尽责任的虽苦犹乐的乡村教师。1957 年她随丈夫甘祖昌将军回乡务农并一直从事乡村教师工作，数十年如一日扎根基层，淡泊名利，甘于清贫，离休后扶贫助学，开办"龚全珍工作室"服务社区群众。习近平总书记两次接见龚全珍，亲切地称她为"老阿姨"。2019 年 9 月，她被授予"最美奋斗者"荣誉称号。龚全珍说："活着就要为党和人民做事情，做不了大事就做小事，干不了复杂重要的工作就做简单的工作，决不能无功受禄，决不能不劳而获。"

乡村守望者张玉滚也是这样一位尽责任的教师，作为一个"80 后"小学校长，他不忘初心，主动放弃在城市工作的机会，扎根偏僻的贫困村黑虎庙小学 17 年，矢志不渝奋斗在乡村教育一线，先后教过 500 多名孩子，培养出 16 名大学生。2018 年 9 月被中宣部授予时代楷模称号，2019 年 2 月获"感动中国 2018 年度人物"荣誉，2019 年 9 月荣获第七届全国道德模范"全国敬业奉献模范"，被授予"最美奋斗者"称号。当地人把他的事迹编成歌曲传唱，感动了无数人。面对艰苦的环境，微薄的工资，张玉滚任劳任怨，默默奉献。他说："我愿意做一轮明月，守望这片希望之花，照亮山村孩子走出大山的路。"有他在，前一秒劈柴生火，下一秒执鞭上课，村里没有一个孩子失学，只为改变山里娃的命运，托起大山的希望，把山路走成了通天大路。

首都师范大学初等教育学院副教授张凤霞老师，任教"教师语言""朗诵艺术"，兼任班主任和学生社团指导教师，多次获得校级先进教师、市级德育先进个人称号。2019 年 9 月 21 日，北京市学校德育研究会在北京师范大学第二附属中学举办了"我和我的祖国"爱国主义主题教育——"讲述我（我们）的育人故事"演讲交流活动，张凤霞以"感恩学生的相伴"为题，代表首都师范大学讲述了从教 30 多年在平凡工作中的育人故事。她说："30 多年的教学经历中，我没有轰轰烈烈的骄人成绩，只有在平凡工作中收获的为师的幸福：在开学第一课，我们一起明确努力方向；在选修课结课时，我们一起进行汇报演出；在学习过程中，我们彼此陪伴每一段时光，教育是群体事业，我感恩学生，感恩集体，感恩祖国。"

教师的幸福，也许就是用心教授的课堂上，学生清澈、期待、崇敬、向往的眼神回馈和互动应答；也许就是家长会上看到孩子进步时家长的一个满意的点头、一个会心的微笑、一声轻柔的道谢；也许就是每天都能够看到学生快乐的、健康的成长状态，就是感受到学生作业本里和考试卷上字里行间的充满着积极向上和乐观感恩的力量。

习近平总书记 2014 年在北京大学师生座谈会上强调："教师要时刻铭记教书育人的使命，甘当人梯，甘当铺路石，以人格魅力引导学生心灵，以学术造诣开启学生的智慧之门。"从某种意义上来说，教师的幸福就是在平凡的工作中找到意义，就是经年累月无私奉献，不求回报，没有功利目的，十几年、几十年如一日坚守一线的教育实践。教师的幸福就是在不断完善自身素质和提高教育教学水平过程中，实现教师职业价值的发展和生命境界的提升，真正形成感染人并催人奋进的力量。

3. 教师的幸福来自知行合一的主动实践

教师幸福的两个支点是主动实践、研究反思。苏霍姆林斯基认为："如果你想让教师的劳动能够给教师一些乐趣，使天天上课不至变成一种单调乏味的义务，那你就应当引导每一位教师走上从事一些研究这条幸福的道路上来。"教师的幸福需要理性的思量，教师要想走上幸福之路，就必须不断地学习、实践和研究，对自身的教育教学实践进行反思和改进，通过终身学习，努力使自己成为一名知行合一的教师或专家型教师。

清华大学梅贻琦就是一位专家型教师和管理者，他从事教育的幸福就在于实践与研究的统一。梅贻琦留给后人最著名的一句话是：所谓大学者，非谓有大楼之谓也，有大师之谓也。他在长达 47 年的教育实践中，逐渐形成了通才教育理念、德智体美群劳诸育并进、"大师论"及学术自由教育思想，并以此指导其从事教育工作，取得了举世公认的丰硕成果，这些实践经验和教育思想值得后人吸收、总结、研究、继承与借鉴。同时，梅贻琦的人格魅力与品德气质以及个人修养，也反映出近代中西两种文化在人格方面完美和谐的融合与统一。梅贻琦讲话，往往"妙语如虹"。在 1931 年之前，清华师生赶校长和赶教授几乎是家常便饭，有人问为什么他担任校长时间比较长，有何秘诀，他回答说："大家倒这个，倒那个，就没有人愿意倒梅（霉）!"梅贻琦曾说"学生没有坏的，坏学生都是被教坏的"，"校长的任务就是给教授搬搬椅子，端端茶水的"，表现出一个教育家的胸襟。梅贻琦从来没有被称为"大师"，在他任期内，为清华请来了众多的大师，并为后世培养出众多的大师。在梅贻琦任校长的十余年中，清华人才辈出。文学院培养出了吴晗、钱钟书、夏鼎、张荫麟"四才子"，物理系有钱三强、钱伟长、钱学森这"三钱"，数学系出了华罗庚、陈省身、许宝"三杰"。众多大师，多为学贯中西的通才和高才。而梅贻琦一生清贫，晚年患病住院，所欠医疗费及丧葬费竟然都是由清华师生捐款偿还的。梅贻琦留下的不仅是为清华奠定校格，也不仅是为中国培养了不计其数的人才，更是让后人永远敬仰的大师人格。

普通教师成为梅贻琦那样优秀的教育家和大学者不容易，但是成为理性的实践者和思考者并不很难。我们每一个人都能够使日常的教育活动回归生活世界，回归具有独立思考的个性化的合乎德行的实践活动之中。其实孟子的母亲是一位优秀的教师或者说教育家，她深知孩子爱玩的天性和容易被环境影响的道理，三次搬家，由居住离墓地很近的地方搬到集市旁再搬到学宫旁，孟子由玩丧事游戏到玩做买卖游戏，直到安定地学习，并从小就学会了在朝廷上鞠躬行礼及进退的礼节。孟子长大成人后，学成六艺，获得大儒的名望，这些都是孟母善于发现问题和研究问题，并有能力和条件及时修正问题，给到孟子良好教化实践的结果。

孔子毕生学而不厌、诲人不倦，对弟子的因材施教也是教育研究和教育实践有效结合的教育策略。孔子在自己饱读诗书的基础上，对儿子孔鲤和门生弟子们倡导“不学诗无以言，不学礼无以立”的教育实践方略，取得显著成效，最终成为弟子三千的幸福导师和“万世师表”。

作为教师，我们需要经常用理性的态度去思考：教师的幸福到底在哪里？教师的幸福来自千百年来尊师尚德的文化精神，来自教育事业发展的神圣使命，来自对美好未来的追求，来自默默奉献的平凡工作中，来自古今无数优秀的榜样力量的学习中，更来自教书育人的知行合一中，以及来自实践与研究结合而生成的满足感和成就感。

亚里士多德曾说“幸福是合乎德性的实践活动”。作为教师，首先要立足教育实践，其次要热爱学习，重视教育研究。成尚荣老师说得好：“教育研究是对教育最为深沉的爱”①，教学需要设计，设计需要研究，研究要下功夫。对于一名优秀教师而言，深入学习与教育研究是不可或缺的。既要做一名勇于实践的教学型教师，也要努力做一名肯于钻研的学者型教师。这不是可望不可即的目标，是可以经过后天的努力与训练达成的能力。

教师的知行合一可以先从工作实践总结与反思做起，然后潜心研修学习，强化实践研究，再将理论指导下的成果逐渐应用于教育实践活动中，不断实现自我价值，获得更大的施展身手的平台。教师成为学思结合的践行者和研究者，更能够激发潜力，有更大的实践基础和发展空间，进而走上坚实的实现个人价值与事业价值相统一的幸福之途。

资料链接

（1）请阅读梁启超《最苦与最乐》一文，思考人生在世必须对家庭、社会、国家以及自己尽到应尽的责任，这样才能得到真正的快乐。

（2）请阅读毕淑敏的《恰到好处的幸福》，体会恰到好处的幸福内涵，讨论“对平常生活中每一次发自内心的触动都是幸福的”。

第二天 遇见自己，遇见幸福

教育是大事业，有大快乐、大幸福，更有小细节、小故事。正如老子《道德经》所言：图难于其易，为大于其细。天下难事必作于易，天下大事必做于细。在一难一易一大一小之间，成就了幸福教育，成就了教师的人生幸福。邓小平说：“教育是一个民族最根

① 成尚荣．我在祖国大地走过78个年头，路还在脚下，我依然前行［N］．中国教师报，2019-10-11.

本的事业。”教育大事业是由每一个一线教师扛起的伟大而光荣的事业，如前所举无数优秀教师实例，教师既有化朽木为栋梁的思路，也有点平庸为优秀的手指头。“不积跬步，无以至千里；不积小流，无以成江海”，大海大河是由小流小溪积聚汇成的。成就教育大事，教师须从大处着眼，小事着手。天下看似困难的事情，无一不是从容易的地方开始做起，而做成大事，又无一例外地是从细小的事情做起。

前文我们探讨了教师可以唤醒灵魂的大幸福，也讨论了教师可以随时随地向身边的学生学习的小幸福。无论是大幸福，还是小幸福，都是源于内心生命深处的感动与丰盈。古人云：知人者胜，自知者明。胜人者有力，自胜者强。幸福的本质来自如何正确认知自己，认知这个世界。做一个幸福的人，做一个幸福的老师，做幸福教育，享有幸福的人生，这是每一个老师都有可能达致的人生境界。

1. 遇见自己——做最好的自己

孔子当年杏坛授学，闲暇时与弟子畅谈各自的志趣。一次，子路、冉有、公西华先后谈了自己的志趣。子曰：“亦各言其志也。”曾皙曰：“莫春者，春服既成，冠者五六人，童子六七人，浴乎沂，风乎舞雩，咏而归。”夫子喟然叹曰：“吾与点也！”这一对话形象鲜明地表达了孔子的幸福观，就是礼乐之治下的理想景象，即令人向往的、无忧无虑的、身心自由的生命充实与欢乐。

孟子在谈论人生幸福时曾言：“君子有三乐，而王天下者不与存焉。父母俱在，兄弟无故，一乐也；仰不愧于天，俯不怍于人，二乐也；得天下英才而教育之，三乐也。”

由此我们看到孔子与孟子作为纯粹的个体和教师的幸福观，即身心充实，问心无愧，尽心尽力育英才。

相信每一位老师，都拥有不同的循教育大道的感悟，也有走涵养之路的幸福体验。

在不断快速发展的21世纪，教师的职业不仅承载了教育的使命和责任，也是教师灵魂的栖息之地和修道场。我们需要不忘教书育人初心，牢记办好人民满意的教育使命，不以物喜不以己悲，不为外在的物质条件所累，守住教师的一方净土，尽心尽力做好每一天的工作和每一件细微的小事，做到恰如其分。

教师的幸福绝大多数不是轰轰烈烈的，不是惊天动地的，而是朴素无华的，是普通无常的，是平凡细微的。所以，亲爱的老师，请时刻提醒自己，没有人是完美的，请记住圣人之言“如有周公之才之美，使骄且吝，其余不足观也已”。请保持心灵的健康与平和，接纳不完美的自己，对他人的多样性拥有更多的包容和欣赏。谨记：吾日三省吾身——“为人谋而不忠乎？与朋友交而不信乎？传不习乎？”让我们一起永远在明德、日新、追求至善的终身学习与成长的路上，不断遇到更好的自己，成就幸福的自己，做最好的自己！

2. 遇见幸福——恰到好处的幸福

幸福不是越多越好，而是恰到好处。孔子因有颜回这样品学兼优、公而忘私的学生而幸福，鬼谷子因有孙膑这样身残志坚、功勋卓著的学生而幸福，华罗庚因有陈景润这样摘取哥德巴赫猜想明珠的学生而幸福，太乙真人因有哪吒这样迷途知返、救助民众的学生而幸福，安妮·莎莉文因有海伦·凯勒这样在无光无声的世界里仍创作出14本著作、热心慈善事业为民造福的学生而幸福——而我因为有能够来北京开放大学学习的 90 岁退休语文老师鹿菊忠和 50 多岁李艳玲副园长而幸福，因为有在职学习的海淀区“四有好老师”乔丽娇、幼儿园园长马秀芳和左海燕及海淀区级学前教育学科带头人何淼而幸福，因为有热爱文学而喜欢上文学课的北京六一幼儿园园长曹雪梅和顺义区学前教育科科长冯永健而骄傲，因为有为了孩子而选择来学习学前教育的 IT 父亲张奇峰和勤奋而年轻的母亲丁娥而快乐——我的幸福来自学生的幸福，来自“有教无类、学有所教”的开放大学办学理念和普通的教师职业以及来自甘于平凡的工作中的点点滴滴的付出与努力。我的幸福深藏在我的内心，一切都是最好的安排，是一种无法替代的高等教育走大众化多样化之路的快乐，也是一种“上善若水”“处众人之所恶，故几于道”“居善地”的恰到好处的幸福。

很喜欢北京开放大学的优秀校友女作家毕淑敏的《恰到好处的幸福》这本书，她用 46 篇文章从不同角度不同层面给予读者深刻启发。恰到好处地作为与不作为，是传统文化中庸思想的核心价值观，是一种无过亦无不及的美好德行。恰到好处，也是作家笔下描绘的精神豁达和心境淡然地通往幸福门前的紫色长廊，轻轻地走过去，也许您就可以拍打幸福的门环。

幸福的确是一种心的满足与富足，我们不以富贵而评说，也无须以拥有多少物质来衡量。我们可以传承“不义而富且贵，于我如浮云”的品格，保持“不忮不求，何用不臧”的风骨，追求“腹有诗书气自华”的境界，拥有“纵有千间房屋，夜间无外一床安宿，纵有万亩良田，一日终究只需三餐”① 的平常心态，铭记新时代的最强音“奋斗者是精神上最为富足的人，也是最懂得幸福、最享受幸福的人”②。

幸福是舍得，是付出，是奉献，是奋斗！幸福也是温馨的分享，是爱的传递，是情的感染，是心的体悟。

幸福有七种颜色，幸福是多姿多彩的，请问您的幸福是什么颜色？

作为教师，每天繁忙的您，每天与学生打交道的您，是否在构建和调整自己的预期？是否在生活中、在工作时，学习把握恰到好处的尺度？相信您一定能够在理想和现实中不断找到平衡，真正体味到恰到好处的幸福，遇见独属于您的幸福！

---

① 毕淑敏．恰到好处的幸福［M］．长沙：湖南文艺出版社，2014．
② 习近平．在新春团拜会上的讲话［N］．人民日报，2018－02－15（2）．

参考文献

1. 雷夫·艾斯奎斯．第56号教室的奇迹［M］．北京：中国城市出版社，2009.

2. 佐藤学．学校的挑战——创建学习共同体［M］．钟启泉，译．上海：华东师范大学出版社，2010.

3. 瓦·阿·苏霍姆林斯基．给教师的建议［M］．杜殿坤，编译．北京：教育科学出版社，1984.

4. 毕淑敏．恰到好处的幸福［M］．长沙：湖南文艺出版社，2014.

5. 常生龙．读书是教师最好的修行［M］．北京：教育科学出版社，2015.

6. 董宝良．陶行知教育论著选［M］．北京：人民教育出版社，2015.

7. 方心田．优秀教师的成长：关键读物［M］．北京：中国人民大学出版社，2017.

8. 耿定向．新建伯文成王先生守仁［M］．北京：线装书局，2015.

9. 顾明远．《论语》中的“仁”字［J］．中国教师，2018(8).

10. 郝克明．让学习伴随终身［M］．北京：高等教育出版社，2017.

11. 礼记·学记［M］．胡平生，陈美兰，译注．北京：中华书局，2018.

12. 教育部课题组．深入学习习近平关于教育的重要论述

[M]. 北京：人民出版社，2019.

13. 康有为. 论语注 [M]. 北京：中华书局，1984.

14. 匡亚明. 孔子评传 [M]. 南京：南京大学出版社，1990.

15. 李桂奎. 千秋师道 [M]. 广州：广东教育出版社，2017.

16. 林崇德，申继亮，辛涛. 教师素质的构成及其培养途径 [J]. 中国教育学刊，1996 (6).

17. 林华民. 世界经典教育案例启示录 [M]. 北京：农村读物出版社，2003.

18. 刘晓波，吕德雄. 幸福教育——论陶行知教育思想的幸福观 [J]. 中学政治教学参考，2013 (18).

19. 刘艳萍. 点燃教师，照亮教育：学校生长日志 [M]. 北京：中国人民大学出版社，2018.

20. 马志国. 好老师读心术 [M]. 北京：中国人民大学出版社，2017.

21. 朱熹. 论语集注 [M]. 北京：中华书局，1983.

22. 钱穆. 论语新解 [M]. 上海：三联书店，2002.

23. 曲铁华. 中国教育名著导读 [M]. 北京：教育科学出版社，2016.

24. 上海市特级教师特级校长联谊会，上海教育杂志社. 修炼：百位特级谈教师专业成长 [M]. 上海：上海教育出版社，2018.

25. 孙培青. 中国教育史 [M]. 上海：华东师范大学出版社，2019.

26. 陶行知. 陶行知全集：第三卷 [M]. 成都：四川教育出版社，1991.

27. 田丽霞. 教书的门道 [M]. 北京：中国人民大学出版社，2017.

28. 大学 [M]. 王国轩，译注. 北京：中华书局，2018.

29. 王向毅. 试解《论语》"六言六弊" [J]. 中学语文教学参考，2018 (9).

30. 王云风. 徐特立在延安 [M]. 西安：陕西人民教育出版社，1991.

31. 魏勇. 教师的力量 [M]. 北京：中国人民大学出版社，2016.

32. 先生编写组. 先生 [M]. 北京：中信出版社，2012.

33. 薛法根. 做一个大写的教师 [M]. 北京：教育科学出版社，2014.

34. 杨伯峻. 论语译注 [M]. 北京：中华书局，2016.

35. 杨伯峻. 孟子译注 [M]. 北京：中华书局，2016.

36. 叶圣陶. 如果我当教师 [M]. 北京：教育科学出版社，2012.

37. 尹力. 教育法学 [M]. 北京：人民教育出版社，2012.

38. 于漪. 于漪全集 [M]. 上海：上海教育出版社，2018.

39. 于永正. 做一个学生喜欢的老师——我的为师之道 [M]. 北京：教育科学出版社，2016.

40. 郑金洲，吕洪波. 教师应具备的七大素养 [J]. 人民教育，2016 (11).

41. 郑炜，赵敏. 论教师职业幸福观的培养 [J]. 软件导刊：教育技术，2012 (1).

后记

本书是集体智慧的结晶，也是编写组全体老师一次集体学习的成果。最终得以出版，得益于多方的支持和付出。

首先感谢丛书主编武丽志老师的邀请，让我们这个团队有幸成为“教师发展力丛书”的一部分。本书的体例、风格以及定位都是在丛书整体框架内形成的。在这个过程中，武丽志老师给予了多方面有建设性的指导；感谢中国人民大学出版社的充分信任和真诚委托；在本书写作框架的设计过程中，除了写作团队成员外，国家教育行政学院乔玉华、田岚洁、甘慧娟等老师也参与了讨论，并对框架修改提出了中肯的意见。有了大家的充分讨论，我们才得以搭建科学、合理的写作框架。

当然，最需要感谢的还是参与本书撰写工作的各位作者。从2019年6月本书立项，到框架讨论，到初稿形成，再到修改、统稿、定稿，大家群策群力、不辞辛苦、勇担重任，高效完成了各章节的写作任务。在六个月的写作过程中，本着对一线教师高度负责、对教育工作高度忠诚的态度，大家多方查找资料，相互支持，深度研讨，反复修改，使书稿逐渐完善。

值得一提的是，本书作者团队身份构成多元，由大学教师、中小学一线教师、校长及基层教育行政人员构成。此外，大家的学科背景也较为多元，包括哲学、教育学、文学等领域。多元身份、多元学科背景的作者构成，使得本书在写作过程中做到了理论与实践的充分结合，既不乏学理探究，也能符合中小学教师阅读习惯，做到了学术研究与实务操作的充分融合。在此，对于认真参与本书写作的各位作者深表谢意。

本书各周执笔人分别是：

第一周：走教育大道（国家教育行政学院学校管理教研部主任、研究员　从春侠）

第二周：重振师道尊严（国家教育行政学院培训部教师　杨晓丽）

第三周：好老师的样子（国家教育行政学院培训部助理研究员　王成龙）

第四周：终身学习（北京开放大学教育学院教授　王宁宁）

第五周：职业规范，玉汝于成（国家教育行政学院培训部助理研究员　王成龙）

第六周：立志而圣，价值引领（山东省邹城市第一实验小学　魏芸）

第七周：大道至善，以德立身（山东省邹城市第一实验小学　蒋帮民）

第八周：爱从心生，亲民爱生（山东省邹城市第一实验小学　任广卉）

第九周：砥砺前行，日新之路（山东省邹城市第一实验小学　庄建华，河北省廊坊市大厂县第一回民中学　夏金良）

第十周：遇见幸福，遇见自己——教师幸福三部曲（北京开放大学教育学院教授　王宁宁）

全书最终由从春侠、庄建华、王成龙、王宁宁集中完成统稿工作。

本书同时也是国家教育行政学院师德智库成立后第一个成果。国家教育行政学院师德智库成立于2019年5月，旨在通过开展课题研究、教材编写、培训课程开发以及为政府提供高质量咨询报告四方面基础性工作，致力于“为教师谋幸福，提升教师幸福感”。希望本书能够带给全国中小学教师满满的正能量，最终遇到幸福，遇到自己。

最后还需要提及的是，新疆克拉玛依市教育局王进，河北省廊坊市大厂第一回民中学教师团队，包括刘瑞芹、吴静、赵赫、刘淑艳、李慧、黄妍凤、王金双、张海军、夏金良等，从书稿启动之初就对此项工作表达出极高的热情，也一直参与其中，贡献了很多时间、精力和智慧，在此一并致谢。

由于时间仓促，有些内容还需进一步探讨，还有很多不足之处，敬请读者批评指正！

本书编著组

国家教育行政学院师德智库

2019年11月30日